U0674931

PPP与公共财政创新丛书

国家出版基金项目
NATIONAL PUBLICATION FOUNDATION

Urban Infrastructure

Finance and Management

城市基础设施建设

融资与管理

[澳] 凯斯·韦尔曼
马库斯·斯皮勒　主编

Kath Wellman
Marcus Spiller

方芳 译

WILEY

东北财经大学出版社
Dongbei University of Finance & Economics Press
大连

辽宁省版权局著作权合同登记号：图字06-2015-146号

Kath Wellman，Marcus Spiller：Urban Infrastructure：Finance and Management

All rights reserved. Authorised translation from the English language edition published by John Wiley & Sons Limited. Responsibility for the accuracy of the translation rests solely with Dongbei University of Finance & Economics Press Co., Ltd and is not the responsibility of John Wiley & Sons Limited. No part of this book may be reproduced in any form without the written permission of the original copyright holder，John Wiley & Sons Limited.

本书简体中文翻译版由约翰·威立父子有限公司授权东北财经大学出版社独家出版发行。未经授权的本书出口将被视为违反版权法的行为。未经出版者预先书面许可，不得以任何方式复制或发行本书的任何部分。

图书在版编目（CIP）数据

城市基础设施建设：融资与管理 / （澳）凯斯·韦尔曼（Kath Wellman），（澳）马库斯·斯皮勒（Marcus Spiller）主编；方芳译．—大连：东北财经大学出版社，2020.4
（PPP与公共财政创新丛书）
ISBN 978-7-5654-3842-4

Ⅰ．城… Ⅱ．①凯…②马…③方… Ⅲ．①城市-基础设施建设-投资-财务管理-研究②城市-基础设施建设-融资-财务管理-研究 Ⅳ．F294

中国版本图书馆CIP数据核字（2020）第056792号

东北财经大学出版社出版发行
　　大连市黑石礁尖山街217号　邮政编码　116025
　　网　　址：http：//www．dufep．cn
　　读者信箱：dufep @ dufe．edu．cn
大连图腾彩色印刷有限公司印刷

幅面尺寸：170mm×240mm　字数：304千字　印张：20.75
2020年4月第1版　　　　　　　　2020年4月第1次印刷
责任编辑：刘东威　赵宏洋　魏　巍　责任校对：孟　鑫　刘　佳
　　　　　张晓鹏　王芃南　刘贤恩
封面设计：张智波　　　　　　　　版式设计：钟福建
定价：58.00元

教学支持　售后服务　　联系电话：（0411）84710309
版权所有　侵权必究　　举报电话：（0411）84710523
如有印装质量问题，请联系营销部：（0411）84710711

译者前言

城市基础设施是城市正常运行和健康发展的物质基础，对于改善人居环境、增强城市综合承载能力、促进城市运行效率、提高我国社会主义现代化城市治理能力和水平具有重要作用。当前，我国城市基础设施仍存在总量不足、标准不高、运行管理粗放、融资不畅等问题。为此，学习和借鉴发达国家城市基础设施融资与管理的经验与教训，确实是所有城市管理者所期待的。

本译著正是一本贯穿城市各类基础设施融资、交付和管理的治理与决策过程的专业著作，是由澳大利亚多位致力于城市基础设施管理的专家学者和资深从业人员合作撰写的。本书运用跨学科的研究方法，通过综合运用金融、城市治理、城市规划和城市管理的知识，分析了城市中涉及的各类基础设施部门的特点与效率，提出了能有效协调和整合各部门能力的举措，重点介绍了澳大利亚的悉尼、墨尔本和堪培拉等几大城市在城市基础设施融资与管理方面的探索与实践案例，系统地总结了城市基础设施融资与管理的方向、途径和做法，理论与实践并重。因此本译著对于从事城市管理政策制定、城市规划、PPP模式探索，以及基础设施、公共服务设施投融资、建设和运营管理方面的学生、研究者与从业人员等极具参考价值。

本书的专业性非常强，从翻译初稿到终稿，经过将近两年的不断努力，本书的翻译终于完成了。在此，我要感谢李澄承、唐桐越、孙胜楠、姚燕华、孙旭等6位学生为本书翻译所做的资料查阅和收集工作，还要感谢我的同事孙俊秀博士提出的宝贵修改建议，更要感谢王瑶佩博士认真仔细的校对，她和我确定了全书的术语表，并一同再三审校全书。最后，我还要感谢东北财经大学出版社编辑的精心编校，感谢他们在整体校稿的基础上，还多次与我共同完善书稿的内容。没有大家精益求精的团队努力与合作，这本书的中文版本不可能如此顺利与读者见面。

由于本书涉及多个专业领域，尽管译者花了很多时间精推细敲、反复斟酌原文和译文，但仍存有诸多遗憾和不足，敬请读者们批评指正！

城市基础设施在中国的健康发展，还要基于中国特色社会主义经济体系的框架和逻辑。我们衷心地希望本书的引进能够为城市基础设施融资与管理的创新与发展提供新的思路。

方　芳

2020年4月于上海财经大学

作者简介

约翰·达利（**John Daley**）是能源经济学家，拥有40年的业界、政界与咨询业的背景。他致力于资源和能源部门政策与战略、商业项目评估以及风险降低研究，为煤炭、石油、电力和天然气行业的客户提供咨询。自20世纪90年代初以来，他一直致力于与能源部门有关的气候变化政策，目前是Business-certi.com有限公司的董事，这是一家为政府和私营企业提供能源政策建议的咨询公司。

卡梅伦·戈登（**Cameron Gordon**）是堪培拉大学商业和政府学院的经济学副教授，目前是伦敦帝国学院交通研究中心的访问教授。戈登教授以前是悉尼大学运输和物流研究所（ITLS）的访问教授以及纽约城市大学（CUNY）研究基金会的公共政策访问学者。他之前曾在CUNY执教，讲授金融学，并在南加州大学担任过公共政策与管理专业的学术职务。

安德鲁·麦克杜格尔（**Andrew McDougall**）拥有经济学、金融学和规划方面的资格证书。他在咨询领域取得了广泛的成就，包括对政府项目的规范评估；为政府资金寻求企业对接项目；为旅游设施、文化机构和社区组织制定战略和商业计划；研究区域经济和战略发展；围绕城市和经济竞争力开展公共政策研究，并基于此背景最大限度地挖掘发展潜力以制定战略。他是 SGS 经济与规划有限公司的首席执行官和合伙人。

林赛·罗伯特·尼尔森（Lyndsay Robert Neilson） 在澳大利亚和各国政府、学术界和私营部门有着长期的职业生涯，为主要城市（堪培拉、墨尔本、利雅得）制定公共政策和战略计划，包括基础设施规划方面的大量工作。他是经济合作与发展组织城市事务小组的主席，并在澳大利亚创建了"城市优化计划"，帮助改造了澳大利亚主要城市的内城区。他在堪培拉大学建立了城市发展中心。他曾担任澳大利亚维多利亚州政府内建部和可持续发展与环境部的秘书。他目前是 Neilson 有限合伙公司的董事兼总经理，该公司在大都市战略规划、住房计划、城市管理和公共政策发展方面提供国际化服务，特别是在中东和澳大利亚。

弗雷德里克·普雷托里厄斯（Frederik Pretorius） 是中国香港大学（HKU）副教授，30 多年来一直积极参与城市发展。他在亚洲、澳大利亚、新西兰和南非有学术经验，在企业界工作，在各种活动中担任顾问和专业人员，包括区域经济发展、房地产和基础设施融资。在香港大学，他在建筑学院讲授与土地经济学相关的金融学，并且是堪培拉大学城市金融学、城市和区域经济学兼职教授。他之前曾在澳大利亚堪培拉大学和约翰内斯堡的威特沃特斯兰德大学任职。

马库斯·斯皮勒（Marcus Spiller） 是墨尔本 SGS 经济与规划有限公司的负责人与合伙人。他的咨询经验涉及土地经济、区域发展、住房政策、基础设施融资和政策协调机制。他曾借调担任墨尔本大学城市经济学讲师、维多利亚州规划和住房部顾问以及昆士兰州住房、地方政府和规划部门的高级管理人员。他是堪培拉大学城市管理学兼职教授，（澳大利亚）国家住房供应委员会前成员，澳大利亚规划研究所前国家级别负责人。

    索菲·斯特鲁普（Sophie Sturup）于 2011 年完成了她的博士学位论文"大型项目的管理思路"。她曾在牛津大学获得了地理学硕士学位，并获得了弗林德斯大学公共部门管理的研究生文凭。她曾担任自己的咨询公司 Antur 项目有限公司的董事长达 6 年，并在 20 世纪 90 年代末与维多利亚州政府合作，推动电力行业的私有化。她目前是 Sturup 咨询公司的首席执行官，并在墨尔本大学的澳大利亚城市交通治理和管理中心从事研究。

    普拉文·塔库尔（Praveen Thakur）是澳大利亚空间经济学的权威专家之一，在顶级期刊上发表了数篇论文。他经验丰富，善于将微观经济学与城市规划理论相结合，在公司和家庭的区位选择、基础设施经济、生产力以及城市与地区如何运转方面提出了深刻见解。他在 SGS 经济与规划有限公司担任联席董事。

    凯斯·韦尔曼（Kath Wellman）是堪培拉大学澳新政府治理研究所城市发展中心主管，在环境科学、景观建筑学、城市设计和企业管理方面资历较深。她在欧洲、北美和澳大利亚的国际城市设计比赛中均获得入围，并撰写了关于环境科学和设计的论文及本书部分章节。最近，她专注于城市管理的研究，特别是发达国家和发展中国家的城市基础设施的融资与管理。她曾为政府、私营企业和非政府组织工作，并于 1995 年至 2010 年担任堪培拉大学副教授，先是担任景观建筑学的负责人，后来担任城市发展中心副主任和主任。她继续通过 ANZSOG 治理研究所与大学开展合作。

前　言

城市基础设施投资不到位，管理和维护时间较长，需要采取协调的方式进行前瞻性规划，有针对性地制定政策并予以实施。在当前政治、经济、社会和技术制度以及我们对物理环境的认识快速变化的环境下，城市基础设施在长期决策、管理结构与流程方面面临重大挑战，正确的做法会产生长期的回报，而错误的做法会带来高昂的成本，这些成本通常由纳税人来承担。

这本书的研究重点是城市基础设施的融资和管理问题。人们坚信，城市的实体结构和提供的基础设施服务的效率是由各个基础设施部门内部的效率、这些部门取得的经验教训以及协调和整合各部门的能力来推动的，以便最大限度地利用规模经济和范围经济，并尽量减少负外部性。这就需要一种跨学科的研究方法，整合来自金融、治理、规划和管理的知识，以及所涉及的各个城市基础设施部门的特点。在这里，它不仅涉及如何在开始提出正确的决策和政策，而且还要确保有效的实施。贯穿这本书的一个主题是机构的性质及其担负的城市基础设施的交付和治理结构的管理工作，以及所涉及的决策过程。

这本书对城市基础设施的融资和管理采取了求真务实的态度，由理论和实践相结合的学者和从业人员撰写，面向政策、规划、城市管理、基础设施融资和管理方面的学生及从业人员。整本书中大量使用了澳大利亚的案例研究，并且将这些案例研究放置在适当的国际背景下。从澳大利亚学到的许多经验教训对发达国家和发展中国家都有直接的适用性。

下面是每章的简要说明。

第1章是对这本书的介绍。这一章探讨了基础设施投资和生产力的性质以及影响它们的全球因素，特别探讨了城市发展、气候变化和融资对其产生的潜在影响。它不仅涉及物质基础设施的设计和开发中的技术创新，而且还涉及支持这种基础设施的金融和管理系统。它介绍了微观经济改革，这种改革的生产力效益，以及在大都市规模上协调城市基础设施面临的挑战。这一章还介绍了澳大利亚的案例。

第2章概述了用于补充市场或在市场失效时运用的城市管理原则与手段，我们可以发现因为城市发展和变化具有丰富的（积极的和消极的）外部性，使得由市场驱动的效率本身不足以确保获得有效、综合的城市发展成果。这一章运用案例研究对政策制定、立法和监管、财政和金融措施、制度安排、宣传和知识管理等进行了讨论与阐述。

第3章对基础设施的生产力和决策背后的制定过程进行考察，包括决定是否要进行基础设施投资、何时进行以及如何制定最佳投资策略。在这里，基础设施投资决策是根据项目服务产出的效率、实现所有相关成果的有效性以及投资的分配结果来衡量的。对用于确定是否投资基础设施的三种项目评估方法进行了批判性审视：财务评估、成本效益分析和多标准分析。一旦做出投资决策，就需要确定融资形式。本章最后在考虑了项目的特点、财政环境和更广泛的政策背景下，对项目融资的形式和高效融资所带来的好处进行了总结和概述。

第4章进一步详细考察了私人参与基础设施的提供，特别是公私合作伙伴关系（PPP）。这些项目的特点是复杂的、非标准的、资本密集型的，具有公共物品的特征。值得注意的是，第3章中指出，在PPP中，有相当大的空间将项目风险管理的激励与这样做的能力相结合，但政府机构糟糕的谈判和签约的做法可能导致政府不必要的高额或有负债。第4章提出了一个概念框架，系统地剖析和整合现有的制度机制，以确保权利和风险的明确划分与分配，以及PPP模式下公私伙伴之间的激励冲突的管理。然后利用这个概念框架来分析用于融资、交付和运营墨尔本城市连线（CityLink）项目实施过程与制度机制的绩效。

第5章涉及土地管理和规划立法，是有关用于优化城市基础设施和服务的土地利用和投资。其基本前提在于土地开发和再开发的形式、密度和时机对城市服务提供的效率有重大影响。这些效率是通过土地开发过程中的市场力量和土地利用规划系统与控制监管共同形成的。这一章分析了市场力量以及土地管理和监管制度，它们如何在城市服务的融资和提供中以及在城市塑造方面起到推动作用和监察作用。

第6章、第7章和第8章是针对具体部门的章节，分析了水务、能源和交通运输等城市经济基础设施的网络结构、融资和管理。这些城市基础设施部门提供了基本的服务，这些部门在融资和管理方面的经验教训在国际上具有广泛的适用性。

第6章对水资源采取了综合性的研究方法，描述了城市水循环的空间特征以及供水、雨水和卫生设施之间的相互联系，分析了气候变化对城市水循环和水资源管理的预期影响。在这里，城市水资源管理面临的主要挑战是在规定的容许范围内的供需平衡，包括水安全、需求管理、使用权、定价和供水的问题。这一章的最后一节描述了自来水公用事业的结构和财务问题，分析了水利基础设施投资和在水价值链中是否可以以及在哪里可以利用竞争机制来提高效率，如何提高澳大利亚政府所有的水务公司的投资和经济效益。

第7章讨论城市能源系统的融资和管理（不包括运输，这将在第8章讨论）。首先，描述能源、技术和城市的塑造、改造之间的动态和互动关系。介绍了能源系统，包括能源服务和价值链的概念。分析了能源政策和能源监管对能源系统的目标和影响，包括碳税或排放交易的影响。其次，研究能源投资的融资和治理，重点是经济效益和风险管理。这一章的核心部分描述了澳大利亚一次能源和二次能源的需求及供应的性质，包括对国家电力市场的描述。最后，研究了未来能源系统的潜力，包括在城市区域和家庭中运行的更分散的能源供应系统的前景。

第8章是基于城市经济学、规划和区位理论的交通运输理论框架而进行的研究。澳大利亚具有独特的地理特征，各州首府城市广泛地分布在全国各地，城市聚集体虽然分散但很拥挤，这对提供交通基础设施以整合城市以及在城市内提供交通的性质和带来的成本产生了深远的影响。描述了城市交通网络（交通流）和包括投资规模在内的交通基础设施的特点。然后分析了作为地理和基础设施功能的模式选择问题。以各州政府对澳大利亚交通运输网络的融资与管理的考虑为重点阐述了交通运输政策。最后一节特别关注澳大利亚的城市内交通。

第9章将重点从具体的基础设施部门转移到跨越城市都市圈范围的各项基础设施（包括社会和经济两方面）的协调。区分塑造城市的基础设施（如主要交通走廊）和城市形成后建立的基础设施之间存在的差异，这种差异化是基于以下的认识形成的：城市建设过程中的基础设施应该为随后建设（"追随者"）的基础设施和土地的有序释放提供协调与支持。城市基础设施在竞争日益激烈的市场中肩负着提供品质高且持久的产出的义务，考虑到当地政府自主权和行业内对具体城市基础设施的关注带来的压力，本章以此为基础探讨了大都市规划和城市治理中面临的挑战，如何协调当地政府层面的土地出让与城市基础设施的配置。然后介绍了澳大利亚政府过去参与澳大利亚城市发展的情况。本章得出的结论是，如果没有关键决策者的强有力的政治结盟，以及实施基础设施投资决策的财务能力和政治意愿，就不太可能进行大都市规模的战略性基础设施投资。实现支持这一目标的城市治理结构和进程仍然是一个重要的政治和专业挑战。

致　谢

　　本书起源于城市发展中心（现隶属堪培拉大学 ANZSOG 治理研究所）与 SGS 经济与规划有限公司之间的合作。感谢各章节的作者，是他们的努力使得本书得以顺利完成。尤其要感谢该中心的创始人 Lyndsay Neilson，他在跨学科和跨部门的城市管理方法上的投入激发并促成了本书的大部分内容。感谢 Mike Woods、Geoff Campbell、Bruce Dockwill、Peter Rimmer 和 Trevor Kanaley 持续的指导与支持。感谢 Chris Harris 的聪慧以及对初期手稿敏锐的反应能力。特别要感谢 Rick Wellman 一直以来的耐心，感谢他在编撰这本书的一年时间里废寝忘食地工作；还要感谢 John Wiley & Sons 公司的编辑，是他们让书稿完成的最后阶段变得非常愉快。最后感谢 Mark Evans 对 ANZSOG 治理研究所下属的城市发展中心的支持。

目　录

第 1 章 导论

Kath Wellman 和 Marcus Spiller

引言

写这本书的动机来源于对城市复杂性、动态性以及交互性本质的着迷，以及对城市基础设施在其中发挥的关键作用的认识。为什么基础设施在城市中如此重要？城市可以被简单地定义为人、资源、信息与活动的集合。由于人与思想相互作用的多样性以及集聚带来的规模经济和范围经济的潜力，聪明而技术熟练的人们彼此紧密相连，产生了许多好处。创新和创造的潜力会在流动性好、密集且多样化的相互作用中显现出来。虽然我们意识到人和思想是城市成功的基础，但这些人和他们付诸行动的过程却需要城市基础设施的支持，以确保城市健康、安全和便利，并支持文化、经济和社会制度。高效、有效的城市基础设施本身不会导致有竞争力的创新型城市，但如果缺乏这种基础设施会严重阻碍城市的发展或可持续性。通过基础设施的激活功能，复杂而富有活力的城市将会变得生机勃勃。

了解城市基础设施的经济属性对于任何分析基础设施对城市经济中人与人之间互动效率的贡献都是至关重要的。与健康城市中流动性好且富有活力的人力资源交易相比，城市基础设施资产往往具有高资本成本投资和不灵活的特点，有特定的位置和功能，呈现出网络特征，通常需要较低但稳定的维护和再投资。一旦发起，资本成本基本上转变为沉没成本，很难收回或者说不可能收回。另外，每个城市都有过去投资遗留下来的基础设施，它们会对未来的基础设施投资的效率产生正面的支持作用或者负面的抑制作用。因为城市基础设施服务的投入通常是针对未来生产或者终端消费者的，所以城市基础设施投资的长期性和本质上路径的确定性，会对城市发展模式和成本结构造成数十年的影响。这些就是为什么这样的投入必须是高效的重要原因，积极的或消极的效率及效应是会累加的。因此，由于成本的地域性和沉没性以及此类投资的长期影响，需要对重大投资决策采取灵活而保守的方法。

随着时间的推移，城市基础设施投资产生的经济效益一直遵循着一种众所周知的模式。在城市发展初期阶段，基础设施投资的直接回报最高。在这一阶段，基础设施存量很少，基础网络不完善，但基础设施投资的回报会随着城市遗留的基础设施增多而逐渐下降。因此，可以说，未来20年里，资源（比如能源）和金融方面的最高效率和收益很有可能会在处于高速发展中的中小型城市中产生。话虽如此，仍有可能通过集聚作用（见第9章）、现有电网和网络的智能管理（见第6~8章）、开发新的设施管理技术和提高效率的技术，在已建立的主要都市地区进一步大幅提高生产力。

城市经济基础设施需要足够稳健和灵活，以应对不断变化的环境和需求，这就是为什么有必要对基础设施进行长期投资。基础设施本身并不灵活，其灵活性很大程度上取决于对现有网络的智能规划和逐渐强化。具有选择性和战略性的基础设施投资，可以支持这种灵活性，并带来长期回报，从而可能会对发展产生积极的影响。鉴于财政紧缩政策、气候不确定性，以及现在人们越来越意识到人类活动——目前主要是城市活动中可持续发展的必要性，城市的未来在更大程度上将很有可能取决于明智的基础设施投资政策。

当然，城市经济基础设施是硬件，它仅仅体现了人类文化和经济最新的物质表现。但是城市更多涉及的还是软件，是关于人的。因此，除了经济基础设施（下水道、供水、交通、电力、煤气、通信等）之外，还有社会基础设施。社会基础设施包括支持健康、教育、法律以及司法等服务机构和已建立的结构。为了提高城市的效率，经济基础设施与社会基础设施都需要协调。因此，如何协调和做出有关城市基础设施的投资决策，以及如何管理这些基础设施，对城市而言是至关重要的，对依赖于这些城市的国家而言也越来越重要。

1.1　城市增长、气候变化与融资带来的全球挑战

国际上对城市和在城市背后支持其发展的基础设施的兴趣正在日益增长，这是因为人们认识到：全球范围内城市发展迅速（联合国人口活动基金会，2007，2011），城市对人类福祉和国民经济做出了重大贡献（世界银行，2009；Glaeser，2011）。目前，世界总人口据估计已超过70亿，其中大约有35亿人口居住在城市地区，而超过一半的城市人口是生活在发展中地区的，并且这些人口的增长速度远远快于发达地区的人口。这些发展中地区现有的基础设施存量最低，高效的基础设施投资和管理有助于其获得潜在的高效率和高生产率。

生育率会影响基础设施的投资和管理。生育率高的国家通常会保持较高的人口增长率，这就需要更多的服务和设施。很大一部分的年轻人口会对教育和就业提出要求。低生育率也有影响。由于低生育率和老年人预期寿命的延长，年轻人的比例相对于老年人的比例将下降，这将影响城市服务，增加对健康、老年护理以及收入支持的需求，可能是建立在较小的税基之上的。这将特别影响那些依赖于政府预算拨款的城市基础设施（比如澳大利亚的交通运输部门，见第8章）。发达地区和发展中地区的生育率是不同的，发展中地区的很多国家尤其是非洲生育率是非常高的。除了爱尔兰和冰岛外的所有欧洲国家以及如泰国、伊朗、澳大利亚、中国等国家的生育率都是很低的。中等水平的生育率出现在印度、美国、印度尼西亚、墨西哥和孟加拉国等。低生育率和老龄化人口已经成为欧洲和澳大利亚的重大问题（生产力委员会，2005），因为这些国家的人口中有很高比例生活在城市中。中国等国家人口从农村向城市迁移，进一步增加了问题的复杂性。

城市人口的分布情况也很令人关注。有很多文章提到超过1 000万人口的超大城市，比如东京、德里、纽约、孟买、圣保罗、墨西哥城和上海，以及

500万以上人口的国家和地区性城市。这些城市已经拥有大量的基础设施，是其国家或地区经济的重要推动力。拥有500万居民及以上的城市约占整个世界城市人口的15.5%（约占75万以上城市人口的37%）。城市发展带来的主要影响将体现在人口小于500万的中小型城市，它们占据了世界城市人口的84.5%。目前，居民从75万到500万的城市占据了世界城市人口的26%（约占75万以上城市人口的63%）。另有58.5%的城市人口居住在人口小于75万的城市。

如果我们根据超过100万人口的城市数量将城市划分成三种规模，那么就可以很明显地看出其中中小型城市数量非常多，三种规模分别是居民人口在100万～500万之间的、在500万～1 000万之间的和超过1 000万的城市（如图1-1所示）。随着全球化和城市化规模的扩大，这些城市之间对资源的竞争日趋激烈。因此，在发生投资的地方获得高效、有效的基础设施是很重要的，特别是在那些现有基础设施存量较小，并且网络未完全覆盖的地方，投资在那里很有可能会获得可观的回报。如果做出错误决策，将留下一个基础设施的存量，它不仅可能会阻碍现有的城市基础设施发挥效用，还会阻碍对未来基础设施的投资。城市所面临的规模挑战是巨大的，发展中的城市将受益良多，它们从发达城市提供的经验教训中受益，而不是追赶那些过时的系统。

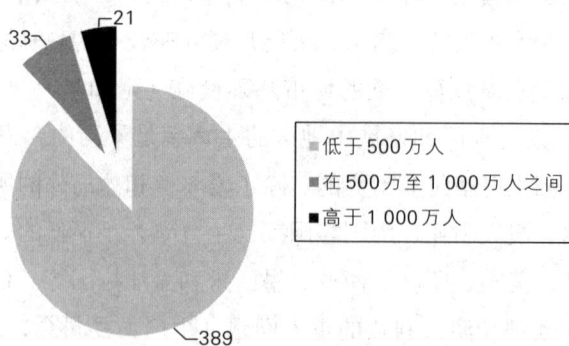

图1-1　2009年居民超过100万人的城市群的数量

Source：United Nations，2010，*World Urbanization Prospects：The 2009 Revision.* Department of Economic and Social Affairs，Population Division，File 12 population of urban agglomerations with 750 000 inhabitants or more in 2009 by country，1950-2025.

　　城市增长和日益激烈的竞争环境恰恰发生在这个时候，即在一个生物圈生产资源和吸收废物的局限性都非常明显的时候。水资源供应和气候变化是格外受到关注的，它们之间是相互关联的（关于气候变化的说明见专栏1.1）。为了缓解气候变化，国际上各国政府正在协商改变战略，其中两个经常被提倡的战略是"碳税"和"排放总量的控制与交易"制度（见第7章有关能源系统的内容）。这两项战略都将对能源和交通运输部门产生显著影响（见第7章与第8章），并对其他严重依赖能源的城市基础设施和服务产生贯穿效应，比如人造饮用水（尤其是海水淡化）。

　　自然系统的局限性会给各国政府发展城市基础设施施加压力，因为发展基础设施不仅要在经济意义和公平性上具有一定的成效，产出要得以透明公正的分配，而且要在环境上是可持续的，要保护长期环境资产并减缓气候变化。

　　投资决策所处的金融环境进一步加剧了城市基础设施的融资和管理的复杂性。从历史上看，金融环境处于间歇性波动中，且在可预见的未来似乎还会继续如此。日益全球化和相互关联的金融世界，引发了一系列近年来的金融危机（1997年亚洲金融危机、2000年互联网泡沫破灭、2008年全球金融危机、2011年欧洲债务危机）。尽管全球对金融机构采取更严苛的监管措施有着浓厚的兴趣，并且这些监管措施在解决这些危机中也发挥了作用，但是全球金融系统的互联有可能会使未来金融"流行病"加剧，影响投资决策和基础设施结构化供给。

专栏1.1　气候变化、调整与缓解

　　政府间气候变化专门委员会（IPCC）发布了四个主要报告（IPCC，1990，1996，2001，2007a），对大气变化及其可能原因的研究结果进行了回顾。最新报告指出，全球气候变暖是很明显的，从全球平均气温的上升、冰雪大范围融化以及全球平均海平面的上升中可以清楚地看出这一点。越来越多的证据证明了气候变化是由近期大气的变化引发的，而大气变化又是由以人为中心的活动造成的碳排放导致的。这对城市基础设施的融资与管理造成了直接的影响，既会对基础设施本身产生影响，又会影响基础设施的改造（以防止需求的变化），还会影响基础设施对碳排放量的需求。

预计气候变化会对城市集水区的降雨和径流造成影响，还会增加风暴天气以及由此引发的飓风和洪水发生的频率（见第6章）。预计到2100年，海平面将上升18~59厘米，冰层融化还可能会额外增加10~20厘米（IPCC，2007b）。这一上升，加上风暴潮的预期增加，将会对沿海地区和处于河口低洼位置的基础设施造成直接影响，包括机场在内的主要基础设施。特别是处于危险中的低洼地带的自然资源，比如陆地、沿海生态系统以及淡水含水层。亚洲和大洋洲的许多城市因为其沿海的性质，很容易受到攻击。管理应对气候变化的城市基础设施，需要从大都市一级层面上进行战略规划和治理（见第9章），以确保基础设施（社会基础设施和经济基础设施）的有效协调，使城市适应海平面上升等不断变化的环境，并改造城市以提高能源产出，减少碳排放。

1.2 技术变革

这些确实是巨大的全球性挑战，但伴随着这些挑战，我们不仅在基础设施技术方面做出了改进（使其更多样化、更加符合客户要求、规模更小，有更高的能源效率和更发达的通信技术以及更高效的材料使用等），而且为了不断改进基础设施，有机构和金融产品投资于基础设施，以进行有效维护和管理。微观经济改革在支持这项创新方面特别重要，通过开放竞争性市场，支持第三方进入具有垄断特点的分布式网络。

第三方进入这种具有分布式网络的系统可潜在地支持持续的改造和增长，提高它们改造与创新的效率，而在这方面依然还有一段路要走。本书跟踪记录了这些改进中的一部分，包括基础设施本身的改造以及支持这些改造的机构、政策以及融资计划（见第2、3、6、7章）。

1.3 微观经济改革与生产力

微观经济改革一直是发达国家城市基础设施融资与管理的关键因素。它的目的是引导资源发挥最大使用价值来提高经济效率。因此，城市基础设施微观经济改革的主要目标一直是在城市基础设施服务提供方面创造灵活性和竞争性，对提供技术和服务中的差异化与创新给予支持。在许多国家，公共设施（无论是公共部门还是私人部门管理）投资一直受到以履行社会义务的社会保障措施的约束。这一改革进程的核心在于建立透明而负责的过程，以便成本、效益以及风险能够被接管的人识别、分配并管理。这里很重要的一点是要将改革日程的目标和用于改革的机制（比如取消捆绑以增加可竞争性和私有化）区分开来，因为机制会根据环境而发生变化，不应该被认为是一成不变的。

对微观经济改革的推动始于20世纪70年代和80年代，当时通货膨胀和经济的缓慢增长导致了一些发达国家的高失业率问题。政府难以在不扩大税基的前提下增加支出来刺激经济，当时政界针对这一问题也有相当多的反对意见。此外，当时还有人认为，公共和私营部门正在利用垄断力量来获取不公平的利润，特别是在关税限制贸易和市场规模较小的地方（King et al.，1996）。不仅私营部门面临改革的压力，而且许多公共服务（包括经济基础设施）高昂的服务费和垄断权也被施加了要进行类似改革的巨大压力。

当时，城市基础设施的交付和管理的制度安排具有传统官僚模式的特点。在投资规划和运营方面往往带有技术专家的偏见，工程师和社会规划者倾向于在这些机构的管理层级中把握主导地位。这些机构一般来说都是公共垄断部门，通常被赋予一定程度的法定独立性，以促进其专注于明确的社会使命上——清除贫民窟、建立体面的住房、修建更多的道路来刺激区域经济的发展、提供干净的水等。

在这一改革过程中，一些国家比其他国家行动更快。从1984年到1994年，新西兰政府引领世界上其他国家转变了政府及其机构在宏观经济中所扮演的角色。从大幅度放松金融市场管制和取消投入补贴开始，政府逐步对国有企业进行改革，其中许多企业一直在提供基础设施服务。中央部门接下来进行了改革，即预算编制过程以及投入、产出和结果的责任分离。自1994年以来，对这些改革有一些批评的声音，然而，这些改革的全面性与彻底性使新西兰的生产力得到了极大的提高（见专栏1.2）。

专栏 1.2　新西兰改革：1984—1994 年

1984 年市场原则取代行政管制

放松金融市场管制

采取浮动汇率制

取消投入补贴

逐步取消出口税收优惠

1986 年《国有企业法案》

分离政策、法规与生产/交易管理

管理侧重于经营绩效、投入、定价与营销

采用竞争中立原则

私营部门董事会，政府持股原则

1988 年《政府部门行为法案》

高级管理人员问责制

合同用工制，竞争激励制

工业奖励统一制

1989 年《公共财政法案》

确定部长与首席执行官对投入、产出和结果的问责

减少投入控制

采用权责发生制会计方法

要求公司计划、绩效协议、预算和财务报表的报告一致

1992 年《公共财政修正法案》

扩大政府全面报告

1994 年《财政责任法案》

采用商业会计的原则，包括对资产和负债的管理

包括支出、收入、财政平衡和公共债务在内的10年财政目标的年度报表

每6个月一次更新经济和财政状况，并对未来3年进行预测

选举前的经济和财政状况更新

在过去的30年里，大多数发达国家都效仿新西兰，实行市场经济，通过在灵活的劳动力市场、金融创新以及公用事业、运输和其他生产方面形成更强烈的竞争来解放生产力，提高增长率（关于澳大利亚的内容见Hilmer，1993；国家竞争委员会，2007）。虽然提过国家层面的微观经济改革已经取得了很大的成效，但城市基础设施部门的微观经济改革仍然是一个持续的过程。在城市经济基础设施领域，如水、能源和运输方面，仍然存在很大的发展空间（见第6～8章）。尽管需要格外注意这种改革机制的背景，但在效率方面的经验教训也有可能由一个部门应用于另一部门，因此，用于能源分配的电网现在也用于水资源分配，电力市场的原则也可能会用于供水市场。由于这些改革带来的生产力效益，发展中国家的经济体很可能会继续执行这些改革措施。

由于经济和社会基础设施都支持提供基本服务，因此有必要识别确定这些改革带来的分配结果，以确保城市人口的弱势群体能公平地获得这些服务。这种公平的增加带来的好处不仅体现在穷人和被边缘化的群体身上，而且还会通过公共卫生、劳动参与、减少犯罪等惠及社会的其他部分。

我们应该注意到关于部门效率改革在城市的具体应用中存在的这些问题，仅仅单纯地努力提高单个部门的经济效率并不足以有效地促进城市层面所有部门效率的提升。由于城市的连通性和交互性，城市发展具有一系列外部性（包括正面和负面）的特点。城市管理者面临的挑战不仅是在各个部门内提高效率，而且还要通过城市基础设施（包括经济基础设施与社会基础设施）供给与土地的开发和再开发的协调发展，尽可能地充分利用积极的外部效应，最大限度地减轻负面影响，从而获得更广泛的效果。

除此还存在一种额外的复杂性。微观经济改革在大多数空间经济模型中被加以概念化并实施。然而，空间分布与连通性在城市如何发挥作用这一问题是

很重要的。最近的研究和政策制定已经引起了人们的兴趣，即连通性、聚集性和基于地点的协同效应如何为企业乃至城市创造强大的竞争优势，尤其是通过对创新的刺激（世界银行，2009；Glaeser，2011）。土地开发和基础设施决策确实塑造了大都市，并且可以决定一个城市的宜居性和可承受性。这又反过来影响了想要在城市里生活的人，以及他们是否有能力这样做。因此，通过人和人与他们的活动之间的物质联系，这些城市管理决策会影响城市的创新能力。对于成熟的经济体系和更加机敏的发展中经济体来说，它们面临的挑战是要了解城市结构和管理是如何驱动或阻碍生产力增长的，不仅仅是停留在逻辑层面，而且要从创造力、新企业形成以及政府应该在其中扮演什么角色等方面去考虑。

未来的主要挑战是保持城市基础设施部门内微观经济改革带来的效率和创新效益，同时要将这一改革进程深入推进到各个部门和城市大都市地区。这有可能会进一步推动空间和经济效率，并通过空间集聚效应来促进创新。

1.4 以澳大利亚为例

本书特别借鉴了澳大利亚在城市基础设施的融资和管理方面的经验，我们认为以澳大利亚为背景所探讨的理念是具有国际适用性的。澳大利亚有很多东西可供参考。澳大利亚是一个发达国家，在过去30年来一直在基础设施的融资和管理方面进行了实质性的改革。之所以需要这样做，主要是因为其地理位置。2/3的城市人口生活在彼此相距甚远的各州首府城市里。这些城市的住房密度处于较低至中等的水平。这些城市之间相距甚远，其住房的分散性给政府在基础设施的提供和管理方面带来了沉重的财政负担。自1970年以来，澳大利亚经济基础设施投资总额占国内生产总值的平均比例为4.8%，处于发达国家（新西兰、法国、德国、加拿大、美国和英国）的前1/4水平，这些国家基础设施投资总额占国内生产总值的平均比例为3.5%（Chan et al.，2009）。国民经济（国内生产总值）中相对比较大的一部分财政份额和政府预算用于经济基础设施建设，这给澳大利亚政府和政府企业实施改革带来了巨大的压力，并激发了私营部门参与基础设施建设的兴趣（见第 4 章关于公私合营模式的内容）。

澳大利亚也是一个联邦制国家，各州对基础设施服务的提供担负主要责任。这导致了各州在基础设施融资和管理上各有方法，并通过澳大利亚政府委员会（COAG）进行联邦层面的改革协调。这些改革的重点一直是围绕经济效益这个中心：有效利用资源以实现其使用价值最大化，把竞争作为提高经济效益和提供创新潜力的关键机制。澳大利亚的整体微观经济改革进程大幅度提高了生产力（PC，2005）。1995—2008 年这 13 年间，有不间断的产出增长——这是有记录以来最长的阶段之一。20 世纪 90 年代下半叶的实际人均收入增长率与 20 世纪的任何时候都一样高，失业率直到 2008 年全球金融危机之前一直保持在很低的水平。这一改革进程和进程中政府间协调问题是其他国家尤其是民主联邦制国家感兴趣的。

目前澳大利亚的城市人口不到 500 万。人口最多的城市——悉尼有 458 万人口，墨尔本、布里斯班、阿德莱德和珀斯的人口分别为 408 万、204 万、120 万和 170 万。霍巴特、堪培拉和达尔文的人口是不到 75 万的（澳大利亚统计局，2011）。如前所述，这些中小型城市，特别是在发展中国家的中小型城市，将会为高效和有效的基础设施融资和管理带来巨大的挑战，并有潜力创造高生产率回报。

作为一个联邦制国家，澳大利亚在大都市范围内的治理上具有复杂性，涉及了政府、私营部门和社区三个层面。三个层面的控制与平衡的适度性带来一些好处，它们可以阻止权力的滥用，遏制腐败，但也可能导致停滞，在供应滞后于需求的情况下降低效率。这里的低效率不仅是由于拥堵造成的，而更多的是由于失去了塑造城市的发展机会。澳大利亚与英国和美国等国家有很多共同之处（DiGaetano and Klemanski，1999），都需要在政府之间以及政府、私营部门和社区之间积极发展战略联盟，去主动管理大都市以达到所需的结果，特别是在那些需要对基础设施进行前瞻性投资以塑造城市的地方（见第 2 章和第 9 章）。

但是需要注意的是，要了解做出决策的背景。政府之间的责任和权力如何分配，会影响整个大都市中基础设施的分布和质量。这可以通过比较澳大利亚

和美国当地政府的责任来说明。澳大利亚和美国都有三级政府：联邦、州和地
方政府。在这两个国家，在国家宪法中都并未提及地方政府，它是国家政府的
一个组成部分，导致了各州之间甚至州内城市与农村之间的具体安排有所不
同。尽管如此，两国之间仍然存在着明确的差异，会对基础设施和服务的提供
产生影响。

在澳大利亚，市政府有责任通过州政府批准的地方发展计划管理土地开发
和评估过程。其职责包括为提供资金当地道路、停车场、废物管理以及当地的
小型设施提供资金，如游泳池。税收是通过财产税收取的。与美国明显不同的
是，澳大利亚地方政府不负责为学校和警察提供资金。这些责任由国家承担。
在美国，财产税为学校和警察提供资金的责任会影响人们对地点的选择。适龄
儿童的父母会寻求环境安全的好学校，贫穷的地方政府不能提供与富裕地方政
府相同的标准，而那些有能力负担得起的家长可以转移到更富裕的社区，导致
贫穷的地方政府的税基进一步缩小，严重影响了地方政府为基础设施和服务提
供资金的能力。

了解哪里存在相似之处（这里是指建立大都市治理战略联盟的必要性）和
差异带来的影响（这里是指地方政府的责任）是有效应用从案例研究中得出的
原则的基础。

这里很明显的是：城市中存在很多相互关联的关系，城市基础设施的融资
或管理很少有截留，这些截留不会对城市的某些部分地区产生外部性（无论是
积极的还是消极的）。城市管理是一门新兴学科，它致力于构建一个完整的方
法来解决这些问题。第2章描述了城市管理的政策和原则，第9章阐述了利用
基础设施来塑造并协调治理城市。

参考文献

Australian Bureau of Statistics, 2011. Regional population growth, Australia, 2009 10.http://
www.abs.gov.au/ausstats/abs@.nsf/Products/3218.0~2009 10~Main+Features~Main+
Features? OpenDocument#PARALINK17. Accessed November 20, 2011.

Chan, C., Forwood, D., Roper, H., and Sayers, C., 2009. Public infrastructure financing—An
international perspective. Productivity Commission Staff Working Paper, March 2009,
Productivity Commission, Canberra, Australian Capital Territory, Australia.

DiGaetano, A. and Klemanski, J.S., 1999. *Power and Governance: Comparative Perspectives
on Urban Development.* University of Minnesota Press, Minneapolis, MN.

Glaeser, E., 2011. *Triumph of the City: How Our Greatest Invention Makes Us Richer, Smart-
er, Greener, Healthier and Happier.* Macmillan, London, U.K.

Hilmer, F., Rayner, M., and Taperell, G., 1993. National competition policy. http://ncp.ncc.
gov.au/docs/Hilmer-001.pdf. Accessed November 29, 2009.

Intergovernmental Panel on Climate Change, 1990. Climate Change: IPCC First Assess-
ment Report http://www.ipcc.ch/ipccreports/1992%20IPCC%20Supplement/IPCC_
1990_and_1992_Assessments/English/ipcc_90_92_assessments_far_overview.pdf. Ac-
cessed May 8, 2012.

Intergovernmental Panel on Climate Change, 1996. Climate Change 1995: IPCC Second As-
sessment Report http://www.ipcc.ch/pdf/climate-changes-1995/ipcc-2ndassess-
ment/2nd-assessment-en.pdf. Accessed May 8, 2012.

Intergovernmental Panel on Climate Change, 2001. Climate Change 2001: IPCC Third As-
sessment Report http://www.grida.no/publications/other/ipcc_tar/. Accessed May 8,
2012.

Intergovernmental Panel on Climate Change, 2007a. *Climate change 2007: Impacts, adapta-
tion and vulnerability. Contribution of Working Group 11 to the Fourth Assessment Re-
port of the Intergovernmental Panel on Climate Change.* E. Parry, O. Canziani, J. Palu-
tikof, P. van der Linden, and C. Hanson (Eds.). Cambridge University Press, Cambridge,
U.K.

IPPC, 2007b. Climate change 2007: Synthesis report; summary for policymakers. http://
www.ippcc.ch/pdf/assessment-report/ar4/syr/ar4_syr_spm.pdf. Accessed November
23, 2009.

King, S. and Maddock, R., 1996. *Unlocking the Infrastructure: The Reform of Public Utilities
in Australia.* Allen and Unwin, Sydney, New South Wales, Australia.

National Competition Council 2007. National competition policy: Major areas of reform.
http://ncp.ncc.gov.au/pages/reform. Accessed November 29, 2009.

Productivity Commission, 2005. Review of national competition policy reforms. Report no.
33. Canberra, Australian Capital Territory, Australia.

United Nations Population Fund (UNFPA), 2007. State of world population 2007: Unleashing
the potential of urban growth. UNFPA, New York.

United Nations Population Fund (UNFPA), 2009. State of world population 2011: People and possibilities in a world of 7 billion. http://foweb. unfpa. org / SWP2011 / reports / EN-SWOP2011-FINAL.pdf. Accessed November 20,2011.

United Nations Population Fund(UNFPA),2011. State of world population 2011:People and possibilities in a world of 7 billion. http://foweb. unfpa. org / SWP2011 / reports / EN-SWOP2011-FINAL.pdf. Accessed November 20,2011.

United Nations,2010. World urbanization prospects:The 2009 revision. http://esa.un.org/un-pd/wup/index.htm. Accessed November 2,2011.

World Bank,2009. World development report 2009:Reshaping economic geography. World Bank,Washington,DC.

第 2 章　城市管理的原则与手段

Lyndsay Robert Neilson

引言

本章讨论城市管理的原则，以及治理机构（公共机构或私人机构）为城市增长和变革实施有效管理而采取的手段。"城市管理"一词是指在不同领域进行综合投入，包括专业性实践、管理及政策等，以达到城市发展既定的目标。

城市发展是一个可以产生重大公共成本与较大私人收益的过程，由于城市交易中存在的大量外部性，在管理城市增长与变革中市场往往是作用力很弱的工具。因此，努力实现社会、环境、经济与物质方面都被认可的成果是世界各国政府和私人社区管理者的共同任务。结果导向性管理是城市管理的核心。

城市规划、城市设计、建筑学、工程学、城市经济学、社会学以及环境科学等这些传统的"城市"学科为城市管理工作提供了必要的投入，但是仅仅有这些学科是远远不够的，对它们进行整合，采取跨学科行动则是必要的。另外，采取传统的城市规划手段——规划制定与开发监管，虽然是不可缺的，但不能满足现代城市建设和管理的需要。

能够明确管理机构意图的政策声明和概述对有效和负责任的城市管理是至关重要的。政策声明可能采取城市战略规划的形式，但越来越多地包括了住房负担能力、基础设施融资、环境管理、公共卫生设施的使用、公共交通政策以及其他许多方面。

公共政策的定义多种多样（Althaus et al.，2007）。正如 Althaus 等（2007）所解释的那样，政策范围从非常一般到极其具体，有很多层次：

这种定义有多重含义是不可避免的，因为政策是对各种事物的简要描述，从对过往决策的分析到如今政治思想的灌输都包括在内。（2007，p.6）

谋求政策的有效落实和执行是各级政府都在着力做的事情。（Colebatch，2006）

本章阐述了在城市环境中执行政策的方法，并试图通过案例来说明政策的具体工具是如何直接或者与其他工具结合在一起对城市产出施加影响的。

Althaus 等（2007）确定了澳大利亚采用的五种常见类型的政策工具：

1.*宣传政策*——利用政府所能获取的信息进行教育或说服；

2.*网络政策*——培育和利用政府内部、部门之间以及各外部合作伙伴机构之间的关系来制定和实施预期目标和行为；

3.*货币政策*——通过支出和税收力量来影响超出政府范围的活动；

4.*政府直接行动政策*——通过公共机构提供服务；

5.*法律政策*——法律、法规和官方权威组织规定。（2007，p.89）

在城市背景下，这五类工具需要扩大，原因有三：第一，较低级别的政策（运行性政策）经常被用作放大和实施战略政策的手段，特别是在法定行政规划系统的背景下，因此，政策既是工具，也是一种框架。第二，在城市背景下，由于税收和支出的影响是截然不同的，需要区别对待，所以把货币政策作为一个类别太宽泛了。第三，在政府与私营部门之间、政府与社区之间、政府自身内部各部门之间，政府行动和网络体系在建立或能够建立的制度安排中得到更好的结合。例如，许多城市公共服务是通过私营部门或社区提供的，并不一定要通过公共机构。此外，知识管理或者是知识分享和经验交流与网络所隐含的概念相比，往往是一个更为正式的渠道，同时在当今的电子信息时代，它也可以具有更加非正式的形式。出于这些原因，本章采纳了由 Neilson 提出的与城市背景和城市管理任务相关的稍有扩展的一套工具（Neilson，2002，p.4）。

政策——政策声明本身就是城市管理的关键工具。政策在多个层面上起作用，从非常高级的战略到指导具体操作决策的政策。如上所述，其目的是就政府或其他相关组织的意图做出明确的陈述。

立法和法规——立法就是制定法律，法规是管理城市增长和变革的规则。有些人可能会认为应对市场采取尽可能少的监管，要求监管往往是政府行动的政治和社会驱动力，特别是考虑到社区通常寻求法规来保护自身利益。

财税措施——税收结构（在其存在的地方）和商品及服务的定价影响着城市发展的结果和持续管理增长与变革的能力。对城市服务进行收费而非补贴的方式回收全部成本，将使该城市与那些服务会得到大量补贴的城市呈现出不一样的特点。

金融措施——主管部门对支出的优先排序会对每个城市的形式和运作方式产生影响。这在交通运输基础设施、针对低收入群体提供的住房、公共便利设施、公共领域以及建筑环境的其他方面体现得尤为明显。

制度安排——根据意识形态、私营部门能力和社区期望，政府、私营部门和社区的作用和责任具有很大的差异，这种差异将会导致不同的管理和发展结果。在主管部门内部，职能、权力和责任在不同组织中的分配方式也将对管理风格和能力产生重大影响，从而影响城市的运作。

宣传——领导和宣传影响着社区和商业行为，从而影响了城市的执行方法。道路安全运动、反对乱扔垃圾运动以及节约用水和能源保护运动都被证明可以改变行为，改善城市形象，从而达到所确立的目标。

知识管理——共享知识和经验影响城市变化的速度。学习别人是如何成功的，并复制他们的努力是现代城市管理的重要内容。

本章将介绍如何使用这些城市管理工具，并以澳大利亚的案例研究来说明它们的具体应用。其目的是提供一个成熟的框架，用于组织和思考制定政策的方式，以及用于实施城市未来成果驱动战略的工具组合。

投入、产出与结果

管理城市增长和变革的关键问题在于我们用以构建城市的因素和城市对这些或存在或缺乏的因素的反应方式之间，存在着持续而反复的相互作用。

在相互作用方面，一个值得借鉴的好例子可能是交通运输投资，这会改变人们获取其所需要的服务和机会的能力，而这种可获取能力又反映出城市形态和结构。一条新的高速公路，缩短了从遥远的地方到就业中心所花费的时间，这几乎总是会引起土地市场的反应——住宅会在高速公路沿线建造，距离工作的地方更远了（距离上更远，而非时间），城市范围随之"蔓延"。新建的长距离铁路线也有类似的效果。这种蔓延在新建的居民区中造成了对新的给排水设施、学校、医疗保健设施、垃圾收集服务以及许多其他服务的昂贵的需求，以满足新定居的居民的各类需要。如果这些服务是和通常情况下一样由公共部门提供资金建立服务体系，那么政府预算会面临新的压力，可能需要通过增加借款或税收来筹集资金。

为了控制这类成本，政府可能会对过度扩张实施监管，但也可能为了满足更高密度发展的需求而对现有地区的公共交通和其他交通设施进行升级。反对在现有郊区进行更高密度发展的人可能会施加政治压力，要求制定一些针对他们区域内的新发展展开监管的政策。随后，政府可能会调整市政当局处理此类问题的权力，以减少针对更高密度发展的有效的反对力量。

对发展进行管理以获得期望的成果，需要了解这些相互作用以及它们随着时间的推移将会如何发展。在这种情况下，城市管理的核心是政府或其他代表社区的执行人员对其期望寻求的成果有一个相当明确的概念。

"结果"并非陌生的概念，但经常由高级别指标来进行概括。例如，在一个较高的层次上，国内生产总值衡量了一种结果——一个国家、州或城市的经济表现。日趋增长的人均国内生产总值普遍被认为是可取的，而国内生产总值的变动趋势则会作为国家经济活动成果的衡量指标被密切关注，并经常用于评估政府的经济绩效。

另一个类似的高层次衡量指标是生态足迹（Wackernagel and Rees，1996），它是用于衡量一个国家、州或城市（或家庭）环境可持续性的结果，至少是在人均使用地球稀缺资源和产生废物方面。如今，它被广泛用于评估环境绩效和规划补救策略，从而提高绩效并减少碳足迹。

结果管理是商业领域中一个为人所熟知的概念，近年来政府内部越来越普遍采用这种管理方法作为一种指导政策执行的手段（尽管它还有待更深入地渗透至政府预算领域，从而为如何配置相互关联的产出的资源提供指导，使每项产出都为共同结果做贡献）。

这里有一些较为合适的定义。最有用的一套定义是澳大利亚国家审计署在1996 年对澳大利亚政府的"城市优化计划"（Building Better Cities Program，BCP）的审计中提出的（澳大利亚国家审计署，1996 年第 1.13 节），转载于专栏 2.1。

专栏 2.1　投入、产出与结果

投入是某个项目计划中使用的资源，包括员工、资金、实物资产、材料和设备。对投入进行度量和管理有助于控制项目成本。

产出是某个项目利用投入生产出的商品或服务。衡量产出是评估项目实施进度的一种手段。

结果是某个项目实现的结果。它们反映了项目产出给项目所针对的经济或社区中一些元素带来的影响。衡量结果为项目引起的变化提供了指示，从而也显示了其有效性。

创建"城市优化计划"

投入包括联邦资金以及各个州和地区的出资（在资金和资源方面）。

产出主要是指该计划下构建的资本项目。它们包括交通运输、住房和新建的或改造的城市基础设施等各种要素。城市优化计划的其他产出则是指国家和地方政府之间的新规划以及协调安排。

结果则是指对该计划所针对的城市元素的改善，包括缩短运输时间、更密集地使用城市基础设施、改善城市环境和提供更多人们负担得起的住房。

结果被定义为一个项目或活动达到的结果，它是城市管理的焦点。这些定义中的一个重要概念是有效性的概念，而为了达到有效性，管理企业、城市或国家必须为取得预期结果而采取措施。如果采取的手段（产出）没有导致所要的结果（成果），那么可能需要不同的手段（投入与产出）。或者，如果正在使用的手段出现资源不足的问题（投入量太少或负担不起），则可能需要增加资源或不同的投入。

监测和反馈机制对于评估实现成果方面的进展至关重要，同样，对基准条件有一个适当的度量也是确保可以测量偏离起点的项目进展情况的基础。

成果的衡量形式可以是趋势（例如，公共交通使用量每年增加1%）或目标（例如，到2020年实现采用公共交通工具通勤人数占总人数的20%）。趋势通常更有用，因为它们可以提供比目标更短期的反馈。

本质上，衡量有效性意味着知道进程开始时适用的条件，并设置一个或多个指标来表示预期成果，然后通过管理各种投入和产出，以最快速的方式，实现名副其实的成果转化。

在这一点上，知道如何提供投入和由谁输出产品并不重要——这是一个制度性问题（可能会涉及私人和公共参与者）。相反，其目的是确保投入和产出是有意义的，是与战略目标相关的，并且实际上能有助于实现这一目标。

只关注于产出会导致对支出考虑不周，这在许多将效率（最低成本）作为关键目标的政府预算中均有体现——例如，若想实现可达性的目标，一种做法是在城市中新建10公里的高速公路，但是更有效率的做法是改变土地使用政策，使人们可以在离家更近的地方工作。

对成果的关注会使决策者质疑为什么要设计某项特殊计划、投资条件或规则；使决策者与其他有助于实现预期成果的措施建立联系，并使决策者理解为什么需要监测并比较每一项投入与产出在达到预期结果方面的有效性。

这里有一点很重要——只有一种产出是很少能实现理想的城市成果的，尤其是在城市环境背景下。例如，一个城市的理想成果可能是提高所有居民和企业获得所需服务和机会的可能性——增加整个城市的可达性。这是可以衡量的。比如说，5年后所有行程的平均通行时间缩短2%。

一种对策可能是简单地建设更多的道路，提高通行能力。但是有很多人是没有汽车或不开车的——他们依靠公共交通工具。然而，如果有良好的基于道路的公共交通工具（公共汽车、小型巴士、出租车），那么建设更多有通行能力的道路可能会提高可达性（如果公共汽车和出租车可以更快地接送乘客）。同时，购买和运营更多的公共汽车也可能会提高可达性。升级铁路信号以增加轨道的运载能力同样也可能做出贡献。

所以三种产出——修建更多的道路、购买和运营更多的公共汽车以及升级铁路信号——可以产生相同的结果。这也是"不仅而且"的原则：不仅要修建更多的道路，而且要购买和运营更多的公交车并升级信号。这一原则可以扩展为：不仅需要这三项产出，而且还要升级非道路公共交通车辆，建设自行车道，改善人行道（包括夜间照明）等。

所有这些产出都有助于取得改善整个城市可达性的成果，更进一步，非交通运输产出也可能有所帮助——改变土地使用政策，允许开发更多的土地混合用途，从而为当地提供就业机会，并减少长距离通勤的需要。改变管理规则，允许沿着现有的运输系统进行更高密度的、混合用途的开发（以运输为导向的开发）都可能减少出行需求，并改善公共交通。

通过将所有有助于取得相同结果的产出组合在一起，我们就有了一个综合的、以结果为导向的活动计划，它可以及时地定位并有适当的预算为其提供资金——即使活动计划的各个部分是由不同的机构或组织或私营部门提供的。

创建这样的综合方案是城市管理的关键。此外，这些产出可能与其他产出结合起来产生不同的期望成果。例如，更方便的步行道和更充足的照明将有助于人们徒步锻炼，改善身体健康状况，并推进社区互动。

对结果的管理需要战略思考、协作和承诺。对于政府而言，可能需要一个官方的承诺，这就带来了制度方面的挑战。通常来说，机构更喜欢简单的制度，即在提供产出这一水平上进行问责。这在成果驱动的框架中是可以接受的，只要每个机构都能够说明其产出是如何有助于取得他们和其他人共同的成果。这在商业环境中是不足为奇的——例如，公司或集团内的业务子公司或部门都对整个集团或公司的利润有所贡献（即使是有竞争性的）。它们的贡献是很容易被衡量的，并可以通过奖金和其他激励计划对其进行奖励。

在政府中，成果驱动型的管理必然会更加复杂，因为政府目标要远比企业目标多。然而，成果驱动型管理使城市的政府政策得以有效传达，对这种管理模式的迫切需求意味着克服这些困难是必要的。

2.1 城市政策

城市管理包含通过监管或其他政策手段进行政策的制定和实施。城市管理政策可以采取多种形式，从高层战略政策到细致的规定，如可用于历史遗产区遗留建筑物墙壁粉刷颜色的管理条例。

政策有许多来源，并且可以在多个层面上运作。在较高的层面上是战略政策。战略层面的政策可以大致等同于结果——重点在于结果。例如，对政府而言，有一个较为恰当的战略层面的政策，即对一个城市的人口增长不会有绝对的限制，但是无论以什么水平或速度，城市都将以最可持续的方式管理其增长。第一个结果是持续的人口增长，第二个则是尽可能以最少的资源消耗来满足这种增长的需求。

一个相关的战略政策是确认城市周围哪些地区将为城市建设所用，哪些地区将受到保护以免受到城市发展带来的影响，也许是因为这些受保护地区是未来战略资源的所在地（供水流域、矿产、有价值的耕地或是有价值的动植物群保护区）。

在产出层面上，更具战略性的政策可能是将城市发展集中在现有的交通主干线上，特别是公共交通节点周围，以减少对汽车出行的依赖。这些产出可能是新的公共交通站点，或者是那些车站周边促进高密度城市发展的公共项目。

在投入层面上，政策可操作性变得更强。在上面的例子中，可能有一个政策是在五年中将花费在道路上的支出（投入）转移到公共交通上，"启动"以公共交通为导向的发展。支出的转移必然会促进新的中转站周边的更高密度的发展。这些发展应有助于减少居住者对汽车出行的依赖，从而以更加可持续的方式适应未来的增长。

显然，在每个层面上，政策一直是关于要实现什么的意图声明，所以需要得到实施该意图的适当手段的支持。因此，随着政策从战略层面转向操作层面，它更多的是会呈现出实施高层面政策手段的特征，而不是简单地作为独立的政策本身而存在。

举一个由下至上的例子，我们可以参考上面提出的遗产政策。为什么在历史遗产区建筑物粉刷颜色问题上会有政策？这项政策（关于投入）有助于维护或恢复遗产区——它是一项重要的城市设计产出。这可能会在政策声明中体现："政府的政策是在可行的情况下，以尽可能接近其原始特征的方式来保持指定文物保护区的原貌。"

政策和产出可能有助于提高城市的整体设计质量并使其更符合旅游目的地的角色，有助于保护财产价值，满足公民希望保持或增强邻里特征和维护他们的资产的要求——所有有用的结果。

试图将这些联系扯得太远并没有什么助益。如上所述，政策具有多种形式。但是，一个基本的原则是需要指出政策的目的及预期产生的影响，并参照投入、产出和结果来进行。这至少提供了一个更为仔细和缜密的流程来制定政策，并检测其联系、意图以及与结果之间的关系。

2.1.1　城市政策案例研究：《墨尔本 2030》——管理墨尔本城市发展的战略政策框架

《墨尔本 2030》是指导墨尔本大都市发展的高层面战略政策框架。2002 年被维多利亚州政府（作为卓越的规划权威机构）接受，用来指导广泛的规划决策，并作为具有法定效力的政策框架，指导在裁判法庭和事务委员会上讨论有关特别发展提案的决定，这一框架有时是有争议的（维多利亚州政府，《墨尔本 2030》，2002）。

《墨尔本 2030》的基本目的是提供一个规划框架，以容纳墨尔本大都市预计约将增加的 100 万人口，即从 2001 年的 350 万人增加到 2030 年的约 450 万人。这一增加也涉及家庭数量增加了约 620 000 户，因此住宅也会相应地增加。

通过内部分析和向社区征询意见探讨了一系列可能的方案，其中包括：

●继续执行历届州政府过往的自由放任发展政策，允许私营部门和财产所有者的利益相关方控制城市的规划和发展，从而加速城市的扩张；

●旨在降低人口增长率的强硬的反增长方案；

● 旨在扩大维多利亚地区发展的去中心化方案，作为墨尔本不断扩张的替代方案；

● 紧凑型城市方案，旨在包含已公开的城市增长内的各种增长。

● 在全州范围内的广泛磋商进程结束时（维多利亚州乡村地区的人也被问及他们对墨尔本未来的想法），政府通过了一项战略规划，重点强调：

● 已公开的城市增长边界内的紧凑型发展；

● "楔型绿地"，保护具有保护价值和旅游利益的自然和人工建设区域，使其免受城市侵占；

● 关注于现有运输网络的新发展和城市更新；

● 位于主要和次要公共交通节点附近的活动中心，可增加已建成的郊区的发展机会；

● 增加在现有建筑面积内可容纳的新住宅的比例，以替代持续不断的城市"绿色用地"扩张。

但是，在城市五个增长区域的城市增长边界内，预拨了至少25年的新的城市用地（住宅和其他）。

专栏2.2列出了形成《墨尔本2030》框架的方向：城市增长边界；几类活动中心；增长区域；分离增长区域和保护重点环境资产免受城市侵扰的楔型绿化地带；主要交通网络和节点；以及与维多利亚州主要区域中心的交通连接，由于快速轨道交通、道路和通信之间的联系，它在更广泛的大都市劳动力市场中形成了城市网络系统的一部分。

专栏2.2 《墨尔本2030》的方向

《墨尔本2030》的核心是九个"方向"——或者说是成果——随着时间的推移，其成果的实现取决于具体的实施、精心制定的政策和落实政策的支持措施。

方向1——更紧凑的城市

方向2——更好地管理大都市的增长

方向3——区域性城市网络

方向4——更繁荣的城市

方向5——令人满意的地方

方向6——更公平的城市

方向7——更绿色的城市

方向8——更便捷的交通连接

方向9——更优的规划决策与精细化管理

Source：Reproduced with permission from State Government of Victoria（2008）'Melbourne 2030' Available at http：//www.dse.vic.gov.au/melbourne2030online/.

重要的是，《墨尔本2030》与政府正在规划的墨尔本交通设施和服务密切相关。未来的增长区域位于高速公路和铁路交通所在的主要运输走廊上。活动中心大多位于或者靠近火车站或其他公共交通交汇处，或在电车、火车或公交车线路网络的重要节点附近。该规划提出将铁路的战略扩张和新的增长区域运输走廊连接，为所有规划的增长区域提供固定轨道的公共交通。

《墨尔本2030》对规划的每个主要方向都制订了实施计划。然而，这些规划很大程度上以维多利亚州的规划方面的法律法规作为实施的基础，且很少依赖其他治理工具，除了政府机构内部和政府机构之间，以及与当地政府间的合作之外。

实施计划涉及《1987年维多利亚州规划和环境法》下的一系列行政指令和其他措施，它们为《墨尔本2030》提供了法律效力。实施《墨尔本2030》框架的至关重要的要求是在编制和修订规划时，当地政府需要认真考虑《墨尔本2030》的政策和规定。因此，市政规划方案作为批准发展建议的框架，将是实施总体战略的主要手段。

事实证明这种方法仍不够充分，因为《墨尔本2030》的实施需要由市政当局采取协调一致的行动，以便能够在已建立的郊区进行更密集的城市住宅建设；它要求市政当局和公共交通机构采取行动，促进火车站及其周边地区的新发展；它还要求将交通支出优先从道路扩张转向公共交通升级。

这些变化将会发生，但是与许多人认为的相比需要经历更长的时间。《墨尔本2030》在实施的两年内因实施上的失败而受到批评，尽该规划本身明确指出至少需要十年才能展现出较为明显的重大变化。

2.1.1.1 《墨尔本 2030》审查工作

在任何战略政策稳健形成的过程中，人们必须认识到影响规划的环境、条件和事件是可能会发生变化的。要谨记：战略计划需要足够长的时间才能充分发挥作用，长期战略规划所面临的主要挑战之一是保持对政策和行动计划的定期更新和升级，认识到这一点是非常重要的。

虽然出于稳定性的考虑，某些基本原则需要在较长时间内保持不变，但整个规划在持续过程中是无法保持完全不变的。在《墨尔本 2030》的例子中，维多利亚州政府承诺每五年对规划进行一次审查，并于 2006 年开始第一次审查，由经验丰富的专业人员组成的专业审查小组负责审查该战略（见专栏 2.3）。他们得出的结论是，《墨尔本 2030》的原则是全面的，为未来提供了一个良好的框架，但与地方政府合作的实施相对滞后（维多利亚州政府，2008 年 3 月，执行概述）。

专栏 2.3 《墨尔本 2030》审查结论

"我们确信，《墨尔本 2030》的基本原则比以往任何时候都更合时宜。这是因为气候变化、交通堵塞、墨尔本人口增长速度超预期以及墨尔本是一个非常分散的城市这一事实所带来的挑战。

与五年前相比，如果墨尔本的发展是可持续的，而且这个城市将依旧保持宜居，那么如今将更为紧迫地需要实施《墨尔本 2030》中的许多举措。

虽然我们发现许多利益相关者对《墨尔本 2030》基本原则是持强力支持的态度，但也听到了相当多的对计划及其实施的批评意见。我们认为这是有点令人惊讶的，因为在我们看来，《墨尔本 2030》中并没有任何颠覆性的变革：它基本上是对维多利亚州以及在过去 40 年中国际上普遍接受的规划方法的重述。

所表达出的关切涉及几个问题。《墨尔本 2030》被许多人认为是一个自上而下的强制性计划，结果是缺乏社区所有者的参与。而其他人则认为它是变革的象征，可能会破坏其社区的特色。

该政策的倡导者州政府和在执行该政策的过程中发挥关键作用的地方政府之间，存在着一些明显的紧张关系。其他批评还涉及缺乏专门的资金机制，以及显然没有实现"整个维多利亚州政府"对这个计划的承诺。

我们得出的结论是，有些负面意见是具有一定建设性的，我们已经提出可以解决这些问题的方法。其他的批评我们认为是夸大或误解（我们在报告中称为"谬见"）。

Source：Reproduced with permission from State Government of Victoria（March 2008）Melbourne 2030 Audit Expert Group Report，p.4.

审查提出了三个关键步骤，以确保"战略"执行的势头：

1.创建新的治理安排，以确保责任、权力和明确透明的领导制度，监督并协调《墨尔本 2030》的实施。

2.通过政府为《墨尔本 2030》分配资金，要求各政府机构修订其预算流程，以使资源与商定的《墨尔本 2030》实施行动保持一致。

3.与地方政府及其社区和发展行业建立强有力的相互支持的伙伴关系（维多利亚州政府，2008 年 3 月）。

作为回应，政府"原则上"承诺遵循这些建议。

2.1.1.2　《墨尔本@ 500 万》

随着审查结果的公布，墨尔本根据 2006 年全国人口普查结果，为新增人口进行预测。令许多人惊讶的是，《未来的维多利亚 2008》中的预测显示，墨尔本可能在 2030 年之前达到 500 万人口——比当时制定好的《墨尔本 2030》中预测的增长更快。一个关键的外部环境发生了变化。

对于政府而言，这提出了一个问题，即在房屋负担能力较弱的时候，《墨尔本 2030》提出的在城市增长边界内维持 25 年城市土地供应的愿景是无法得到满足的——需求将超过供应，价格上涨，住房负担能力将会降低。同时，几乎所有的郊区（特别是内城区）人口增长速度都加快了。为了应对这些挑战，根据修订后的预测，对制定好的《墨尔本 2030》做了进一步的分析，于 2008 年出版了《墨尔本@500 万》（维多利亚州政府，2008 年 12 月）。

《墨尔本@ 500 万》提出对《墨尔本 2030》中的政策进行修改的建议，主要是减少活动中心的数量，增加政府对其中最大的活动中心的支出，并调查研究城市增长边界的扩张以适应更快的增长（见专栏 2.4）。引入新的区域划分制度和监管规定，加快城市增长边界内市场的土地供应，赋予墨尔本新成立的增长区域管理局更多的权力，以筹备和批准新增长区的区域结构规划（在开发之前针对土地使用、远超发展的基础设施和城市形态制定地方政策，并将开发审批的延误减少至少12个月）。

专栏2.4 《墨尔本@500万》

维多利亚州政府将重点关注：

通过博士山、布罗德阿罗、丹德龙、富茨克雷、弗兰克斯顿和令伍特的六个新的中央活动区创建一个多中心城市。从一个中心（中央商务区）转移到多个中心，可以减少拥堵，使人们花更少的时间用于上下班的通勤，从而有更多的时间陪伴家人。

通过连接活动中心、大学、研究和技术区域、医疗机构和其他就业率高的地区来支持中央活动区的就业通道。政府将优先关注其中的三个就业通道：从阿瓦隆机场到威勒比、梅尔顿、墨尔本机场和唐尼布鲁克（休谟-米切尔），从卡尔菲尔德到丹德农，以及从莫纳什大学/查德斯顿到博士山、奥斯汀医院和贝尔街。

向外扩大墨尔本城市增长边界，以容纳预期将会在增长地区建设的284 000户新住宅，并维持住房的负担能力。被考虑纳入增长区域的地区被指定为"调查区"。这些区域的详细规划将确定城市增长边界在调查区域内的最终位置。议会、居民以及开发商将有机会在2009年初就城市增长边界发生的变化提出建议。

在墨尔本增长区域规划中公布了与国家基础设施投资相关的修正案。增长地区基础设施投资将用于提供重要的基础设施，同时关注墨尔本增长区域内的发展。

Source: Reproduced with permission from State Government of Victoria (December 2008) Melbourne 2030: A planning update—Melburne@5 million. Available at: http://www.dse.vic.gov.au/DSE/nrenpl.nsf/LinkView/1352EB2F109044AFCA2575120016BE8B718331E8AB7D9987CA256D1900299B45.

为落实政府有关向外扩展城市增长边界的提议，2009年完成了为促进发展提供更多"绿色用地"的调查工作。

《墨尔本 2030》的内容是针对大都市层面的政策制定战略的一个案例，旨在形成涵盖较为广泛的职责和功能的政府决策设计——尤其是针对土地使用政策和法规、建设发展法规、交通运输投资、公用事业投资、开放空间投资和有关环境保护方面的投资，以及对其他主要政府设施的投资。政策的规模和时间框架增加了其实施的复杂程度，并需要长期遵守约定。

案例研究表明，政策之外的如人口预测等方面的变化，必然会导致审查和调整——而在这种情况下仍然坚持初始战略的政策原则。

因全球金融危机而造成的经济影响可能会进一步加剧。维多利亚州政府的初步反应是极快速地跟踪城市更新和相关活动中心项目，这与《墨尔本 2030》中的政策是一致的，并为新的发展提供更多的外部城市土地。

2.2　政策实施

2.2.1　立法与法规

规划与发展管理制度是澳大利亚的一项法定制度。这种有关发展的法律规定要求政府批准许多（但不是全部）发展项目，还包括在个人以法律不允许的方式行事的情况下对其施加处罚的能力。这一制度背后的原则是尊重和重视高于个人利益的公共利益。在批准发展计划时，必须考虑到这些个人提出的项目对他人利益所产生的外部影响。规划立法和条例是出于对整个社区利益的考虑，也是管理对于什么样的个人可以获准利用其土地和建筑物的手段。

州政府的法律规定了土地的用途（北部地区以及土地最终由澳大利亚政府控制的首都地区除外）。只有在极少数情况下，财产契据才能给予土地所有者可以根据自己认为合适的方法不受限制使用土地的权利。使用权由官方通过立法和规定授予，房契和租赁协定也是由官方印发的（通常带有租赁目的条款）。

地方政府法律通常赋予地方政府一定的权力，允许其代表州政府在某种程度上对土地的开发利用和发展进行管理。也可能存在法律允许建立具有特殊目的的官方或半官方机构，这些机构在规划和管理特定地方土地使用和开发方面发挥作用，或者通过特定的决策制定步骤来发挥作用。有关维多利亚时代规划系统的介绍，请参见专栏2.5。

专栏2.5 维多利亚州的规划系统

在地方街区层面，城乡规划涉及的是土地的使用以及在土地上建造建筑物和进行其他开发。业主在其土地上开展的行动多多少少都会以某种方式影响他人。如果每个人都按照自己的意愿行事，将必然会产生矛盾纠纷，而对土地使用的监管对于避免这些冲突而言是至关重要的，特别是在人口稠密的地区。

如今，维多利亚州所有自治市的土地利用规划的控制措施都是由州政府和地方政府当局来制定和管理的。管理这些控制措施的相关法律是1987年的《规划与环境法案》。

控制土地使用规划的主体是规划部门和责任部门。规划部门可能是地方议会或州政府，负责进行土地使用规划方案设计，并采取适当的控制措施。而责任部门通常是地方议会，来负责管理该方案。这涉及：

根据规划方案，考虑使用或开发土地的相关建议，并发布通知和发放许可证。

确保土地的使用或开发与规划的要求不冲突，没有遵守有关土地和开发法律的人将被起诉。

颁发与方案相关的规划认证。

相关规划以及负责规划和社区发展部门

在快速变化的经济和社会环境中，我们的规划系统能灵活应对和处理这种变化是非常重要的。但是它也必须具有足够的规范性来保证确定性和一致性。

政府的战略性土地使用规划是在对可定期监测和审查的问题与趋势进行全面可靠分析基础上建立的，它整合了交通运输、环境以及社会发展方面。

这样的策略反映了更广泛的社区需求，因此是以大量的社区咨询与讨论为基础的。政府的做法依赖于与地方政府、地方社区、企业、行业以及其他组织和利益集团之间的创新而有效的伙伴关系。

Source: Reproduced with permission from State Government of Victoria (2009). Available at: http://www.dse.vic.gov.au/DSE/nrenpl.nsf/LinkView/F14D628BDCAC84F5CA256D4E001AD AEEE2544497E47593D1CA2572FF000BB0D9.

并非所有这些事项都列于任何特定州的单一立法范围内。要想充分理解土地使用与开发以及规划与管理的制度，通常需要熟悉若干相关法规（规划和社区发展部，2008）。这可能包括对所有权房屋的检测和土地细分管理（包括所设置的道路和建设的规范）的法规，或是包括有关为基础设施和出于公共目的（人行道、自行车道、公园、学校）预留土地的法律，每一项都会影响发展布局和密度。有关土地使用规划及其与基础设施提供的关系的更多细节，请参见第 5 章。

与政府或其他负责经营城市服务的机构的权力、职能和职责相关的立法也同样可能产生影响。例如，根据澳大利亚宪法，电信公司按照联邦法律和法规进行经营，这意味着州政府或地方政府法律是无法控制这些公司的活动的。因此，当地规划法规是不能阻止光纤或其他通信电缆的安装的。电信塔的位置也同样不受地方控制。另一个更有代表性的案例是私有化机场的使用。尽管主要机场租赁给了私人运营商（长达 99 年），但土地仍然是澳大利亚政府的财产。然而，这些机场在宪法上是不受州政府和地方规划方面的法律法规约束的。因此，澳大利亚交通部部长批准的每个机场的总体规划是，允许大多数机场进行密集的商业开发，它们与其他成熟的中心竞争，并产生需要由州和地方机构管理的交通大流量，这需要由各州和地方机构来承担管理成本。

对开发及相关事宜的法律和规定进行管理具有一定的复杂性，这意味着所有国家都建立了大量具有不同程度司法形式的民事法庭或刑事法庭来处理开发提案所引起的诸多纠纷和法律质疑。

在维多利亚州，维多利亚州的民事和行政法庭设有一个大型的城市规划部门，而在新南威尔士州和昆士兰州则由相关法院（土地和环境法院，地方政府法院）来处理解决争议，由这些司法管辖区内的专业律师进行处理。

总体而言，有关开发的相关法律所制定的框架是业主、开发商、社区和政府之间在管理城市发展中最明显、最普遍的联结点。事实上，政府管理城市发展的其他工具（特别是财政和金融）可能会对开发采取的方式和地点产生更大的影响，但是代表政府管理发展方式的立法与规定才是最具效力的。

2.2.2 财税措施

在本章中，财税措施是指政府的增收活动，包括如下措施：

- 收入所得税；

- 公司利润税；

- 工资和薪金税；

- 财产税和土地税；

- 财产税和其他交易税（销售税）；

- 酒类、烟草和燃料等产品征收消费税；

- 自然资源开采特许权使用费；

- 车辆、宠物、企业及其他事项的许可和注册费；

- 罚款和其他货币罚款；

- 政府机构提供商品和服务的收费；

- 特别的"假设性"征税和收费（例如，墨尔本对水零售商征收占其利润的5%的环境税，以支付改善维多利亚州河流和湖泊环境所花费的费用）；

- 其他许多财税措施。

此外，财税措施包括可以收缴但并未征收的收入——税收流失；包括支付的补贴，以允许人们支付比其他情况下更少的费用，还包括只针对某种投资的税收减免优惠。税收流失的一个例子是澳大利亚对业主自有房屋不征收资本利得税，这与投资者将自有住房租给租户是不同的。

近几十年来最为重要的城市税收减免政策对澳大利亚城市产生了重大影响，这是因为从个人或公司所有来源的应纳税所得额（包括出租财产取得的收入）中扣除了为获取商业回报而进行的资产投资的开支——所谓的"负杠杆"规定。这些规定导致了21世纪初期银行对房地产投资贷款的大幅增加，并对房地产价格造成了上行的压力，持续影响着澳大利亚各地的住房负担能力。

政府在实施财税措施方面所做的选择在社区的不同居民之间（财产所有者与租户之间、收费道路用户与公共交通用户之间）以及不同地方之间产生了不平等的成本。它们是导致空间不平等的重要因素。例如，在城市，使用收费公路服务的那一部分居民的出行成本可能远远超过其他使用免费设施的人的成本——尽管也可能有抵消的好处，如拥堵程度相对较低。

根据房产价值而变化的土地和物业税可能看起来是累进的——拥有更昂贵房产的家庭支付的费用要高于那些房产比较便宜地区的家庭——但实际上可能是递减的；相对于那些生活在房产比较便宜地区的居民，这些收费占较富裕居民总收入的份额可能更小。

在澳大利亚各州，针对高层建筑物，按照物业税评估的不同而具有不同的征税方式，这是体现财政差异及其可能对城市产生影响的例子。这在市场上为拥有、租赁和占用的多层次开发项目创造了不同的激励方式。专栏2.6分析了各州制定的不同费率基准的制度，并探讨了它们是如何可能导致高层不动产的占有成本在每个地区和每个州都是不等的（Morton，2009）。

专栏2.6　地方政府征税采用不同估值方法带来的影响

澳大利亚在各州地方政府征税时采用不同的计算方法。例如，昆士兰州是唯一一个经批准同意采用未修订的土地资本价值评估的州。在维多利亚州和塔斯马尼亚州，议会可以选择使用土地的地价、资本增值或年度（租金）价值等评估方法。在某些情况下（例如维多利亚州），由于法律规定年净值必须是资本增值的5%，所以住宅物业使用资本增值（CIV）或年净值（NAV）来分配所承担的税率是没有差异的。为了说明这种差异是如何影响税率负担分配的，可以考虑这样的例子——一个拥有一室、两室和三室多种单元户型的高层大厦。

在昆士兰州，每个单元未修订的土地估值是，根据社区管理计划将每个单元的建筑用地的未经修订的价值分配给每个具有对应地段权利的单元。在许多情况下，每个单元可能拥有相同地段的权利，因此无论单元的大小或综合体中的级别（和价值）如何，街区中每个单元未经修订的估值都是相同的。在昆士兰州的实践中，大多数高层建筑单元出于评级目的的评估都有一个未修订的估值，都引入了最低的税率。

在维多利亚州，无论是采取资产增值评估方法还是年净值评估方法，评级时的估值都将直接与其市场价值相关。所以一楼的一居室单元与顶层公寓的估价将大不相同。因此，对综合体的每个物业征收的税率可能有相当大的差异（例如，一个价值25万美元的小单元只能设定相当于一座价值100万美元的公寓约 1/4 的税率）。

如果在资本价增值和租金价值之间没有直接关系的情况下使用租金价值（例如，塔斯马尼亚州仅规定评估的年值不得低于资本价值的 4%），那么上述情况下讨论的征收税率的差异可能就没那么大，因为 100 万美元房子的单位租金价值可能不会比 25 万美元房子的单位租金价值高 4 倍。然而，一般来说，资本增值和租金价值两种方法就单位税率评定的征收率方面会产生类似的结果，而未经修订的估值方法则产生了实质上不一样的结果。

昆士兰州的一些议会试图找出不同的税率级别，来克服其认为不公平的结果，这种结果是由于对楼层所有权单元使用未经修订的估值而导致的。他们指出一个事实，例如一个具有 150 万美元资本价值的单元可能支付的是最低的一般税率（例如 600 美元），而位于运河沿岸的有类似价值的房子可能支付的税率是这个水平的 5～6 倍（甚至更多）。黄金海岸城市已经为该市的单元设计了 51 个类别（基于楼层、房屋面积，以及业主占有或租赁的时间长短），以消除其观察到的不公平现象。

另一个显著差异的例子与空置住宅用地有关。在昆士兰州，由于评估方法未得到修订，空置的土地通常可能与由 4～6 人占用的邻近房屋一样支付同样的税率。在使用资本增值评估方法的情况下，闲置地产支付的税率明显低于已被占用的地产。虽然昆士兰州议会可以将这样的空地归于不同的类别，并收取较低的税率，但它们往往不会这样做，因为它们认为有许多成本可归于地产（例如，当地的公路和公园保养）。然而，与居民服务相关的其他成本在房屋建成前似乎并不会发生。

Source：Alan Morton，MortonConsulting，Personal Communication，May 2009.

类似的州际和地区差异在买卖商业地产适用的土地税中也存在，在买卖物业时适用的交易印花税中也存在。交易税（印花税）是一个持续存在的政治问题，会因频繁的州际竞争而降低。因为它们是州政府的重要收入来源，所以至今仍然保留。

同样存在差异的是开发商为新开发的基础设施和服务所贡献的成本。在新南威尔士州，州政府和地方政府为悉尼外围新开发项目提供服务的成本，每套

新住房可能分摊高达 90 000 澳元。相比之下，在墨尔本，每公顷仅征收
95 000 澳元，或每套新住房分摊不到 10 000 澳元，这造成两个城市住房负担能
力的显著差异。

在墨尔本，市政当局向开发商收取各种费用，费用视当地服务、基础设施
和便利设施的贡献水平而定，城市改造区域收费几乎为零，而某些郊区的每笔
分摊费用则为数万美元。这些成本差异对远郊新开发土地连同房屋的相对价格
以及郊区之间的开发盈利能力会产生非常重要的影响。

各地通过财政措施筹集到的收入的差别很大，特别是在财产税是其主要收
入来源的地方政府中。利用财政收入为社区提供所需服务的能力，也将随着其
对公共设施、场所和空间的质量和特征所产生的空间的影响而变化。

能够负担更昂贵的房地产的人通常也可以支付更多的公用事业和服务费，
如花园的水、街景提示或私人游泳池、网球场等其他私人设施。类似的情况同
样适用于昂贵的高层公寓的复合式建筑群，能负担更多的人，也会获得更多。
因此，我们所有的城市都有富裕人群居住的地区，以及资源最少（因此选择也
最少）的最贫穷地区其他收入人群生活的一系列地区。而政府的财政政策会缩
小或扩大这些差异。

缴纳税款以享有同等服务的能力，或者获得免税以及为了私人服务支付个
人费用的能力，是提高城市生活质量的强大驱动力。那些有能力支付费用的人
当然是那些最不依赖政府提供服务的人群，这些服务包括社区公园、花园、游
泳池、娱乐中心等供社区共同使用的服务。相反，那些最没有能力负担私人设
施的人，也是那些最没有能力缴纳税款和其他费用来为社区共同使用的服务提
供资金的人。这些空间上的不平等问题一直是澳大利亚各级政府非常关注的政
治问题。针对该问题的一种回应是建立横向财政平衡制度。

2.2.3　横向财政均衡制度

面对第二次世界大战带来的挑战，澳大利亚政府负责征收各种所得税，这
是除公司税以外的主要征税方式。为确保各州都能就这一措施达成一致，并认
识到较偏远的州的特定支出需求与其向小而分散的人口征税的能力有关，澳大
利亚政府推出了横向财政平衡制度（联邦拨款委员会，1995）。

原则上，该制度是将澳大利亚政府征收的税款以税收补贴的方式分发给各州，补贴方式是依据公式计算出每个州与其缴税能力相关的需求比例来分配的。计算的复杂性是值得注意的，多年来变化较大，但实际上它们相当于衡量一系列成本因素（如道路长度、不以英语为第一语言的人口的比例，以及许多其他因素），并将它们与衡量纳税能力的标准化措施、每个州的实际税收水平（其税收努力）进行比较。然后进行调整，以确保每个州都根据需求与其他州具有大致相同的收入水平，并且其公民不必付出特别的成本来获得所需的基本服务以及利用社区的基础设施。该制度由一个名为联邦拨款委员会的独立组织监督。

随着时间的推移，该系统已经得到极大的扩展，包括了由澳大利亚政府向各市政府分配资金——换句话说，澳大利亚各个地方政府的收入来源于澳大利亚政府为地方政府考虑给予各州的资金。在每个州，都有一个拨款委员会负责监督每个州的自治市的横向财政平衡进程。

一些国家原则被应用于专栏2.7所列的财政平衡进程中。

专栏2.7　拨款委员会原则

A.一般用途补贴

各地方政府机构有关一般用途补贴分配的国家原则是根据1995年地方政府（财政援助）法案第9条（地方政府机构）制定的，具体如下：

*横向均衡：*一般用途补贴将在尽可能切实可行的情况下按照法案定义的全面横向平衡基准分配给地方政府机构。这是确保各州/地区的每个地方政府机构能够通过合理的努力，以不低于其他州/地区的地方政府机构的平均水平标准进行运作的基础。它考虑到了地方政府机构在履行职能和为提高收入能力方面所需支出的差异。

*努力中立：*在对每个地方政府机构的支出需求和增收能力进行评估时，将采用一种努力中立或政策中立的方式。这就意味着，在尽可能切实可行的情况下，各地方政府机构在支出和收入努力方面的政策不会影响到补贴的确定。

*最低补贴：*如果将国家/地区根据法案第9条有权享有的该年度一般用途补贴总额的30%在各州/地区的地方政府机构按人均进行分配，那么地方政府

机构一年内的最低一般用途补贴额将不少于其有权享有的金额。

其他补贴支持：应采取包容性的方法来考虑提供给地方政府机构的其他相关补贴支持，以满足所评估的任何支出需求。

原住民和托雷斯海峡岛民：以一种可以确认原住民和托雷斯海峡岛民在其居住区内需要的方式，将财政补贴分配给地方议会。

B.已确定的地方道路补贴

有关根据法案第12条规定的应付金额（已确定的道路部分财政援助补贴）在地方政府机构中分配的国家原则如下。

已确定的道路部分：已确定的道路部分财政援助补贴应根据各地方政府机构对道路开发的相关需求，切实可行地分配给地方政府机构，并保留其公路资产。在评估道路需求时，相关考虑因素包括每个地方管理区域内道路的长度、类型和使用情况。

Source: Reproduced with permission from Commonwealth Department of Infrastructure, Transport, Regional Development and Local Government（2010）2007-08 Local Government National Report，Figure A.1 National principles for allocating general purpose and local road grants，p.74.

这些原则旨在确保州拨款委员会在分析每个州内各个市政府的需求和努力时，都遵循类似的指导原则（基础设施部门、交通运输部门、区域发展部门和地方政府，2010）。

给每个市政府补贴的意义各不相同。对于富裕的内部城区（例如墨尔本市），政府补贴不是收入的主要部分，因为这些城市拥有成熟的、强大的税基，因此被认为需求较少。而对于服务面积较大的区域城市和人口较少的农村地区，政府补贴可以超过其收入的60%或70%（维多利亚州拨款委员会，2008）。

表2-1列出了2008—2009年维多利亚州给各市政府分配补贴的例子。根据对需求和支付能力的评估，大额补贴给了偏远的县郡（东吉普斯兰郡）、快速发展的农村（米尔杜拉镇）、同样快速增长的大城市（吉朗市）以及迅速向外扩张的大都市（凯西市议会）。

表2-1　　　　　　　　　　　2009年维多利亚州分配补贴的例子　　　　　　　　　单位：美元

城市县郡	一般用途补贴（2008—2009年）			2008—2009年本地道路资金	一般补贴收入年度总额
	同等化补贴	自然灾害分配	总额		
高山郡议会	2 094 254	0	2 094 254	934 895	3 029 149
波波郡议会	4 510 212	0	4 510 212	2 196 324	6 706 536
东吉普斯兰郡议会	7 913 999	0	7 913 999	3 905 086	11 819 085
西威米拉郡议会	2 224 555	0	2 224 555	1 988 203	4 212 758
农村地区					
贝纳拉镇议会	1 979 449	0	1 979 449	1 130 181	3 109 630
霍舍姆镇议会	2 824 268	0	2 824 268	1 670 954	4 495 222
米尔杜拉镇议会	7 395 332	0	7 395 332	2 947 396	10 342 728
天鹅山镇议会	3 485 831	0	3 485 831	1 606 222	5 092 053
大型区域城市					
巴拉腊特市议会	7 805 404	0	7 805 404	1 615 120	9 420 524
大本迪戈市议会	10 113 036	0	10 113 036	2 533 588	12 646 624
吉朗市议会	14 748 941	0	14 748 941	2 581 326	17 330 267
发展地铁的外部郊区					
凯西市议会	12 724 865	0	12 724 865	1 651 195	14 376 060
惠特尔西市议会	7 378 117	0	7 378 117	1 154 588	8 532 705
麦尔登市议会	7 373 496	0	7 373 496	1 002 644	8 376 140
布里斯班议会	10 417 565	0	10 417 565	1 282 266	11 699 831
已通地铁的内部区域					
墨尔本市议会	1 588 813	0	1 588 813	578 722	2 167 535
穆尼谷市议会	1 994 826	0	1 994 826	541 812	2 536 638
菲利普港议会	1 701 472	0	1 701 472	327 718	2 029 190
雅拉市议会	1 384 835	0	1 384 835	338 829	1 723 664

Source：Reproduced with permission from Victoria Grants Commission（2009）Allocations of general revenue assistance，2008-09.Available at：http：//www.dvc.vic.gov.au/Web20/rwpgslib.nsf/GraphicFiles/Allocations + of + General + Revenue + Assistance + 2008-09/$file/GRA_Summary_2008_2009.xls.

　　财税措施的应用当然是一个具有重大政治意义的问题——税收和物价是在公众意识里和公众讨论议程中的热点问题。因此，合理使用这些措施来实现预期的城市成果是非常困难的——政治考虑几乎总是处于主导地位。

　　在城市管理中运用财税措施的一个关键成果应该是减少了空间的不平

等——按照家庭收入所占的比例来获得相应的城市服务和设施。考虑到包括居民收入在内的多种因素，在评估各州和地方政府的征税能力方面，澳大利亚拨款委员会的流程是处理这一问题的主要手段。它同时也是一个财政流程，可以处理市财政收入方面的问题。

2.2.4　金融措施

金融措施是指政府选择如何花费它们筹集的财政收入。政府机构的优先支出项将极大地影响每个城市的形态和功能。在交通和其他基础设施、低收入群体的住房、公共设施和建筑环境等许多其他方面尤其如此，如像医院、大学校园等点状设施是土地利用模式、交通需求、社会特征、财产价值以及城市和郊区生活等许多其他方面的主要驱动因素。

政治影响消费，而消费又反过来影响我们选择生活的地区或负担得起的生活的地区的性质和特征。政府的支出计划可以是资本性支出——通常与实际的设施和财产的建设有关——与道路、铁路、公共汽车、机动车辆、其他基础设施、建筑物、公园和露天场所等相关。或者，它们也可以是经常性支出——用于每年提供的政府服务——教师、护士、警察和消防员的薪水，资产和建筑物的维护，给予被救济者的补助以及政府债务的偿还。

资本性支出和经常性支出都会影响城市的形态和质量。虽然资本性支出的选择会产生更明显的影响，但经常性支出也是至关重要的——公交车或电车或火车的运行频率、服务范围以及车辆的可靠性，都取决于支持这种服务的经常性支出水平。政府面对这些问题做出的选择是州政府和地方政府层面（澳大利亚大部分这样的支出都发生在这一层面）政治辩论的核心。

对政府支出的空间模式的分析往往受到局限，这是因为尽管在国家和州两级层面上多次尝试引进地区预算，但澳大利亚和各州政府依然很少就空间结构发布报告。这部分是出于对支出空间模式的政治敏感性的反应，部分是因为国库不愿做除了资金的职能分配和会计处理以外的事情。

资金通常由议会授权用于特定目的——道路、学校、医院、公共住房——或用于经常性的项目——护理费用、教学费用、维护环境资产等。在这样的框架下，可以对支出的效率进行审查，使议会能够评估所划拨的资金是否确实在可接受的时间内以可接受的成本实现预期产出（道路、学校、医院等）。

有时候，也可以审查这些支出的有效性——例如，新医院是否有助于改善医疗保健的结果？

可能会提出许多其他关于城市影响的问题。新医院有没有引起周围地区土地价值的上升或下降？是否导致该地区的土地使用情况发生变化？这些变化是否使这座城市更具可持续性？

这类的问题都是很重要的，因为城市投资是相互关联的，且具有流动效应——"外部性"——这在评估投资决策时几乎很少考虑到。但了解和掌握个人对城市功能的投资产生的正外部性的好处是城市管理的关键任务。

以外部性为基础，结合与其相关的其他行为，可以推动城市增长和向新方向转变，这几乎与采取协调一致的决策和运用一些具有促进作用的资金，来克服阻碍变化的障碍需要的努力大致相当。澳大利亚政府在20世纪90年代通过的"城市优化计划"，就是采用这样一种方式，这是第二个案例研究的焦点。

2.2.5　财税措施案例研究：城市优化计划

20世纪90年代中期，澳大利亚霍克–基廷政府的"城市优化计划"是由副总理布赖恩·豪提出的一项国家性倡议，旨在协调国家、州和地方政府的支出，以带来澳大利亚各城市发展管理方式所需要的改进。意识到澳大利亚内城区当时正在面临持续增加的人口和不断下滑的就业人口，该计划选择内城区的改造作为目标。该计划还旨在强调在新的城市增长区域尽早引入公共交通和以公交客运为导向的郊区设计，并振兴澳大利亚各地的主要区域性城市，提供新的就业机会、新的住房形式，并展示区域中心是如何自我转换的。

从很多方面来说，这是一项雄心勃勃的计划，尤其体现在这是第一个涉及政府所有三个范畴——国家、州和地方——以及私营部门的主要成果驱动型政府计划。澳大利亚国家审计署（ANAO）在1996年审查该计划时做出如下表示：

城市优化计划协议在州和地区的问责制和绩效衡量方面进行了重大创新。他们对英联邦的责任将通过报告方案的成果和产出来实现。

（澳大利亚国家审计署，1996，第1.13段）

　　该计划是通过与各州政府签订的框架协议进行管理的，借此，它们同意与澳大利亚政府就该计划进行合作。在这个框架下是每个州的区域性协议，陈述了方案将重点关注的区域（每个州或区域的目标是一个内城区、一个外郊区和一个区域性的土地）以及每个地区的计划成果和产出。

　　26 个区域达成了一致，对每个区域的主要支出领域的战略的广泛性总结已列于专栏 2.8。每个区域协议总结了政府所需全部一揽子投资总额的估计成本，澳大利亚政府根据这一总成本的（可变）份额分配资金。各州将分次收到这笔款项，并将在下一次拨款获得批准并分配之前报告每次拨款的产出时间表等进展情况。

专栏 2.8　城市优化计划

州名	区域战略
新南威尔士州	**阿尔提莫/派尔蒙特** 高密度的经济适用房、已纳入计划的轻轨、污水处理与水利设施以及一个新建的社区公园 **西部边境（悉尼西部）** 作为重点区域中心的帕拉玛塔市和布莱克镇的发展；布莱克镇公共汽车和铁路交汇线路以及马里兰州——哈里斯公园的"Y"号铁路线的建设 **哈尼萨克尔和近郊（纽卡斯尔）** 纽卡斯尔内域区的振兴；提供就业机会、改善公共交通和住房 **伊夫利** 中等密度住房和露天场所；发展高新技术园区以鼓励知识密集型产业和科研方面的就业
维多利亚州	**足够的道路** 交通运输改善——电车线延伸至磨坊公园；改善公共住房条件；先前的社团机构用地的发展；拉筹伯（La Trobe）大学的商业化研发设施

墨尔本内城区和河流

更高密度的公共住房与私人住房；城市电车环线服务；防洪工程

西南地区

包括澳大利亚食品研究所在内的威勒比地区生物技术开发区的发展；吉隆——威勒比——墨尔本铁路线路升级；诺兰公共住房（吉隆）改造

东南地区

铁路基础设施的改善，包括丹德农火车站的改造；住宅房屋的合资开发；推动丹德农发展成为区域就业和服务中心

昆士兰州   **布里斯班——黄金海岸地带**

从宾利延伸至罗宾娜的铁路；更高密度的住房，包括可以方便前往已改善交通和换乘的公共住房

布里斯班——东北部郊区

先前的工业用地改造为住宅用地；更高密度的住房，包括经济适用房和公共住房；公共交通的改善；自行车道网络和公共人行道

印阿拉——伊普斯维奇

机构改革，包括关闭瓦科尔康复中心和查理诺智力残疾人士安置中心，并重新安置居民；改善基础设施，包括防洪工程；公共住房的建设和升级

麦凯城市整合项目

提供廉价住房和学生宿舍；提高城市密度

南汤斯维尔内部的城中村

邻近汤斯维尔中央商务区的高密度住宅；更好的交通管理；改善社区服务

西澳大利亚   **珀斯东部**

基础设施的升级，包括水利设施、污水处理、排水系

统、电力设施和道路工程；经济适用住房和推广城市村庄的理念

斯特林

基础设施升级——污水处理系统，道路和铁路线路连通，斯特林公交铁路枢纽中心

班伯里

新增公共住房、旅游和娱乐设施；环境工程和基础设施工程，包括撤除石油储备设施、污水处理系统，以及海滨公共开放区域

弗里曼特尔

基础设施升级——污水处理、雨水排放和水循环系统；更高密度的住房，包括经济适用房和老年人住房

珀斯城区

靠近就业地点和交通线路的新型住房

南澳大利亚　　　**伊丽莎白——穆诺帕拉**

基础设施改善——雨水排放、储水和景观美化；开发经济适用房

西北部地区

多功能城市站台与邻近西北的阿德莱德月牙形的站台开发；道路连通和环境改善

南部地区

改善后的基础设施——污水处理、道路和自行车道；诺伦佳的就业机会

西部地区

更高的住房密度；改善社区设施；更好的交通管理

塔斯马尼亚岛　　　**朗塞斯顿内城区**

增加住房密度；文化、社区和遗址保护性开发

霍巴特西岸

改善的城市环境和土地利用情况，包括对站台的净化、历史遗迹的保护和制度改革

北部区域　　　　达尔文港

位于东半岛的达尔文新深水港；环境改善

首都区域　　　　堪培拉北部

废水回收工厂计划；新住宅的节能评级体系；高密度住房和机构改革

Source: Reproduced with permission from Australian National Audit Office (October 1996) Building Better Cities ANAO Audit Report No 9 of 1996/1997, Table 1—Better Cities Area Strategies at December 1995.

因此，各州需要对项目的交付进行管理，并安排如何将州支出、地方政府支出和私营部门支出结合起来，因为这在很大程度上（并且在大多数情况下）对现场交付成果具有重要意义。这意味着要利用预算并对政府各机构的项目协调支出发生的时间和地点，有时需结合预算分配（在政府中并不常见），通常要学习如何在交付有效的城市结果中跨越传统的"功能性竖井"的边界。从这个意义上来说，这个计划是复杂而又创新的。

正如澳大利亚国家审计署（1996，第1.11段）在其1996年审计报告中指出的那样：

联邦、州和地方同意向城市优化计划提供现金、土地和设施以及基础设施投资。这些投资的总价值在项目开始时估计为25.12亿美元，其中联邦政府将提供8.164亿美元，或约占1/3。执行安排强调了各级政府在规划和项目执行方面的伙伴关系。

这种安排给各州政府和地区政府带来了真正的挑战。它们需要设计新的模式来实现在选定的区域内跨机构支出的协同管理，以便满足其与澳大利亚政府达成的协议并获得资金。澳大利亚政府没有规定这些安排应该采取什么形式——这本身就是实验的一部分。相反，它要求各州和地方拿出稳妥的计划，以保证按照协定交付成果并进行项目管理。从完全由法律规定的法定管理当局到来自不同部门具有不同能力的机构委员会都分别进行了安排。有些将在本章

的后面介绍。

在审查该计划时，澳大利亚国家审计署（1996，第1.27段）得出以下结论：

澳大利亚国家审计署认为，该计划的管理有效地控制了联邦政府的财务风险。在大多数情况下，约定的项目和城市优化计划项目要求完成的部分都能按时交付。联邦的投入和计划的问责制也是有效的。关于城市优化计划成果的衡量和报告，联邦政府和各州签订的协议没有充分界定所寻求的成果或适当的衡量方法。因此，通过采用城市优化计划模式对预期成果进行高水平问责制尚未完全实现。

澳大利亚国家审计署对结果的评论是基于这样一个事实，即在计划开始时，通过该计划处理许多事项的衡量标准根本无法使用（没有可用的统计数据），因此针对可以准确测量变化的基准要么不存在，要么只能寻找替代标准。这样的例子包括当地用于长途旅行的公共交通工具，不同于通勤的公共交通工具。此时，基于样本的调查只能适用于区域范围，而不适合对当地进行分析。

在澳大利亚国家审计署所阐述的观点中，财务安排是稳健的，但对结果的衡量缺乏足够的基准数据或足够的有效指标，以确保结果得以衡量，这就需要通过改进规划方案和设计来加以补救。

澳大利亚国家审计署（1996，第3.12段）对未来可能得到的结果指标提出了建议：

澳大利亚国家审计署认为，许多城市优化计划发展项目的性质使人想到了一批可能的结果，它们可用来评估城市优化计划是否达到预期的成果。有关审计期间审查的城市优化计划项目，一些要求取得的结果可以通过以下变化来衡量：

- 废水处理和相关河道及港口的水质；
- 以"适当的社会结构"作为预期结果的地区或区域内的职业和人口统计口径；
- 欲降低私家车使用率地区的空气质数；
- 公众对不同住房类型、密度和模式的态度及接受度；

- 可获得的不同住房类型的数量；
- 为获得住房发展规划批准所花费的时间；
- 城市优化计划目标地区的就业水平和创造的就业机会；
- 铁路和公共交通的运行时间；
- 公共交通利用水平；
- 城市优化计划下的地区和其他可比较的新住房地区的住宅建设成本；
- 在新的城市优化计划下，住房对公共基础设施的影响程度及计划所规定的成本。

在对该计划进行单独评估时（住房和区域发展部门，1996）发现，5 年后，20 亿美元的政府资金已经引发了 50 亿美元的私人部门投资。随着各个领域的发展的持续进行，更多投资在随后几年陆续投入。目前正在取得一个主要的成果——在所有澳大利亚的州首府城市中，内城区人口的下降趋势已经得到扭转，而内城区成为澳大利亚城市中发展最快的地区。城市优化计划对启动和促进这一变化所做出的财政贡献得到了广泛认可。

2.2.6 制度安排

政府、私营部门和社区在治理中特别是在城市治理中的作用和责任，可能因意识形态、传统、政府稳定性、私营部门能力和社区期望的不同而有所差异，这种差异将导致不同的发展结果。在政府内部，政府的职能、权力和责任在不同类型组织中的分配方式将对管理风格、能力和发展结果产生重大影响。

近几十年来，很多国家已经向较小型政府的转变，并更多地依赖市场和私营部门，由它们来提供以往由政府承担的投资和服务。澳大利亚从 20 世纪 90 年代初就开始热烈地开展这一运动，直到 2008 年全球金融危机爆发。

实际上，政府和私营部门之间的关系存在各种可能性。不同的政府可以根据其思想立场及其对社区整体利益的感知，对企业和个人行为进行不同程度的规范，依范围不同而做出不同的安排。

一方面，在自由市场这一端，政府的作用变得微乎其微，资源通过具有竞争力的市场机制来分配，个人可以在最少的政府监管下自由地追求自身利益。然而，即使是自由市场的这一端，为了创造一个稳定的环境供市场满怀信心地进行运作，国家机构和强有力的法律框架仍然非常重要的（世界银行，1997）。

另一方面，在自由市场的另一端，政府对资源配置决策起主导作用，市场则负责促进集体目标的实现，而非简单的个人目标的实现。

在城市的治理和管理方面也有一个类似的范围：从一些表面上看来已经放松管制的美国城市——通常以休斯敦为例——到许多在管理和发展上政府施行严格管理和参与式管理的欧洲城市。

澳大利亚城市治理的制度安排介于美国模式和欧洲模式之间。

公民对其社区发展和变化的方式有发言权。因此，州政府和地方政府颁布了管理规划和发展的法律法规，并要求社区参与进来，为特定发展提出异议提供空间，为有关规划和开发建议存有争议的各方制定仲裁流程。

他们还对地方政府或国家机构赋予制订计划的权力——实际制定政策——然后通过具有法定效力的法规强制执行这些计划，并对不遵守计划的人施以处罚。

与这些组织一同发挥作用的，还有一些其他关键的城市参与者。在政府内部，交通运输部门是最重要的，公用事业部门或公司紧随其后。

具有成本效益（或可盈利的）的供水和污水处理服务在每个城市都是至关重要的，它可以对城市发展可行的发生地进行限制。在由私营公司负责供水服务的地方，由于有动机使水的销售最大化，因此会在任何消费者能够支付相关费用的地方供应水。而在公用事业掌握于政府手中的地方，通常情况下采取更保守的做法，反映了政府对（通常是稀缺的）资本的谨慎使用，因而更多地限制了自来水的网状供应和排水系统的建设进程。

在制度安排中，一些政府将交通规划与城市规划分离。其他政府则将功能组合在一起（如1999年至2002年的维多利亚州基础设施部门），这有时促进了运输机构和城市规划机构之间的协作。2002年以后，维多利亚州设立了协调员的角色，在把土地使用责任从基础设施部门转移到可持续发展和环境部门后，将运输规划和土地利用规划整合在一起。

在澳大利亚，每个主要城市都有一个比较重要的政府所有的开发公司，在城市边缘进行土地开发或主导城市的更新改造。这些机构可以在一个投机性很强的土地开发市场上创造一些有规则性的竞争。维多利亚州的 VicUrban 公司同时担负着城市改造和新的土地开发责任。而悉尼的 LandCom 公司则只专注于城市的改造。

近年来，一些政府机构一直在进行着更多的试验，重点是开发和改造城市的关键部分。具体的例子包括位于悉尼的悉尼港海滨管理局和悉尼达令港管理局；位于墨尔本的前达克兰管理局（现已并入 VicUrban 公司）；墨尔本的发展区域管理局，其重点是城市边缘的开发；以及珀斯东部地区负责再开发的管理局。

各政府经常制定有关创立新机构或改变现有机构的权力和责任的决策，这些决策通常是针对具体需要或改革议程，或者仅仅是政府内部权力分配的政治需要。其影响可能是巨大的。强大的以道路为导向的交通运输机构可以主导城市的发展，改善城市的形态和特征。同时，政府对土地市场的控制可以产生相反的效果，创造出紧密的、经过精心管理的城市，就像斯堪的纳维亚半岛的许多城市一样。

基于地方的管理当局是具有不断改革的能力的——布里斯班内城区改造管理局和珀斯东部负责再开发的管理当局是澳大利亚的典范，在过去十年里，相当规模的老城区和衰退的内陆城市区域已经转变为生机勃勃、热闹繁荣的具有综合用途的城市中心。

制度工具是城市管理中最重要的工具之一，需要有针对性地使用来推动成果的实现，特别是在现有体制无效或无法适应新的战略环境和政策变化的情况下。第三个案例，即墨尔本发展区域管理局便是受到了这种情况的刺激而建立的。

2.2.7　制度案例研究：发展区域管理局

2002 年，《墨尔本 2030》明确定义了用于未来城市扩张的区域和不允许实施重大城市发展的地区。实现该定义的部分措施是确定一个城市增长边界。这一边界具有法定效力，对其进行变更需要得到议会批准。

该措施的目的是将新的发展引向与墨尔本和维多利亚州其他地区之间的主要交通线（公路和铁路）相一致的增长通道中去，以此来管理城市扩张。这是存在已久的管理墨尔本发展的方法，但在保守的以市场为导向的政府下已经被弃多年。

同时，各种措施落实到位，以鼓励城市整合——利用老工业场所，加强电车和火车网络周围地区的开发，为活动中心制定特别政策，并重点指定一些交通枢纽城市，这些交通枢纽城市的政府将协助自治市来管理城市改造和综合开发。

城市持续增长区域所面临的一个关键挑战是，开发商和市政当局经常会就规划问题争论不休。各市（惠特尔西除外）对新开发区没有明确的框架或结构计划。相反，它们收到开发商提出的建议，并在之后的几个月甚至几年的时间里与开发商进行博弈，争议通常被提交至维多利亚州的民事和行政法庭（VCAT）的规划部门解决。VCAT听证会是有法律性质的，通常涉及出庭律师和专家证人，会占用相当长的时间。开发商们对批准新的开发项目所花费的时间不满，而州政府则对地方政府决策效率低下及其对住房负担能力的影响存在不满。

显然，为了解决管理发展区域中开发过程中的新问题，需要采取制度性干预。

2005年，维多利亚州政府考虑到在发展区域中维持充足的和负担得起的住宅用地的供应，为每个发展区域制订了开发框架计划，确定了土地的多领域用途、主要交通基础设施的位置、环境保护区、活动中心，以及未来发展的类似结构要素。

为了在每个发展区域的结构计划层面提供更具体的细节，政府设立了发展区域管理局，它是一个法定机构"……可以改善发展审批流程，并有助于在墨尔本周边的重要发展地区创造规划更好的、更加宜居的社区"（发展区域管理局，2006，p.1）。

发展区域管理局是根据国家立法设立的州政府的法定权力机构，要求向规划部长报告。

虽然在过去30年的大部分时间里，大都市和区域规模内的战略规划一般都是州政府的责任，但每个自治市的发展提案由地方政府负责对其进行审批。虽然地方政府的审批责任保持不变，但新的管理当局带来了州政府的影响力，对每个增长区域的发展规划施加了影响，而不是将这一点留到开发商和市政当局之间的谈判过程中。

虽然发展区域管理局最初并不是一个规划部门，但它具备很强的影响力和促进能力，还有资金来支持远期规划，特别是制订区域结构计划来指导发展。它在开发过程中为墨尔本的发展区域准备了近40个这样的计划。

2008年，修订后的人口预测显示，墨尔本人口的增长速度比《墨尔本2030》时期预测的速度要快得多，这导致了对增长区域规划和管理进一步的审查。《墨尔本@500万》表明，快速增长需要更多的土地，特别是如果需要维持住房负担能力的话。关于新开发项目的更简单的审批程序和精简的规划流程将得以制定到位。开发商对新开发的基础设施成本的分配应当予以阐明和简化。

政府还赋予了发展区域管理局更多的权力和责任。政府特别给予了管理局额外的支持，以使其更加坚定地制订区域结构计划，形成增长区域内发展审批的支柱。在新的分区安排下，如果没有事先准备、已批准的区域结构计划，那么就没有土地可以成为城市土地。城市增长区域需要进行区域结构规划。一旦这些规划得到批准，就不需要进一步向公众公布或审查与这些规划相符的发展建议。据估计，这种监管的变化可以节省至少12个月的开发审批时间。

发展区域管理局被指定负责监督所有区域结构计划的编制，并向规划部长就其对规划的批准提供建议。此外，它还被赋予一系列的责任，包括与其他州机构、地方政府和开发商合作准备基础设施计划，支持并通知各方做结构计划的准备，以及协助基础设施的各期开发和融资工作（发展区域管理局，2009）。

大约有40个地区被定义为需要对每个人口数量在1万到3万的社区建立区域结构计划，而到2012年完成这些计划的方案要到位。在国际上已经看到向较小型政府的转变。

另外很重要的是简化了开发商对基础设施投资的程序。虽然这是一项严格的财政措施，但它在这个制度背景下是重要的，因为它为发展区域管理局的运作以及其他公共资助的基础设施和服务提供了资金。对发展区域的基础设施的投资最初是2005年在城市增长边界内对未开发土地缴纳每公顷8万澳元费用，2009年或以后对纳入城市增长边界内的土地每公顷缴纳9.5万澳元费用。

投资的分配方式是：

• 投资的50%用于部分抵消发展区域内重要的基础设施项目的成本；

• 另外50%支付给增长地区发展基金，以及支付发展区域管理局及其产出的成本——其中包括区域结构计划。

这些措施巩固了当局为其提供专门收入来源的作用和功能——这是任何制度的一个重要特征。它仍然处于政府的预算监督和控制之下。随后，对基础设施投资的方式发生了改变，尤其是取消了在开发进行之前全额支付的要求。

发展区域管理局的建立和演变在很短的时间内极大地改变了墨尔本城市管理的过程。它赋予了州政府更多的权力来管理墨尔本边缘地区新的城市增长结构的细节，也影响了土地市场的表现和房地产开发部门的竞争力。如果当局能够协助实现在基础设施、交通、就业机会和社区设施良好服务下的土地和住房的良好供应，它将会改变墨尔本外围郊区发展的特征。

2.2.8　宣传

领导和宣传是政治进程的核心。将政府政策传达给社区是政治职能的核心要求。在城市管理中，需要向社区传达和解释城市政策与规划的目的和/或对社区和企业行为进行的修正，并通常伴随着若干战略规划和实施的过程。

政策的制定在很大程度上依赖于社区的态度和所追求的目标，这或者可以直接通过政治过程本身来体现，也可以通过决策者与其所代表的社区进行磋商时的各种方式来体现。宣传也是许多社区团体、游说者以及其他有意影响政府决策向有利于他们的方向发展的群体存在的理由；所以它很少（如果有过的话）在政治上保持中立。重要的是，宣传通常是就某种特定的观点来赢得绝大多数有影响力的人，而那种"赢"则使得随后的行动可能不符合特定少数群体的最佳利益。

在城市背景下，典型的宣传活动通常包括：

• 开展防污染、防乱扔垃圾运动；

• 支持使用公共交通工具；

• 支持步行和骑自行车；

- 反对拆毁历史遗留的建筑物或遗产；
- 支持保护环境免受城市扩建的侵害；
- 反对高层建筑；
- 支持节约用水和节约能源；
- 支持遵守城市的法律和秩序。

在国际上有数以百计有关宣传的用途及有效性的例子。

在城市管理中，宣传是获得公众支持，以新的方式管理城市发展和变革的必要手段。如果政府为了在全市中追求更具可持续性的发展，想要更多的人使用公共交通工具，它们将很可能需要：

- 制定一个明确的政策——例如，列出一个政策框架，说明其目标是到2020年，实现20%的出行使用公共交通工具；
- 使用监管手段——例如，在主要道路上设立专用公交车道，并依法强制执行；
- 采用财政措施——例如，征收道路通行费以及为公共交通制定有吸引力的价格；
- 利用资金能力——例如，为轨道车辆和公共交通的运营安排更多的预算；
- 改变制度安排——例如，为城市建立一个单独的公共交通机构来整合所有交通模式。

它们还肯定需要一个强有力的宣传计划，来将更多关于公共交通的使用信息传递给享受交通服务的消费者们。

墨尔本有一个很好的例子就是"我们的水资源，我们的未来"运动，这是一个公共宣传运动，旨在鼓励墨尔本的居民和企业减少对日益减少的水资源的消耗。

维多利亚州水资源管理的总体计划——2004年公开发布的《我们的水资源，我们的未来》，共包括110项在全州范围内实施以便更好地管理水资源的措施（维多利亚州政府，2004）。其中有一个备受瞩目的媒体宣传活动，包括由维多利亚州州长和高级部长露面的电视节目和广告宣传活动，为墨尔本人介绍实例，以期减少他们对水资源的消耗。这一活动还解释了为什么要对正在使用的自来水加以限制来改变以往的浪费行为。

对用水的限制本质上是可监控的，只允许在一周的某几天和一天中的某些时段浇灌花园。惩罚机制已经确立，检查员会随机监测各家庭的表现。所以在这一问题上是采取了一个监管手段来强化有关需要更好地管理水资源并减少用水量的措施。

仅凭用水限制是不会有效的——这很可能会引起社区的反对和政治关注，所以宣传运动计划是为了提高社区居民意识，使他们认识到，出于社会整体利益的考虑，需要采取负责可靠的共同行动。这使得所有人更容易接受限制，把限制当作所有人共同承担的责任。

2004 年，政府制定了一个目标，到 2010 年要将墨尔本饮用水的人均消费量从每人每天 423 升减少到每人每天 360 升——永久性减少 15%。广泛宣传实现这些节约额的可能途径，同时进行宣传活动以及许多其他举措——为节水装置提供补贴（财政措施）、信息包（知识管理）、限制用水（监管手段）、改变供水零售商（机构）有关商业绩效目标以及其他措施。

2005—2006 年，人均每日用水量减少到 331 升这一目标得到了实现。新的目标设定为到 2015 年这一指标降至 317 升，2020 年则降至 296 升。2008 年，墨尔本的供水能力非常低，以至于为墨尔本人每天的用水量设定了 155 升的极端新目标，并在其他举措的支持下发起了进一步强有力的宣传运动。

截至 2009 年 5 月，监测网站（http：//www.ourwater.vic.gov.au/programs/owof）显示每天的人均日消费量仅为 135 升，比 2004 年启动该运动时规定的基准水平下降了 68%。

尽管墨尔本长期以来的花园城市特色可能已经永远改变了，但是减少整个城市用水量这一预期结果已经实现。这些例子的有效性强调了宣传工具在城市管理中的重要性，以及它是如何在其他手段的支持下实现个人和社区行为的重大变化的。这些行为变化是实现更加可持续的城市发展的重要因素。

2.2.9 知识管理

分享知识和经验是影响城市变化速度的有力工具。它有两个主要的信息来源，一个是来源于整个城市通过改进通信技术获得的信息，另一个是来自其他城市管理人员的信息。

通信技术的快速发展为城市专家开辟了新的关注领域，包括从建设网络社区到运输物流等多个领域。最近的发展中的城市信息学领域（Foth，2009）正在探索这些新的信息来源对城市运行的影响，并且可能为城市管理者提供新的思路。

学习其他人如何取得成功并复制他们的努力在城市管理中是很重要的，通常会通过会议和专业发展计划来进行分享。但是，大多数城市政府的决策者都是当选的官员和代表，他们可能不具备城市发展方面的专业知识或其他背景。与决策者分享知识是城市管理的重要组成部分，而且这一向都是不容易的，需要不断追求。相关案例研究是大都会国际论坛。

2.2.10 知识管理的案例研究：大都会论坛

大都会论坛成立于1985年，是一个研究问题和探索世界主要大都市管理方面的知识和经验的国际论坛。该论坛发起于巴黎，目前已经发展到包括100多个国家的主要城市。其使命和目标如下：

大都会论坛的使命是参与城市相互学习，探索创新、治理模式，提供技术或财政援助，参加国际会议与研讨会。

大都会论坛的目标是建立大都市政府及其伙伴之间的全球联盟，以促进城市的可持续发展；探索促进环境、经济、社会和文化问题的跨部门处理办法；在发达大都市地区和那些增长强劲的城市地区中开展活动；确定公私合作活动以及机构与各级政府间的协作，努力缩小可持续发展差距，促进创新和对大都市的治理。

具体目标是：

促进相互学习和能力建设；

支持跨政府和私营部门对城市问题的创新解决方案；

支持对大都市治理采取协调方法，解决大都市发展不平衡的问题；

　　● 促进向发展中国家的大都市地区提供财政和技术援助，以实现有效的投资与可持续的成果；

　　● 提供一个就城市利益和热点问题进行辩论的国际论坛；

　　● 促进对城市发展趋势和城市政策的分析。

　　（具体参见 http：//www.metropolis.org/metropolis/en/nede/15）

　　大都会论坛通过设立"委员会"来实现其目标——在有意向的城市中形成有效的专题工作组，以研究他们感兴趣的特定主题。这些委员会接触和收集代表性城市的数据，并就任何或所有成员城市可能采取的最佳做法和前进方向编制报告并提出建议。

　　除了各委员会以外，大都会论坛总秘书处还负责对数据库进行维护，并对主要大都市进行研究，其目的是最终覆盖全球所有 400 个人口超过 100 万的大都市地区。迄今为止，该研究已经覆盖了 50 多个大城市，并且包括了所有大陆的具有地理代表性的城市。

　　大都会论坛的特殊价值在于，它是一个由有关城市的政府代表组成的组织，因此从理论上说，就是由可以影响城市未来的社会决策者组成。大都会论坛的主要国际大会的代表通常由市长、州长或政府部长担任。

　　大都会论坛作为知识管理网络的有效性从其存在期限、不断扩大的会员规模、活动的实际重点，以及国际城市领导人在其治理和活动中的高层次结盟等方面体现得较为明显。

2.3　结论

　　本章介绍了在政策制定和实施过程中使用的决策和手段，所有这些都可以单独或作为整体应用于实现预期的城市成果中。每个手段都有自己的成果和产生这些成果的投入。

　　在城市环境中对复杂结果的可预测性往往很弱，因为政府是创造城市发展中许多行为者之一，而且由于在开发市场中运行的因素间的相互作用可能会产生意想不到的结果。时间也在其中发挥了重要的作用。因此，重要的是对结果和成果进行量化，并监测实现方向或绝对目标中确可测量的指标的进展情况。

规划对于确定方向和目标以及了解受规划影响的城市系统至关重要。几乎没有企业是在没有商业计划和战略的情况下取得成功的，同样，也没有城市可以在这样的情况下取得成功。制订妥善的计划和战略，然后选择、监控和改变结果，以有效地产生预期成果，是城市管理最终包括的所有内涵。

参考文献

Althaus, C., Bridgman, P., and Davis, G., 2007. *The Australian Policy Handbook*(4th edn.), Allen and Unwin, Sydney, New South Wales, Australia.

Australian Government Department of Infrastructure, Transport, Regional Development and Local Government, 2010. 2007–08 Local government national report, Commonwealth of Australia, Canberra, Australian Capital Territory, Australia.

Australian National Audit Office, 1996. Building better cities, Audit Report No. 9, 1996–97, Commonwealth of Australia, Canberra, Australian Capital Territory, Australia, October 1996.

Colebatch, H.K., 2006. *Beyond the Policy Cycle: The Policy Process in Australia*, Allen and Unwin, Sydney, New South Wales, Australia.

Commonwealth Grants Commission, 1995. *Equality in Diversity*, Commonwealth of Australia, Canberra, Australian Capital Territory, Australia.

Department of Planning and Community Development, 2008. *Planning, A Short Guide*, State of Victoria, Melbourne, Victoria, Australia.

Foth, M.(Ed.), 2009. *Handbook of Research on Urban Informatics: The Practice and Promise of the Real-Time City*, Information Science Reference, IGI Global, Hershey, PA.

Growth Areas Authority, Victoria, 2006. *Growth Areas News, 1, GAA Set to Help, Not Hinder*, October 2006. http://webadmin.gaa.vic.gov.au/Assets/Files/FINAL%20gaa_newsletter_oct06.pdf. Accessed 8 May, 2012.

Growth Areas Authority, Victoria, 2009. Growth areas infrastructure contributions, Information sheet, May 2009.

Morton, A., 2009. Personal communication.

Neilson, L., 2002. Instruments of governance in urban management, *Australian Planner*, 39:2.

State of Victoria, 2008. Melbourne 2030: Audit Expert Group Report, State of Victoria, Melbourne, Victoria, Australia, March 2008.

State of Victoria, 2008. Melbourne 2030: A planning update—Melbourne @ 5 million, December 2008.

State of Victoria, Department of Planning and Community Development, 2009. Training and education—PLANET professional development program, Available at: http://www.dse.vic.gov.au / DSE / nrenpl. nsf / childdocs/– AEF7E206C40D2440CA2572DA007F1610? open. Accessed March, 2009.

State of Victoria, Department of Sustainability and Environment, 2002. Melbourne 2030: Planning for sustainable growth, State of Victoria, Melbourne, Victoria, Australia.

State of Victoria, Department of Sustainability and Environment, 2004. *Securing Our Water Future Together—Our Water, Our Future*, State of Victoria, Melbourne, Victoria, Australia, June 2004.

The World Bank, 1997. World development report 1997: The state in a changing world, Oxford University Press, New York.

Victoria Grants Commission, 2008. *Allocations of general revenue assistance 2008–09.*

Available at: http://www.dvc.vic.gov.au/Web20/rwpgslib.nsf/GraphicFiles/Allocations+
of+General+Revenue+Assistance+2008−09/$file/GRA_Summary_2008_2009.xls. Ac-
cessed March, 2009.

Wackernagel, M. and Rees, W., 1996. *Our Ecological Footprint: Reducing Human Impact on
the Earth*, New Society Publishers, Gabriola Island, British Columbia, Canada.

第3章　城市基础设施：生产力、项目评估与融资

Kath Wellman 和 Frederik Pretorius

引言

第1章介绍了经济和社会基础设施的概念、影响这些概念的全球背景，以及在城市基础设施的融资与管理过程中驱动效率与创新的微观经济改革。第2章提供了城市管理原则的广泛背景，介绍了政策的发展以及政策决策落实的措施和手段。本章在这些概念的基础上，介绍公共财政活动的更深层次的理论架构。由于城市基础设施可及性的效率、有效性和公平性是决定城市、地区乃至更广泛的国家经济体的宜居性和生产力的重要因素，因此包括支持当前公共部门项目评估方法的直觉等在内的理论架构，是基础设施投资和融资问题的重要背景。澳大利亚基础设施投资和协调活动已在筹划中，其中包括了澳大利亚基础设施投资决策的最新发展，尤其是"面向未来的国家建设"倡议和由澳大利亚基建协会（Infrastructure Australia）提出的支持性投资评估框架。尽管已有与本书目标一致的特定的经济基础设施作为参照，但本章提出的基本原则同时也适用于经济和社会的基础设施的决策制定。

城市基础设施提供的服务带来了巨大的经济效益，可以增强社区的整体福

祉。政府为城市基础设施服务赋予了很多积极的属性，包括提高城市的宜居性和可持续性，降低可避免的拥挤成本，减少温室气体排放，提供便利可靠的公共交通，为可持续性的城市发展和经济增长提供支持，提高生产力，并创造就业机会。要认识高效的基础设施的生产力效益，可参见题为"未来的国家建设"的2009—2010年澳大利亚政府预算概述（澳大利亚政府，2009）。该概述中包含的原则已经成为澳大利亚基础设施投资决策的参考，概述指出：

高效的基础设施对于促进澳大利亚未来的生产力和繁荣至关重要。

政府致力于建设世界一流的基础设施，推动更加多样化、更有竞争力和可持续发展的经济，从而产生巨大且持久的经济、社会和环境效益。

政府在国家基础设施建设方面的投资每年平均将提供约15 000个工作岗位，2011—2012年将提供高达18 000个。（澳大利亚政府，2009，p.2）

澳大利亚财政部长肯·亨利（Ken Henry）后来指出：

政府可以在财富创造过程中发挥重要作用，通过创造综合且专业化的条件以及在基础设施和规划方面做出正确的决策来促进生产力提高。

（Ken Henry，2010，p.5）

经过深思熟虑的城市基础设施投资会为社会带来广泛的利益，但这是有成本的，社会并没有无限的资源来支撑这些投资。那么如何确定投资于某一城市基础设施开发，而不是投资其他的呢？尽管任何基础设施投资的收益都是重要且有价值的，但是正如第2章所述，当被视为独立的投资时，这些收益可能无法与基础设施的规划、建设和运营的成本相匹配。此外，既有的仍然可以发挥其功能的遗产性城市基础设施的存量影响了扩大新资产存量的潜力。澳大利亚城市的物质资本结构及大部分经济基础设施，特别是交通运输基础设施，是在一个多世纪前建立的，并在很大程度上决定了增量投资决策的生产力。这种路径依赖需要确保每项城市基础设施的投资决策都经过了全面分析，以评估其服务产出的效率、相关成果的有效性以及投资分配的后果。本章的第一部分将讨论如何做出决策。国际上公共部门项目评估技术主要采用的是成本-收益分析（cost-benefit analysis，CBA），我们指出了这一方法在澳大利亚城市背景下的优缺点。这些项目评估技术构成了本章第二部分的主题。在理想情况下，不论该项目是由公共部门还是私营部门负责，一旦做出投资基础设施的决定，都需要对项目的融资做单独的决策。项目融资决策取决于效率、融资形式以及公共部门资本约束可能对融资选择产生的影响。这是本章第三部分的主要议题。总而言之，本章涉及城市基础设施投资项目生产力的构成要素、选择哪些项目、如何评估并考虑如何为这些项目融资。

3.1　应该进行哪些投资

本节标题提出的问题至少隐含了两个子问题。第一个问题是一般性的经济政策必须对决策制定有引导性，即投资必须对社会产生净收益。就目前而言，关于经济基础设施投资，我们可以把它暂且粗略地解释为需要给经济带来净生产力效益（当然我们将会扩大标准）。有效率的基础设施是在经济社会的可用资源的条件下提升社会成员的福利（广义上指生活水平和总体福祉）。第二个问题涉及政治哲学，其限制了第一项要求并将生产力要求的考虑范围扩大到效率、效力与公平。接下来我们详细阐述这些标准，但是因澳大利亚城市中心的既有物质资本结构的限制，对"最优的"基础设施投资产生了制约，认识到这一点是非常必要的。

根据罗兰-霍尔斯特（Roland-Holst，2006）所述，基础设施和基础设施投资对经济发展的影响研究主要涉及三个方面：第一，通过直接刺激促进经济增长；第二，通过降低成本和保证金的方式提高交易和分配效率；第三，通过刺激内生性增长因素（指促进增长所具备的经济条件，并可以在现在的经济环境中加速增长）影响经济发展。基础设施对经济发展的贡献在发展中国家尤其令人印象深刻，这表明在基础设施存量小、基础网络覆盖不全面的经济发展早期阶段，基础设施的投资回报是最高的。但随着经济体不断成熟，基础设施的投资回报往往呈下降趋势。如果正如第二种影响因素预期的那样，我们会发现公共基础设施的存量是降低贸易成本的重要因素，也是生产力全要素总量的重要决定因素（Aschauer，1989）。第三种经济影响，即区域收益，可能与基础设施整合产生的区域经济效益有关，这是因为基础设施整合减少了区域间贸易壁垒和成本，并促进了区域间竞争。克服地理障碍，从而减少贸易和运输成本以及保证金，对贸易扩张和增长至关重要（Roland-Holst，2006）。

在澳大利亚的地理空间环境中考虑基础设施投资的经济性时，上述这些发现很重要。澳大利亚是一个发达国家，面对不同寻常的基础设施方面的经济挑战。如第1章所述，澳大利亚城市之间相距遥远并且城市中房屋散落，距离也很远，意味着与其他地理集中度较高的（欧洲）经合组织城市地区相比，在较大但不太密集且利用率较低的网络中，基础设施投资产生的收益较低。城市中心之间相距过远不仅会让区域基础设施的发展产生的经济回报相对较低，而且还会阻碍经济效率如此之高的大型功能经济区的发展，如以纽约、东京、珠江三角洲、长江三角洲或鲁尔山谷为中心的经济区。确实，大多数以区域一体化为宗旨的基础设施投资的经济性在澳大利亚都是值得推敲的。

尽管澳大利亚面临的地理挑战令人气馁，但还是有许多具有潜在吸引力的基础设施项目，特别是在城市层面。如何全面评估竞争性提案并确定其优先级，是一个自社会组织产生以来，就令社会决策者和公共财政官员烦恼的问题。在澳大利亚，对基础设施项目的可取性进行评估一般有几个核心标准。基础设施项目应该：

- 高效并能产生净社会效益
- 比可行的替代项目产生更大的净社会效益
- 在类似（高）净利益项目中取得最大的有效性
- 在成本和收益分配方面不会产生不可接受的不公平的结果

虽然标准说起来简单，但是有关决策所需进行的分析涉及复杂的方法学问题，并且决策经常需要判断。此外，通常可取的单个项目可能会产生次优网络（系统）效应，因此潜在的网络效应也是项目的关键特征。可以肯定的是，没有任何一种可行的方法可以满足社会利益相关者对基础设施投资决策的所有要求，决策总是需要磋商、谈判和妥协。接下来我们检验一下在澳大利亚城市基础设施项目决策中通常是如何构建效率、有效性和公平性（成本和收益分配）标准的。然后，在简单考虑一下网络效应和外部效应的额外经济因素后再介绍项目评估方法。

3.2 基础设施：基于效率、效力与公平、市场以及未来经济的问题

基础设施项目的评估由效率的概念、效率对生产力的贡献，以及积极的分配效应构成。效率至少有三个得到广泛认可的方面与基础设施项目的评估相关，这三个方面分别是生产效率、分配效率和动态效率。自 20 世纪 80 年代中期以来，大部分经济结构的改革和基础设施服务就是为了提高这些方面的效率。

生产效率的概念在理论上可能主要涉及项目或企业层面，但它对经济有更清晰、更广泛的影响。生产效率的本质是以商品和服务的形式，以资本、劳动力和专有技术的最小投入，获得既定价值的产出；或者换句话说，是在给定投入价值条件下获得最大的产出价值。生产效率是每个项目和企业的主要关注点，如果生产效率可以提升，那么投入的成本会下降，并且/或者项目的产出（通常是收入）会增加。而无论采用以上哪种方式，该项目都可以为其私人或公众所有者创造更多的利润。20 世纪 90 年代，澳大利亚许多基础设施服务部门进行微观经济改革，主要是为了提高生产效率，致力于投资更先进的技术装备，减少劳动力的无效率使用并提高劳动力的技能。所有这些改革都与国家竞争政策（National Competition Policy，NCP）的改革相一致，在政府机构层面的改革得到了更加系统的国家改革的支持，这些系统的改革包括行业关系、生产政策和监管政策的分离、公司化和私有化、定价改革、广泛实施竞争政策、减轻监管负担等方面。其中一些改革也旨在更广泛地提高经济的配置效率。

分配效率的概念在更广泛的经济层面才能得到最好的理解，而不仅在项目或企业层面。它评估了经济资源的使用方式能在多大程度上为社区整体福祉做出最大贡献。在一个开放的、运转良好的市场经济环境中，竞争、购买者需求和生产者间的互动会通过价格机制进行资源分配。价格不仅可以向生产者发出资源的有效组合构成要素的信号，还可以向基础设施所有者和潜在投资者（包括政府）传达哪里的服务存在约束、哪里的新投资需要担保。其中包括服务存在的约束，以及可能需要的新投资。但是，市场能否有效运行还取决于许多附

加因素，其结果是否有效、公平往往也存有争议。基础设施具有能够凸显这些限制的特性，如私人回报率和社会回报率之间的显著差异；基础设施的特性还限制了私营部门投资意愿。投资于基础设施以整合澳大利亚区域经济，可以反映出这种差异性结果。公共和私营部门在区域性地区和城市地区进行基础设施投资方面出现了合理的划分，一方面是澳大利亚政府主导的AusLink国家/区域交通基础设施发展倡议，另一方面是私营部门对城市基础设施的高水平投资，如墨尔本、悉尼和布里斯班等城市收费道路运输设施（详见第8章）。

动态效率的概念认为创新是具有价值的，并且资源分配方式会在寻求更高生产力的过程中随着时间的推移而发生改变。从公司层面看，创新依赖于教育和技能的发展、研究和开发，并且创新包含的范围比较广泛，不仅包含世界首创性的创新，还包含对创新的技术、流程和管理方法的接受和采纳，这种创新已经存在，只是对某个特定公司来说是新的。在城市、区域或广义的经济层面，动态效率有捕捉空间经济的能力，使位于其功能性边界内的公司改变其资源分配，并保持竞争力和相关性。正是基础设施投资的这一方面特征需要有远见的公共部门的战略眼光和领导力——城市基础设施中大量固定的和不可逆的投资，使得把动态效率作为城市经济中更多投资要考虑的重要投资标准变得至关重要。在通常情况下，甚至在不知不觉中，制度和监管的惯性在企业、行业、空间和整个经济层面上都是动态效率的最大障碍。此外，20世纪80年代和90年代开始的结构性改革认识到这一问题，并试图解决澳大利亚一般性经济结构对动态效率的各种限制，特别是在基础设施投资和服务交付方面。

项目或投资的有效性是关于产出（商品和/或服务）在多大程度上满足利用它们的预期目标的一种表述。显然，一条高效的新道路若是不会通向任何地方，那么这条道路就是完全无效的。结果可以表达为一组政府政策的目标集合，或更具体地说，是对个人、社会目标群体、经济中的产业部门或环境中的事件及变化的一系列影响。将投入、产出和结果这三个概念分离出来进行识别，是20世纪80年代期间澳大利亚早期改革的标志。在初始阶段，它将预算编制从专注于控制投入转变为对产出的理解和衡量。这给了管理者一些以提升业务效率的方式来安排资本和劳动的自由。

政府干预市场经济的一个理由是，市场并不关注收益和成本分配的公平性。作为人民的代表，各国政府要确保分配公平并且所有公民都享有可以接受的生活水平，这是政府被赋予的责任。政府，特别是发达经济体的政府，解决公平的最常见的干预形式是通过税收和社会保障来重新分配收入。此外，干预形式还包括提供最低标准的社会基础设施来支持教育和公共卫生。在城市层面上，政府也致力于实现清洁用水、污水排放、稳定电力和公共交通等基本城市基础设施的普及，但结果往往喜忧参半。总的来说，过去 30 年的经济改革可能没有产生理想的公平结果，但追求公平的结果仍然是澳大利亚社会最大的优势之一。寻求公平的思想深深地体现在澳大利亚的政治进程中，也是社会政策一个根深蒂固的目标。对公平的关注也同样强烈地体现在经济政策中。当我们考虑成本效益分析时，会再次面临基础设施投资的成本和收益分配方面的一些挑战。

首先，城市基础设施涵盖各种类型的设施，但对社区经济利益来说最重要的是基础设施网络，而不是个别设施。因此，正如各地的城市交通规划者所知道的那样，发展稳健和高效的网络通常是公共政策的目标。当网络中的单个链路发生故障时，高效网络具有使需求改道的战略能力，这种情况经常在低效的道路网络和交通瓶颈中得到证明，而互联网则可以很容易地在无效链路周围规划路线。因此，单个项目的可行性往往没有项目开发所带来的额外的、有益的网络效应更为重要——这为政府进行看起来不可行的项目提供了经济方面的逻辑依据。其次，基础设施网络是通过单个基础设施的发展或项目在联网系统内的累积效应而发展的。根据城市经济基础设施的情况，这些网络可以根据其独有的特征进行分类。网络最常见的特点是多对多。电话网络就是一个典型的例子。当新增用户连接到网络时，服务的每个用户都可以通过更大的覆盖面而受益，网络越完善，对当前非加入者的激励就越大。网络第二个常见的特点是一对多，通常适用于供水和发电等服务。与分配给下一个网络新增用户的边际成本较低的服务相比，这种服务的重要经济特征是高资本成本（水坝、发电站、初始主干线传输）。在这些情况下，收费制度需要反映总服务、长期运行以及供给的增量成本。输配电系统是相互连接的电网，反映了对供应和负载平衡的安全性的需求，并且即使采用非捆绑和私有化的发电、输电和配电服务，也仍然是公共监管的重点。网络第三个常见的特点是多对一，典型的例子是雨水、污水排水系统，当然废物收集也有相似的特征。在各城市集水区，城市交通网络也呈现出类似的空间格局，但有双向流动并带有一些战略性联系（例如边境港口）。这些不同类型的网络对于用户、基础设施所有者的激励是不同的，并且各种类型的基础设施的成本和收益评估也有所不同。

在所有关于市场的积极和消极的经济修辞中，用"运行良好的市场"来形容竞争经济准则是必然的。①在提高效率方面，运行良好的竞争市场具有诸多优势，澳大利亚自实施 NCP 以来，就是将市场准则运用到基础设施的提供、融资和运营等具有效率提升潜力的各个层面。它通过强有力的激励，鼓励供应商以比竞争对手更低的成本生产商品和提供服务来促进生产效率的提高，它也有助于提高分配效率，因为生产者和消费者响应价格信号来使其福利最大化，并通过激励生产者在竞争中创新来促进动态效率（新产品或服务、新流程、资源组合变更、功能替代等）。

然而，如上所述，城市基础设施的几个特点阻碍了一个开放和竞争的市场的发展，政府面临着为公共利益进行干预的复杂问题。第一是许多基础设施，无论是社会的还是经济的基础设施，都表现出自然垄断的特征；生产过程需要在重要的产出范围内以重大的经济规模和/或范围进行运作。规模经济是基础设施的一个常见特征，即固定成本高，边际运营成本低，可能最好的例子是发电和供水。正如第4章所述，基础设施通常也具有功能性的地方垄断特征。在城市基础设施（特别是基础服务）中存在垄断的地方曾经想主张政府拥有所有权和经营权，过去20年来，澳大利亚有形基础设施的交付和融资发生了根本变化，一般都会伴随私有化举措，并追求基础设施的部门效率。国家监督管理委员会制定了一项法律制度，将服务提供"拆分"为供应和分配，以促进第三方获得基础设施的提供和

---

① "运行良好"的市场不等同于"完美"市场，"完美"市场因其假设而饱受争议——它要求监管得当、产权清晰、信息和交易成本低、可竞争，以及供给与需求均不可由政党（或者政府、劳动者）操控。在健全的混合市场经济中，运行良好的市场仍然是公共政策的目标（Pretorius and Ng, 2010）。

运营权，早期包括电力和电信网络、天然气和水管道、铁路终端和网络、机场和港口都采取了"放松管制和分拆"服务。在城市道路方面，政府积极寻求私营部门参与城市收费道路的开发和管理，通过"建设-拥有-运营-移交"等一系列举措，允许垄断运营商在一定时间内在公共部门的严格监管下有调整地方价格的功能，并最终要归还设施给公共部门。很少有比墨尔本的城市连线这种安排更好的例子（第 4 章），但在其他行业，有类似的安排在运作。总的来说，维多利亚州在20 世纪 90 年代领导了其中许多倡议。

3.3　行动选择准则：未来国家建设

澳大利亚基础设施投资决策中明确列出了上述简要回顾的经济和社会标准。《未来国家建设》（澳大利亚政府，2009）初步认同高效基础设施所带来的生产力效益。在 2008—2009 年的财政预算案中，澳大利亚政府宣布成立三种基金——澳大利亚建设基金、教育投资基金以及卫生和医疗基金——作为投资于澳大利亚未来长期需求的手段。正如财政预算案演讲稿中所述：

基金的资本和收益均可以在确定具体的基础设施项目后的一段时间内提取。这确保了在未来几年内有大量的资金投入基础设施建设。基金中所有资金都将在非常严格的评估标准条件下支出。政府会在适当的时候，把未来盈余中的部分资金投入做进一步分配。

为了改善基础设施投资决策评估过程，澳大利亚政府成立了澳大利亚基建协会（Infrastructure Australia，IA），向政府提出国家重要基础设施建设的建议。IA 的建议将基于对各种基础设施提案的成本和收益的严格分析。IA 将确定战略投资优先事项以及政策和监管改革，以促进在各级政府和行业间及时、协调地实施具有国家重要性的基础设施投资。

（澳大利亚政府，2008，p.13）

因此 IA 作为澳大利亚政府预期基础设施投资方面的顾问，所应用的这些标准对填补空白并解决阻碍经济增长和繁荣的瓶颈问题发挥着重要的作用。专栏 3.1 列出了 IA 提供的澳大利亚建设基金会在交通、通信、能源和水务项目方面进行投资时的四个评估标准。

专栏3.1 澳大利亚建立评估标准

评估标准1：项目更接近国家基础设施优先项的程度。

项目会针对它们对国家生产力的增长、城市或地区发展、提高国际竞争力和/或适应气候变化的贡献来进行评估。

评估标准2：对提案内容更具有证据性和数据说服力的程度。

成本效益分析应证明该建议是物有所值的。考虑到经济、环境和社会方面，其应该具有长期的公共利益。

评估标准3：效率和共同投资的程度。

该项目应该为已识别的基础设施需求提供有效和高效的响应，应考虑相关的市场结构和定价机制，并利用私有基金或者州/地区基金。

评估标准4：已进行有效规划和实施的程度。

对项目进行了风险分析，并考虑了规划审批、土地征用以及规划。

Source：Nation-Building Funds Act 2008.Schedule to Section 120（1）.

此外，在2008—2009年"预算案"的声明4中，澳大利亚政府概述了有关有效投资的观点（专栏3.2）。对于项目投资，考虑的重点放在了CBA，利用社会回报率作为决策指导，并侧重相对社会回报率高于最低基准。高效投资显然是提高社区福利的基本先决条件，但正如可以预期的那样，这是一个复杂的、多方面的概念。

专栏3.2 有效投资

投资预期回报率通常用来指导商业投资决策，包括投资多少和在哪些领域投资。预期的社会回报率可以作为公共基础设施项目决策的主要指南，以帮助确保公共基础设施的投资水平能最大限度地实现最佳的福利水平。只有通过严格的成本效益分析（包括事后评估和审查），公共基础设施项目确定至少达到最低基准社会回报率才能得到资助，并且应将最低基准以上的相对社会回报率作为项目资金优先考虑的一个方面。虽然物质资本存量的私人和公共组成部分存在差异，但在这两种情况下，预期回报率都有明显的推动投资决策的作用。

Source：Australian Government 2008, p.5, 6.

3.4　评估效益与成本：项目评估

作为社会利益的代表，政府应在决定投资哪些项目之前，对项目进行详细分析。本节概述了在澳大利亚用于进行公共部门项目评估的最常见的官方方法，即成本收益分析法，简称 CBA。虽然 CBA 自大萧条以来已经以各种形式被使用，但目前的形式是利用福利经济学原理，本身就是传统新古典主义经济学的一个子集，并且对于其"会计"功能，它依赖于在私营部门项目评估中最常应用的现金流量贴现法（discounted cash flow methods）。所以，为了把 CBA 放在更复杂的环境中，我们首先将其概述为更简单的私营部门财务评估。用于评估基础设施项目所采用的方法，主要取决于评估是从单个私营企业的角度还是整个社会的角度进行。私营部门环境下的财务评估相比于为公共部门项目进行的成本效益分析要简单得多，明显没有那么复杂。

3.5　财务评估

出于现实目的，我们将私营部门企业对潜在投资项目的评估称为"财务评估"，因为这已经被普遍理解为反映了对项目可行性的狭义评估，它只反映了财务分析，而没有考虑到更广泛的社会和系统影响。作为在竞争项目之间选择的主要财务决策方法，私营公司长期以来一直采用现金流量贴现法，特别是净现值法（net present value，NPV）规则。按照 Pretorius 和 Ng（2010）的说法，财务评估的逻辑就是简单地将公司的预算资本（项目）能给公司带来的成本和收益的经济核算方法进行规范，并按公司和活动的适当风险调整折现率来贴现。NPV 规则很简单——对于一个要融资的项目，进入公司的（私人）折现流入（收益）必须超过（私人）流出（成本）。私营部门和公共部门在项目评估方面最关键的区别可能在于，一般在私营部门，进行可信的财务评估所需的变量和价格范围仅限于企业直接面对的经济环境中的经济变量，这是由企业业务性质决定的，在已建立的行业，通常在项目评估时使用从市场获得的相对充分的价格信息。而且，在实践中，私营部门的财务分析通常是在相对明确的监管环境中进行的，有明确的利益相关者/受益人——股东。私营企业承担商业风险并在这个相对较为明确的环境中评估其项目方案。

随着时间的推移，一些影响社区的外部因素如污染现在正在接受财务审计或者监管。这些外部因素之前由于市场不完善、知识不完全或监管体系不健全等原因，在评估单个公司私人成本或收益中没有被考虑和计入。前者的例子包括污染收费、反映水的机会成本的水费，以及前瞻性地反映碳排放对环境影响的基础广泛的收费。在进行一个项目时，许多公司不断地单独评估项目的额外社会或环境后果，在一定程度上这可能会影响其长期价值——包括一个企业的声誉的价值，如一个好的企业公民的声誉价值——所谓的"三重底线"。

3.6 成本收益分析

与财务评估不同，CBA 试图将项目的所有成本和收益作为一个整体向社区作财务表述，包括项目间接影响的成本和利益。CBA 的本质来源于福利经济学，它旨在将拟议项目所有公共部门的资本或利益（理想的情况下所有的）成本和收益进行模型化经济核算，以适当的折现率（社会资本成本）贴现。实质上，CBA 的决策规则是，对于要获得资金的项目，收益必须超过社会成本——在逻辑上类似于私人部门财务评估规则，即私人收益必须超过为公司项目提供资金的私人资本，除非评估的范围是全社会，而不仅仅是私人利益。所以，尽管两者都采用现金流量贴现法，但 CBA 比上述私人部门财务评估要复杂得多。因此，CBA 要提供对特定提案的净社会效益（可能是负的）评估。两个关键概念是社会成本和社会效益，社会成本即机会成本，就是根据资源的价值对其最佳替代品（已被放弃）的使用进行定价。社会效益就是个人消费者愿意为项目产生的收益付费的总和。CBA 中所使用的变量价值不局限于那些在市场上交易的商品和服务的价格，但可以表示为影子价格，以反映更广泛的外部性的社会价值，并包括归因于诸如减少旅行时间、开放空间设施和消除噪声等好处的价值。

　　澳大利亚政府的政策一般是保证在项目开展前对所有项目进行严格的分析，以此作为更广泛遵循政策原则的一部分。它使用现行的《成本收益分析手册》（CofA，2006）作为进行 CBA 的参考，这是自 20 世纪 80 年代以来发布的各种各样公共部门项目评估逻辑和行为指南中的最新指南。正如手册中指出的，CBA 是对水坝、道路和发电站等经济基础设施投资进行事前评估的传统形式，但该方法已被更广泛地应用于诸如医院和学校等社会基础设施的评估。《2009 年国家建设资金法案》附带的立法文书要求"项目"应通过成本效益分析证明该项目具有"名副其实"的良好表现。但是，许多公共部门项目的性质非常复杂，特别是城市基础设施项目，这些项目的直接和间接成本及效益难以确定，而且大型开放的城市经济体衍生的收益增值率和漏损都不可能明确地予以说明，这一效率目标经常受到损害。为了更进一步理解，我们在下面概述 CBA 的几个主要缺点。

3.7　成本收益分析的局限性

　　CBA 遭受了它宏大目标的困扰，在项目分析中要将尽可能多的项目影响因素纳入考虑范围，既有积极的影响因素，也有消极的影响因素，以便全面了解项目的预期效率，从而指导决策。然而，它也处于一个尴尬的地位，其替代方法可能更糟糕并有同样多的缺点。例如，关于特定的分配效率，评估结果显示，某特定的项目可能带来极高的净社会效益，但不能表明如果这些资金运用在其他经济活动中不能产生更大的效益。实际上，CBA 在有限的一组选项中给出了分配效率的有界排名（bounded bank）。由于澳大利亚各级政府对 CBA 有相当强的依赖，因此，我们必须适当地指出该方法的最不利因素，而不考虑项目集的确定是否正确的问题。我们认为最不利的因素是不完全市场、外部效应、知识不完全和结果的不确定，以及成本和收益分配中的公平问题。

　　不完全市场是指所有分析方法都在试图量化成本和收益，并最终将其简化为一个用财务术语揭示答案的问题。问题是，CBA 评估需要输入成本和收益的确切价格信息——该方法（至少理性地）取决于有效的价格信号，来获得可信的分析。市场经济并不完美，不是所有的东西都有价格。当然，另一个问题是许多基础设施投资是非常复杂的捆绑商品，而复杂的信息密集型设施，例如公共交通系统上的新线路，甚至是更复杂的捆绑商品或服务的组合，诸如"一个可持续的城市环境"，是无法在有许多买卖双方的运作良好的市场中"购买"的。在公共部门，复杂的商品也很可能等同于那些开发效果不佳、模棱两可或相互矛盾的功能性项目，因此相关的一系列信息很少且不全面——最终的投资价值较低。通过特征价格分析，可以分析包含在一个捆绑商品中的不同属性的价值，但为了获得一个稳健的结果，这种方法需要大量的横截面和时间序列数据集。将项目作为单一的信息密集型捆绑商品处理，或将这些项目分解成最小的成本和收益组，总是会出现类似的问题——所有的东西都（还）没有以"有效"的价格在功能完善的市场上进行交易。干净的空气或舒适的设施，它们的价格是多少？很少有批评传统市场经济的人，能够令人信服地反驳，在引导社会资源分配时，好的价格信号可能带来的好处。通过在 CBA 中使用影子价格，可以解决因不完全的市场和价格带来的一些问题，但实际情况是，如果没有可靠的基准来评估成本或收益，基于 CBA 的决策就没有说服力。批评者认为，有证据表明在诸如医学研究等硬性公共部门的应用中，CBA 分析产生的结果是有用的，因为这些研究基于一些限定的假设，并且与环境没有或几乎没有相互作用（Barron et al.，1998）。具有讽刺意味的是，这些研究恰恰反映了适用于私营部门财务评估的情况——采用一组狭义的私人成本和收益概念，而不是新的高速公路或隧道可能代表的开放城市经济中的广泛干预。

外部效应或外部性也是与不完全的信息和市场相关的问题。它指的是无意间产生的影响，我们说某一特定的基础设施投资（例如发电站的污染）的所有者不需要为此对社会进行补偿（负的外部性），或者城市铁路的投资可能会产生有益于社会的影响（如财产价值的增加），这些有益的影响不是由城市大型轨道交通的建设者带来的（正外部性）。可以肯定的是，外部性问题已经被争论了几十年（在公众中争论了几个世纪）。在澳大利亚（和其他地方）目前正在进行的一场没有结果的辩论中，双方都存在严重的负外部性且没有市场价格，许多经济学家认为，可以通过税收向上调整违规成本，为迅速改变激励机制提供最简单和最佳的公共政策选择，就像许多人对排放控制计划所认为的那样。税收可能是一个钝器，因为它们不一定能良好地估计实际成本。但是，在附近的高速公路建成之后，人们如何得知附近街区贬值了多少或成本是多少？谁来支付？付给谁？怎么付？这些都是复杂的问题，类似于不完全市场，如果已知的外部影响不是以某种方式在CBA中解决，则分析的可信度会降低，并且有政治责任。

还有其他一些难以描述其形式的外部性更直接地影响着基础设施投资，很难用CBA进行评估。除了许多城市基础设施的垄断外部性特征外，还有其他产生外部性的情况，政府干预是必要的。例如，在某些情况下，从社会的角度来看，基础设施服务的市场价值可能导致该服务的供应不足——也就是说，对私营供应商来说，这不足以保证项目进行。一个很常见的例子就是公共交通，其社会意义比方便个人交通出行更大——乘客愿意为供应商付钱。其社会意义包括与个人放弃使用私家汽车出行相关的道路拥堵的减少程度及空气污染的减少程度。同样，从社会的角度来看，一些市场价值交易可能会导致社会的过度供应。再者，引用一个常见的案例是基础设施运营所产生的空气、水或固体废物的污染，这些污染如果不予以管制或征税，将代表一种私人非价值的外部性，尽管如此，这些外部性仍然会给社会带来成本。一个相关的问题是公共产品的提供——基本上是市场无法提供的。这种市场失灵通常是因为商品和服务（例如国家公园）的消费是非排他性的或者商品和服务（例如国防）的提供是非竞争性的。一些城市基础设施的公共产品特征会在后面的基础设施专题章节中讨论。

把知识不完全和结果的不确定当作CBA的局限性可能不太公平，它是知识的局限，而不是方法的问题。虽然有人可能会狭隘地认为，缺乏价格和信息的问题可能是不完全市场的结果，但知识局限的问题可能是由于对复杂系统行为的不完全了解以及项目长期价格结构对于整体的影响造成的。知识不完全表现为对因果关系和系统影响的不完全了解，这可能导致"事后诸葛亮"，最终做出糟糕的基础设施投资决策。

　　例如，在实践层面上，知识不完全的一个老问题是如何处理项目风险和不确定因素，这些风险和不确定因素会在建设、运营、财务和各种其他风险中显现出来。了解情况的CBA分析师通常通过一系列敏感性分析和广泛的模拟分析来评估风险和不确定性的影响，从而形成成本和收益估计的预期分布，而贴现率本身往往被视为可变的。在有不同的利益主体激烈竞争的地方，会因此而有强烈的动机去操纵或者质疑CBA提供的信息。在这里重要的是不仅要查看所使用的分析和信息的实质，而且还要查看生成这些信息的过程。该策略不是为了应对有争议的信息，而是为了找出正确决策的准确或恰当的信息可能是什么（De Bruijin and Leijten，2008）。当特定项目的支持者评估成本、效益和风险时，也会出现问题。Flyvbjerg（Flyvbjerg et al.，2003；Flyvbjerg，2008）对欧洲主要交通基础设施项目的研究表明，政府普遍低估了风险和成本，高估了收益。Flyvbjerg认为应明确地识别风险，CBA要求风险的识别接受同行和利益相关者审核。

　　可以预测，随着基础设施项目范围的扩大，影响会变得更加结构化和系统化，其不可预测的影响会加深，未知的和市场不完善的问题会越来越多。例如，目前来说，对那些规模大的、往往功能上不灵活的和不可逆的基础设施进行长期投资可能是不明智的，因为这些投资可能会通过世代固定的城市发展结构来破坏城市的可持续发展目标。然而，进行此类投资的决定可能是旨在达到最高效率目标的CBA的结果。鉴于未来的气候不确定性，以及为后代提供的不可逆的投资灵活性有限，"灵活地规划"似乎是明智的。可持续发展目标将通过一些决定来更好地达成，这些决定就是将资本分配从目前具有最高效率的单个大型项目转移到若干有多重功能的但规模和范围被缩减的项目，这些项目可以在复杂性显现的时候共同作用来提高城市的灵活性（Pretorius and Ng，2010）。再者，CBA要估计人力系统大型干预措施的成本和收益同大城市一样复杂，是非常困难的。公平地说，过去的许多人类行为是在不完全了解最终影响的情况下发生的，而且这种情况可能会继续下去。知识是逐渐累积起来的，我们希望学习也是如此。这一切都表明，随着项目范围的扩大，识别和评估影响的能力会降低，意外后果的范围会扩大，总体而言，CBA 的结果可信度会降低。

　　CBA 还有一个局限性涉及成本和收益分配中的公平问题。CBA 的局限性在于它不提供关于哪个项目选项会产生最公平的结果的指导。对项目进行分析的结论——可能产生净社会效益——掩盖了社区各子系统的成本和收益分配的事实。个别群体可能具有特定的社会经济特征或地点，或者可能对特定行业有特定的影响，流动对拥有资本和工人的一些行业所有者有影响。无论是在个人还是在社区层面，对穷人的影响与对富人的影响是相同的，而这两个群体的边际效用水平却差别很大。正确实施的 CBA 至多可以清晰地提供有关成本和收益是如何分配的。可以为成本或效益的价值分配权重，并且以在某些地区受影响的群体为目标，这些地区通常是具有特定种族或其他（通常是少数民族）处在不利地位的萧条地区。然而，这种权重也是判断的问题，会引起很多的争论。如果这样的权重没有得到充分披露或决策者没有正确地理解，也可能有不适当的结果。总的来说，透明的未加权的分析最不可能扭曲决策，并创造了一个富有效率并兼顾公平的平台。

　　在一些改革的实例中，可能会发生弱势群体集中（例如靠近废物设施或港口的社区）和受益人群广泛分布（如区域人口）的情况。每个受益人获得的增量价值可能不足以让该组织支持这些改革提案，即使净社会收益明确证明了改革的合理性。这种情况往往引发决策者的强烈抗议，因为集中于少部分人身上的损失可能是重大的。全面披露成本和收益的分配情况，可以确保在决策之前就预见到这些反应，以平衡的眼光看待抗议活动，并在诸如税收和社会保障等一般再分配机制不足的地方实施改进政策。

　　有一些实用的方法来辅助公平分配的决策。衡量一项提案对群体、地区和行业产生的具体的影响以及透明的结果，使决策者能够考虑实施具体分配政策的最有效方式。一些项目是专门为提高公平性而设计的，如对城市的一部分萧条地区的基础设施服务进行升级改造。同样，项目可能会对特定的群体或地区产生意想不到的分配后果，而对这些影响的揭示和评估可以帮助决策者改善其后果。由于服务价格的变化（例如通过解除先前的交叉补贴），收入在不同的群体之间转移。同样，这也会导致整个城市的就业和经济活动的分布发生变化。例如，由于投资交通运输项目提高了可及性、减少了拥堵，或一个地区到另一个地区的出行时间相对缩短（见第9章）。

公平分配还有两个更严重的问题，这两个问题在经济寿命长的项目（如基础设施投资）中最为明显。第一个问题表现为这个长寿命项目的成本和收益分配中的代际公平问题。有人认为，当代人（比方说纳税人）投资于最有利于子孙后代的资产安排的公平性是值得怀疑的。有一种相反的观点认为，可能需要大量的当前投资来确保子孙后代可以持续，这被认为是公平的，因为它给了后代选择权（Pearce et al., 2003）。无论哪种方式，作为一种方法，CBA 是无法解决时间影响的，项目规划很可能只能有限地解决早期的项目成本和收益。第二个问题是贴现计算的实际结果，就是根据目前的公共或私营部门的项目评估技术和贴现率契约（私人资本成本或社会贴现率），资本不可能分配给预期寿命超过一代人的项目。除非社会回报率被认为非常接近于零（显然并非如此），否则未来30年内可能发生的收益占项目总现值的比重将会很小。围绕项目影响的代际分配问题在可持续性或可持续发展目标下是对公共决策和公共部门资本分配的根本性挑战。这表明，有时社会只需要简单地将资本分配给可能被视为未来投资的项目，而没有能力保证嵌入在项目经济中的成本和收益得以公平分配。可惜的是，CBA 不是一种可以直接帮助选择此类投资的技术。

3.8　一个佐证：实践中项目评估存在的问题

总的来说，CBA 的一个局限性是，它不能保证排名最高的项目能最有效地达到项目发起人要求的结果，或者，如前所述，被评估的受约束的项目集包含了可能最好的候选项目。在一个层面上，CBA 的结果提供了一个排名，使赞助商可以从得分最高的项目中选择最有可能达到预期结果的特定项目。然而，在更广泛的层面上，达到预期最佳结果的可能是从完全不同的干预形式中获得的。制定最佳实践政策要求在开始时就尽可能地广泛探讨针对特定问题的解决方案，这个问题除包括基础设施建设或改造建议外，还要包括监管改革、税收、转移和其他干预措施（见第2章对政策工具的适用范围）。至少CBA要明确具体审查了哪些选项，但政策分析人员必须确保对一系列选项（包括那些不需要进行基础设施建设的选项）进行了充分的探讨。

在经过这个关于项目评估的局限性特别是CBA的局限性的冗长讨论之后，尽管CBA的好处和局限性已经明确，但它有助于说明决策中的错误实际是如何发生的。最近澳大利亚政府在构思国家宽带网络项目并付诸实践的过程中，宁愿依赖于其他地方的经验证据，也不愿对项目本身做成本收益分析。政府预计该项目的财务成本高达430亿澳元。正如提交给参议院全国宽带网选择委员会的多份文件中已证实的那样，有许多人支持政府投资建设该网络的决定。他们注意到，网络发展带来的好处将超越传统意义上的电信所带来的好处，包括远程医疗、远程教育、智能公用事业网络和更广泛的区域发展。但也有批评的。Henry Ergas和Alex Robson两位经济学家提出了对这个项目的担忧，他们准备了一份对项目的评述（专栏3.3），类似于对维多利亚州铁路建设的批评。

他们所做的工作除了处理与这两个项目有关的具体问题以外，还证明了CBA涉及判断许多事项的更一般的观点。De Bruijn和Leijten（2008）同意Flyvbjerg等（2003）的观点，即这是CBA中少有的简单真理的观点，并进一步强调：

在许多情况下，一组专家为现实呈现的是一种可以被其他专家解构和重建的社会架构。

（De Bruijn and Leijten，2008，p.84）

总体而言，可以得出结论：全面的CBA在操作的时候，尽管它的方法有点复杂，但它还是为判别项目是否可能带来净社会效益以及这种净收益是否可能大于替代项目，提供了相当稳健的基础。重大基础设施投资在确定任何一种路径前，用CBA在决策的早期阶段对一些替代策略进行研究是很有必要的（Priemus，2008）。维多利亚轨道交通案例（专栏3.3）证明了没有及早考虑替代方案所带来的低效率和浪费。

专栏3.3 对成本收益分析使用的评述

2009年，Henry Ergas和Alex Robson对两个重大基础设施提案进行了具体的分析，评述了政府所做的评估。

为了评估所做的项目评估的质量，两位经济学家审查了一个新的国家宽带网络的建设，发现按现值计算，它的成本超过其收益大约140亿至200亿澳元，这取决于所使用的贴现率。他们的结论是，如果项目的成本超过170亿澳元，即使替换的是一个典型的消费者无法获得超过20Mbps的网速服务，即使对高速网络服务的需求增长相对较快，继续进行该项目也是无效的。170亿澳元远远低于预计的国家宽带网络成本，尤其是如果国家宽带网络要服务于非城域地区。

经济学家还审查了为维多利亚州修建铁路时所进行的成本效益评估。他们发现，在评估中没有考虑到项目较低成本的替代方案，特别是通过提高效率并改善铁路网的治理来提高负荷能力的选择。他们发现，即使排除这一因素，经澳大利亚政府批准的基础设施（可用）评估也有严重缺陷，包括重复计算的错误和对项目收益的明显不正确估计。在他们看来，如果没有这些错误，项目将产生远低于成本的收益。

Source：Ergas and Robson，2009.

3.9 进一步的方法论挑战：多标准分析

可以肯定的是，项目分析师都知道CBA的潜在问题，也知道它的结果可以采用多种方式进行博弈和操纵，以表明他们对各种观点的支持，而且正在评估的项目越复杂，就越容易玩转CBA。遗憾的是，有个事实，即不论人们如何选择变量和取值，至少在技术上有连贯性的替代CBA的方法不是很多。但是，其他方法已经研发出来，值得一提的是多标准分析法（multicriteria analysis，MCA）。在本质上，项目提出者确定一系列要实现的目标（或影响），涉及一系列相关问题，比如财务、社会和/或环境。这些目标可以进行优先级排序，并相应地分配权重。于是和实际所期望实现的目标匹配的许多可选项目出现了，对每个可选项目根据其在实现每个目标时的有效性进行评分，将其结果乘以权重，从项目倡议者角度出发评估重要性，给每个目标总权重赋值为

100。整个程序为每个可选项目生成一个权重调整后的得分。MCA可以与CBA相结合使用，也可以单独使用。MCA旨在通过在结构化分析中考虑广泛的定量和定性标准后提出建议，从而为决策提供信息。MCA对项目评估的一个重要贡献是，它允许对每个建议在实现（可能是有限的）一组结果方面的有效性的同时做出一些指示。这是另一个有用的额外视角，适用于已经通过CBA评估，被认为可以产生显著的净社会效益的提案。

不过，MCA也很容易被操纵，特别是那些设计和执行这项研究的人。一个令人关切的问题是，选择用于分析的一组影响因素可能会受到过度限制，特别是如果基础设施运营商（水务局、公路管理局等）既是项目提案人，又是项目评估者。一项提案可能对一组非常有限的运营影响因素给予很高的评价，但可能没有考虑更广泛的社会或环境的影响因素。从边际角度考虑，这可能会导致一个选项优先于另一个选项，而选择一组不同的影响因子可能会出现相反的结果。在更基本的层面上，该项目实际上可能对看似无关的利益相关者产生一系列不利影响，无论它们是第三方集团、环境，还是一般纳税人。在这方面，独立进行和公开发布的CBA更可能考虑到所有相关问题。

另一个潜在的问题（偏差）来源于每个影响因子的权重分配，即按每个影响因子的重要性来分配权重的过程，权重高度依赖于评估人员的视角。如果权重反映的是整个政府的集体共识，或者权重反映的是某一特定的基础设施机构的看法或若干类似导向机构的观点，那么可能会从全社会的角度来确定权重。Dobes和Bennett已经对CBA和MCA做了批判性评述，他们认为：

虽然成本效益分析法有许多实际和计量的局限性，但多目标分析法在根本上是有缺陷的。它缺乏连贯的分析框架，也容易受到分析师和个别利益集团的误用。

（Dobes and Bennett, 2009, p.25）

他们指出，综合这两种方法的各种尝试都不太成功，并声称"没有迹象表明未来有可能实现两者可接受的结合"。尽管如此，MCA已经在社会基础设施项目评价方面取得了一些成功。例如，昆士兰州的医院规划，大部分应归功于社区参与项目目标以及优先事项的构建和评估。

3.10 投资项目应如何融资

本章的第一部分讨论了"应该进行哪些投资"的问题。然后就项目评估进行了简短的论述。本节继续讨论"投资项目应如何融资"的问题。本节中的一些评论首先需要一些与澳大利亚相关的制度和政府公共财政的背景。首先，联邦政府和州政府仍然是基础设施的关键决策者，即使有私人融资（如公私合作伙伴关系、特许权和定价安排），其管理框架也是与各级政府共同协商的。基础设施融资直接反映了自20世纪80年代以来澳大利亚联邦宪法和制度变革的重要方面。澳大利亚政府通过税收和联邦借款获得资金，并且是被授权提高所得税的唯一机构。联邦资金又依次分配给各州和地区，用于州政府各种正常的项目，包括基础设施投资。某些基础设施部门受到澳大利亚政府层面的管制，而另一些基础设施部门则通过州和地方当局层面的特许权协议进行管理（如运输和水电方面的PPP）。虽然澳大利亚的基础设施部分已私有化，但邮政和电信服务仍受联邦政府的监管和控制，而澳大利亚政府也保留对航空运输基础设施和服务的整体监管控制（尽管机场也是以PPP类型进行私有化的）。州政府目前将剩余的基础设施，包括铁路、公路、港口、天然气、电力和水务服务，进行全部或部分私有化，让私营部门作为重要参与者提供电力服务（Makin and Paul，2007）。各州负责社会基础设施，包括学校、医院、监狱和图书馆，并且越来越多地引入私营部门参与执行，提供这些服务。除州和地方政府为基础设施发展提供资金外，澳大利亚政府还向各州和地方政府提供了大量资金，用于根据联邦税收分享安排发展符合条件的实体和社会基础设施项目，例如交通运输基础设施的"AUSLink"项目。

自从1995年设立国家监督管理委员会以来，为追求基础设施部门的效率，澳大利亚在实物基础设施的交付和融资方面发生了根本的变化。国家监督管理委员会在联邦和州两级建立了司法制度，以促进第三方有权提供并运行电力和电信网络、天然气和水管道、铁路终端和网络、机场和港口等基础设施。经过这些改革，很少有国家比澳大利亚有更大规模的举措，将各级政府的公共基础设施的交付管理私有化。大约 30 年前，大多数基础设施项目实际上是通过公共工程项目采购的，并通过传统的公共部门收入和/或通过州或联邦层面的借款来获得资金，但在 20 世纪 90 年代，公共基础设施大部分被私营化，包括机场、发电站、港口、铁路货运、天然气输送和配送，并持续到 21 世纪。一个重要的事实是，在公共部门融资方面，澳大利亚政府通过一个称为贷款委员会的公共财政管理机构控制澳大利亚所有的地方政府和公共部门借款的限额。目前，可以得出的结论是，从各级机构和监管的角度来看，所有基础设施投资都有可能选择适当的融资来源和机制。

在此背景下，我们将回到对基础设施和生产力的投资和融资的考虑。融资问题是与投资是否会产生净收益有关——无论是从私人的角度还是从公共的角度考虑——的第二个问题，也是一个独立的问题。从 20 世纪大部分时间开展的公共基础设施项目的审查来看，这种独立性可能不明显。这些项目通常由政府所有、政府建造、政府预算拨款或通过政府（或公用事业部门）债券提供资金。尽管历史上有先例，例如巴拿马运河和苏伊士运河以及许多收费公路项目，但直到 20 世纪末，许多国家在提供基础设施方面往往不考虑成本回收，并且仍然没有受到质疑。许多国家由公共机构建造了壮观而成功的基础设施网络，例如美国的州际公路系统。事实上，仍然需要国家继续提供并建立许多基础设施项目和部门的理由是充足的，包括支持卫生和紧急服务等基本服务的基础设施项目和部门。依赖资本密集型基础设施的许多其他服务，其中间接和次要的经济效益难以量化，例如高效的公共交通铁路系统，可能仍将依赖某种方式的国家财政支持。然而，在过去的 20 年中，包括澳大利亚在内的一些国家，愈加认识到需要单独处理融资问题。其中很大程度上不仅源于成本回收的原则和/或用户支付或污染者付费的逻辑，而且更广泛的是源于对基础设施不是免费的更深层次的理解。融资也是一个独立于政府资金的问题，后者是作为政府干预的一种形式，使用其有限的资金来实现既定的政策目标。

除了拥有最有利于社会的项目之外，政府也越来越认识到可以通过选择适合该项目整个生命周期的融资方式来获得收益。对于融资方案需要评估四项主要内容：

● 从资本市场获得的收益以及从融资者项目管理中获得的益处。

● 来自资本提供者的资金成本，即利率，所需的权益回报或投资于下一个回报最高的项目的机会成本。

● 任何被保留的或有负债的风险加权值。

● 谈判融资工具（包括所涉时间成本）和管理融资工具的交易成本。

随后的几章（第6至第8章）表明，就个别基础设施部门而言，城市基础设施有一系列的融资方式。第4章专门关注公私合作伙伴关系的当前运行情况和交易过程。因此，本章将仅针对各种融资方式进行简要概述，并展示有效融资可能带来的好处。生产力委员会在其工作文件《公共基础设施融资——基于国际视角》（Chan et al., 2009）中更详细地讨论了这个话题。

3.11 融资形式

Chan等人关于公共基础设施融资的国际实践调查（2009）表明，目前在全世界基础设施融资中使用的融资机制种类繁多。在某种程度上，这可以用每个国家的政治和制度历史来解释。其他原因包括普遍的财政和宏观经济状况以及更广泛的社会各界对政府提供服务方面的作用的期望。在广义基础设施中，特定融资工具的选择也受到以下因素的影响，如用户收费的适当程度、投资量、资产被搁置的可能性、工具因有效风险管理的贡献程度以及融资工具的交易成本等。然而，对于所有的复杂性、多样化的来源，即使在公共财政中，我们也可能会想到企业财务的古老名言：融资只有两种途径，债权融资和股权融资（当然，在公共财政视角下，"权益"是一个比私营部门更复杂的概念）。如果政府资助并开发基础设施项目，而不向享有服务的使用者或受惠者收取费用，则可以预期融资完全由公共资金提供。如果不向用户收费是一种政策偏好，那么这些项目当然不可能吸引到私人资金。

进一步拓展公司财务的隐喻，从某种意义上说这代表了一个社会的纯股权投资，可能是除了财务以外的社会其他方面纯粹的股权投资回报（例如公平的利益再分配的投资或促进区域经济一体化的战略性基础设施投资）。这种"所有公共股权"投资通常通过两种机制直接融资：从税收收入和债务（在资本市场上借款）中获得直接预算资金。如果可以通过对项目产生的服务收费来获得收入并且得到政策的特别支持，那么随着时间的推移，这一收入现金流将赋予特定项目资本价值，并成为私营部门提供贷款的潜在目标，该项目将成为一个"可银行化"的项目，因为收入流代表潜在的偿债能力。从技术上讲，这不是政府债务，但如果由政府担保，这是一项或有负债，将会纳入对政府债务的评估，所以政府应当非常审慎地进行担保而且通常会遭到质疑。

然而，为什么一个有偿债能力的项目需要由只拥有私人股权的私营部门来执行，这种观点完全没有道理——具有一定深度和强流动性的美国市政债券市场证明，"不惜一切代价进行私有化"并不是基础设施项目私营部门融资的必要条件。许多成功的基础设施项目融资实际上是通过公共部门的"权益"和私人资本市场债务融资的。我们现在转而考虑融资机制的各个方面，并进一步深入了解直接公共融资、公共事业融资、公私合营和开发商收费。

如果一个项目是由政府预算直接提供资金的，不论它是否以税收融资和／或公共债务融资，这当然意味着政府也要对其采购负完全责任。就其规划和采购外包而言，如同基础设施项目一样，政府可能会保留并必须管理大部分风险，尽管有些建造风险可以通过与施工代理方的合同来转移，经营风险可以部分转移给私人经营者（虽然政府不可避免地存在或有负债，特别是基本服务）。但无论如何，开发与服务相关的任何设施的所有融资仍然由政府负责。

公共设施融资在一定程度上代表了一种不同的状况，因为这些实体通常是公司化的，尽管全部或部分是政府所有，而最常见的是作为受监管的企业进行交易。这些实体当然也为城市基础设施提供资金（见第 6 章关于西澳大利亚水务公司的案例）。出于实际目的的考虑，它们的融资遵循常规的公司融资原则。资金来自资产负债表上的留存收益或债券。在后一种情况下，到 20 世纪 80 年代，澳大利亚逐步淘汰了特定目的的债券，并在很大程度上被中央借款机构的借款取代。单个企业债券融资的高额交易成本和运营风险是变革的一个重要原因。在集权模式下，债券持有人不再依赖于控制基础设施的机构来维持资产价值或持续收入流，这与美国市政债券市场中典型的收入支持债券安排不同。因此，债券持有人不会对基础设施机构的业绩施加直接的资本市场规则；中央借款机构通常会对转出的资金征收利率溢价。这一溢价反映了政府本身承担的风险，即该机构不会将其资产维持到能够提供服务和偿还债务的程度。财政部或其他中央机构的企业监督部门代表政府（即所有者是公众）审查业绩，因此取代了资本市场监督，以谋求规模效益和降低公共部门整体借款成本。例如，通过的1989年《新南威尔士州国有企业法》，就是针对政府企业的内部和外部治理制度的例证。

公私伙伴关系是第4章的主题。在此可以充分注意到，它为最大限度地发挥私营部门管理技能，扩大捆绑活动范围（设计、建造、运营和融资）提供了一个机会，并在财政政策会延误项目的情况下提前交付项目。有相当大的余地使管理项目的激励与这样做的能力相一致（见第4章），但政府机构糟糕的谈判和合同履约不力可能导致政府保留不必要的高额或有负债。从资本市场筹集资金的成本可能高于直接的政府融资，但可以说它更加准确地反映了项目风险，因此，对于面临分配有限资本的战略选择的政府来说，这是一个很好的信息来源。交易成本通常较高，因此PPP更加适合大型项目。

在许多方面，开发商对基础设施投资的贡献，例如城市道路，只不过是公共部门在以前免费授予的开发权方面的价格测试的结果。对政府的财政限制和对用户收费的更多依赖导致所有开发商都更依赖并认同（为城市基础设施提供资金的）收费。因为提供基础设施的现值实际上远远超过了没有基础设施和进行开发的成本。实行这种收费通常与提供和发展基础设施有着直接的关系。但也有一些问题。对政府的激励是以较低的持续运营和维护成本来达到高资本标准，而对开发商的激励是将初始资本成本降至最低，并将成本转嫁给已开发土地的购买者。交易成本可能很高，在基础设施规模和标准相似的不同地方当局之间征收水平可能存在很大的差异。第5章详细讨论了开发商的收费问题。

3.12 20世纪90年代以来澳大利亚的资本市场和基础设施融资

　　如果没有迹象表明资本市场融资和私营部门参与激发了基础设施融资的活力，那么自20世纪80年代改革开始以来，对澳大利亚基础设施融资的看法似乎是不完整的。公平地说，为澳大利亚进行基础设施融资的银行业和资本市场部门，已经发展成为世界领先的金融市场部门，在创新（如果不是深度）方面可以与美国和英国相提并论，同时也成功地在国际上探索出许多优秀的做法（例如基础设施基金管理模式）。这是一个综合发展实践，可能没有明确的计划，政府通过解除基础设施服务管制来创造良好的环境，资本市场创新受到了NCP和20世纪90年代中期养老金改革的推动，而且复杂的资本市场对新形式投资的需求做出了反应。因此私营基础设施的发展和融资与对公共部门管理和公共财政态度的一些重要变化相一致。所有这些举措都得到澳大利亚各州政府的赞赏，它们也承诺按照NCP的要求，私营部门也能参与基础设施投资。每个州都设立了一个专门的公私合作伙伴关系单位，它的职能是既要在市场推广私营部门投资/发展机会，又要解释政策。因此，维多利亚州有"伙伴关系"；新南威尔士州有"与政府合作关系"；昆士兰州有"州发展-公共/私营伙伴关系"；西澳大利亚州有"财政部-增长合作伙伴关系"；南澳大利亚州有"伙伴关系（SA）"（财政部门）；塔斯马尼亚岛有财政部；澳大利亚首都地区有"政府采购委员会"；北部地区有"土地合作伙伴关系"；英联邦地区有财政与行政部。这显然是澳大利亚各级政府广泛采用私人参与基础设施融资和发展的广泛举措，因为20世纪80年代和90年代的改革已成为现实。

　　如上所述，20世纪90年代公共基础设施大部分实现了私有化，包括机场、发电站、港口、铁路货运、天然气运输和配送。例如，悉尼、墨尔本和布里斯班主要城区的城市高速公路部门可能是澳大利亚的私人融资最发达的基础设施部门。特别是悉尼和墨尔本以及最近在布里斯班的主要高速公路的扩张和发展，采取私营部门参与融资的方式，主要是采取PPP项目中的建造-经营-移交（BOT）的方式（惠誉评级，2005）。有趣的是，虽然其他地方这样的道路交通项目的债务融资主要是由项目融资型银团贷款资助，但澳大利亚道路项目的很大一部分债务融资都是通过基础设施债券形式完成的。澳大利亚私营部门收费公路的特点是有以悉尼和墨尔本主要城市为中心的长期特许权收费合同（通常为30~40年）（惠誉评级，2005）。仅在2002—2007年间，收费公路部门就在澳大利亚国内银行和债券市场的各种债务结构下增加了100多亿澳元（惠誉评级，2005）。

　　私营部门融资参与世界各地（包括澳大利亚）基础设施的传统项目融资模式，与长期的永久性项目融资模式的不同之处在于，项目融资正缓慢向债券市场工具发展。很大一部分道路基础设施融资是通过资本市场进行的，其基础是迅速发展的基础设施债券部门（如最早在墨尔本城市联动项目（第4章）使用的复杂捆绑证券），以及开创性的基础设施基金管理委员会。私人基础设施项目投资/发展部门，特别是收费道路部门的主要参与者的成熟度以及成熟度的证据是，这些参与者是主要的上市公司，有几只基础设施债券尚未上市。主要的澳大利亚收费道路公司是Transurban集团和ConnectEast集团。Transurban初创于1996年，是一家建设、融资并运营墨尔本城市连线（CityLink）收费公路特许权的单一目的实体（惠誉评级，2005）。ConnectEast是一家成立于2004年的单一目的实体，负责墨尔本EastLink收费公路项目的融资、设计、建设、维护和运营（惠誉评级，2005）。在某种程度上，这些实体的增长和发展会受到养老金改革的极大影响，养老金改革产生了对投资机会的大量需求，私有化举措通过资本市场参与提供了投资机会。

　　然而，这些推动改革的最重要的资本市场创新可能是麦格理投资银行（Macquarie Infrastructure Bank，MIB）旗下的麦格理基础设施集团（Macquarie Infrastructure Group，MIG）的发展。MIG建立了澳大利亚上市收费公路投资基金，拥有收费公路权益的全球投资组合，但在过去十年中，MIG在不同国家和地区建立了多只基础设施基金，包括在欧洲、韩国、新加坡上市，虽然经过了全球金融危机，但它已经成长为可能是世界领先的基础设施融资和管理实体。另一家在澳大利亚城市道路上非常活跃的公司是长江基建（Cheung Kong Infrastructure，CKI）。在澳大利亚，长江基建在受监管的公用事业资产（CitiPower，

Powercor，ETSA Utilities，and Envestra）方面另有重大投资。在这些实体被纳入管理之前，长江基建剥离了其在悉尼的十字城隧道和巷道隧道的权益。

总的来说，虽然全球金融体系在各个地方都受到了重大的国际冲击，但近期的金融危机似乎并没有对澳大利亚的基础设施金融部门造成任何根本性的改变。与其他国家一样，包括基础设施基金在内的许多澳大利亚基金管理活动也开始了必要的杠杆化过程，包括像 MIG 这样的基础设施基金管理的先行者。虽然对资本市场为未来投资需求提供资金的能力存在一些质疑，但金融危机不太可能导致澳大利亚资本市场发生结构性变化，包括其参与基础设施融资的结构。然而，澳大利亚基础设施合作伙伴公司在 2009 年发表的一份研究报告中确实探讨了 2008—2009 年因金融危机（IPA，2009）可能会出现的资本短缺的后果。该报告研究了金融危机爆发后的信贷配给情况，并特别关注了澳大利亚、法国、英国和美国的影响。它指出，金融危机严重制约了私营部门获得交付大型基础设施项目所需的偿债能力。危机也给项目带来了巨大的融资风险。澳大利亚出现了基础设施投资资金短缺，已有人对现有基础设施的实际能力限制表示关切，如果不加以解决，将大大限制经济活动和生产力增长。因此，业界提出了一系列政府干预融资市场的临时措施，这包括从政府作为共同贷款人，到提供补助和债务担保的联合举措。政府担任债务担保人的一个问题是它可以减轻贷款人对项目业绩的压力（世界银行，1994；Flyvbjerg，2003）。

3.13 结论

本章探讨了城市基础设施的生产力和基础设施投融资问题，生产力被看作是效率、有效性和公平的复杂的相互作用，绝对不是一个国家政治经济中的简单目标。然而，20 世纪 80 年代和 90 年代的结构性改革似乎已经启动了一系列经济变革，这带来了一个有更高生产力、高效且有效的经济局面，包括其基础设施部门，而公平仍是各国政府的首要目标。基础设施项目评估仍然是一个存在问题的领域，特别是方法问题仍然令人关切。尽管 CBA 有缺点，并且它建议的结果易于被一些既得利益集团操纵，但 CBA 仍然是最合适的项目分析方法，但无论是 CBA 还是 MCA 等新方法，都不能克服结构不良和/或不透明的项目分析弊端。城市基础设施项目最具成本效益的融资方式是一个独立的决策，有多种融资方式，每种融资方式都适合于特定的项目类型、财政状况和广泛的政策内容。总体而言，澳大利亚金融市场对改革引发的基础设施融资挑战做出了令人印象极为深刻的反应。

参考文献

Aschauer,D.A.,1989. Is public expenditure productive? *Journal of Monetary Economics* 23: 177-206.

Australian Government, 2008. 2008-09 Commonwealth budget, budget statement 4: Boosting Australia's productive capacity: The role of infrastructure and skills, 2008. http://www.budget.gov.au/2008-09/content/bp1_bst4-02.htm.

Australian Government, 2009. 2009-10 Commonwealth budget, infrastructure overview—Nation building for the future. http://www.budget.gov.au/2009-10/content/glossy/infrastructure/html/infrastructure_overview-01.htm.

Barron, W. F., Perlack, R. D., and Boland, J. J., 1998. *Fundamentals of Economics for Environmental Managers*. Quorum Books,Westport,CT.

Chan, C., Forwood, D., Roper, H., and Sayers, C., 2009. Public infrastructure financing—An international perspective, Productivity Commission Staff Working Paper, March 2009, Canberra,Australian Capital Territory,Australia.

CofA (Commonwealth of Australia), 1996. *Considering the Public Interest under the National Competition Policy*,Nov 1996,Canberra,Australian Capital Territory,Australia.

CofA (Commonwealth of Australia), 2006. *Handbook of Cost Benefit Analysis*,Canberra, Australian Capital Territory,Australia.

De Bruijn, H. and Leijten, M., 2008. Mega-projects and contested information, in *Decision Making on Mega-Projects*. Edward Elgar,Northampton,MA,pp. 84-101.

Dobes, L. and Bennett, J., 2009. Multi-criteria Analysis: "Good Enough" for Government Work? Agenda 16(3):7-29.

Ergas, H. and Robson, A., 2009. The social losses from inefficient infrastructure projects: Recent Australian experience. August 17-18,http://ssrn.com/abstract=1465226.

Fitch Ratings, 2005. Australian toll road sector—Stepping up a gear, Available: www.fitchratings.com.

Flyvbjerg, B., 2008. Public planning of mega-projects: Overestimation of demand and underestimation of costs, in *Decision Making on Mega-Projects*. Edward Elgar, Northampton,MA,120-144.

Flyvbjerg, B., Bruzelius, N., and Rothengatter, W., 2003. *Megaprojects and Risk: An Anatomy of Ambition*. Cambridge University Press,Cambridge,U.K.

Henry,K.,2010. To build or not to build: Infrastructure challenges in the years ahead and the role of governments, *Address to the Conference on the Economics of Infrastructure in a Globalised World: Issues, Lessons and Future Challenges*, March 18, 2010. http://www.treasury.gov.au/documents/1763/HTML/docshell.asp? URL=Infrastructure_Conference.htm,Accessed April 14,2010.

IPA (Infrastructure Partnerships Australia), 2009. Financing infrastructure in the global financial crisis,Research Paper,March 2009.

Makin, T. and Paul, S., 2007. *Australia*, in *Infrastructure Development in the Pacific Region* (Kohsaka,A.(ed.). Routledge,New York.

Pearce, D., Groom, B., Hepburn, C., and Koundouri, P., 2003. Valuing the future: Recent advances in social discounting, *World Economics* 4(2):121-141.

Pretorius, F. and Ng, M. K., 2010. Mega urban transport and development projects: The challenge of embedding sustainability in evaluating project viability, Omega Centre Working Paper, April 2010.

Priemus, H., 2008. How to improve the early stages of decision—making on megaprojects, in *Decision Making on Mega-Projects*. Edward Elgar, Northampton, MA, 105-119.

Roland-Holst, D., 2006. *Infrastructure as a catalyst for regional growth, and economic convergence: Scenario analysis for Asia*, ERD Working Paper Series No. 91. Asian Development Bank, Manila, Philippines.

SCRGSP (Steering Committee for the Review of Government Service Provision), 2008. *Report on Government Services* 2008. Productivity Commission, Canberra, Australian Capital Territory, Australia.

World Bank, 1994. World Development Report 1994. *Infrastructure for Development*, Oxford University Press, Oxford, p. 91, 100.

第4章 PPP（公私合营）模式：交易分析与城市高速公路案例

Frederik Pretorius、Sophie Sturup 和 Andrew McDougall

引言

在过去20年中，澳大利亚城市基础设施的交付和融资方式发生了根本性的变化。此外，澳大利亚还试图更好地利用现有的城市基础设施存量以追求更大的灵活性和更高的效率，正如第3章所述，私营部门在实现这一目标的过程中所发挥的作用是巨大的。澳大利亚在管理现有基础设施和投资建设新基础设施的交付和融资方面的举措与其他国家相似，通过建立治理机制而使各级政府都能有效借助私营部门的资本，并从中获益。这些发展为私营部门广泛参与基础设施投融资开辟了道路，这些基础设施包括电力和电信网络、天然气和供水管道与网络、铁路公路码头与网络、机场和港口等。然而，在澳大利亚，很少有部门像大都市高速公路部门那样大胆地试验，使私营部门参与到公共基础设施的交付、融资和管理中。事实上，在城市高速公路的交付、融资和管理过程中已经出现了具有开创性的公私合营（PPP）模式，这种模式在墨尔本和悉尼尤为突出。

事实上，大部分城市高速公路行业的创新都源于私营部门的参与，这种参与是通过提高私人资本进入澳大利亚的资本市场的能力而实现的，是随着20世纪80年代放松管制以及90年代中期养老金改革而产生的对投资组合资产的广泛需求而实现的。澳大利亚高度发达的银行部门和资本市场的参与，使得在城市高速公路的PPP模式中，私人融资成为可能。这种参与是必要的，因为要使投资严重不足的高速公路系统达到社会所需的水平，所需要的投资规模是空前的。但这需要通过一项更大的创新来实现，即体制结构创新，使私营部门能够通过"建设-拥有-运营-移交"（BOOT）机制，参与到极其复杂的城市高速公路的设计、交付和建设后运营管理中。自20世纪90年代初以来，对使用BOOT结构的大都市高速公路开发的分析显示，澳大利亚的案例在某种程度上是一种国际标准。它提供了世界上最好的部门之一，以识别和分类PPP模式和BOOT结构经济逻辑背后的问题的性质和复杂性。

本章的总体目标是提出一个框架，用来查明和澄清在考虑私营部门提供和资助公共基础设施或提供服务时出现的问题。这种分析框架将反映私有化交易中所体现的权利和义务的性质、相关性与独立性。它将具有足够的灵活性，可用于比较不同形式的私有化交易，并审查拟议的交易。为了使这一章具有实用性，我们在这里为特定应用开发了一个结构，即BOOT结构。BOOT是PPP交易的一种特别复杂的形式，已经成为新的城市收费道路设施建设的交付、融资和管理的标准。

按照经济逻辑，PPP的成功实施取决于公共部门和私营部门参与者之间的权利、风险的明确划分和分配，以及公共部门和私营部门参与者之间的激励冲突的明确划分和分配。这一特别发现有助于构建我们的章节结构，首先，我们建议可以将已经演变的各种私有化安排视为一个连续体，以便确定我们选择用于分析的BOOT案例位于连续体上的位置。然后，借鉴制度经济学和交易经济学概念提出我们的框架，旨在帮助分析权利的划分和分配，并识别PPP模式中的激励冲突。然后，我们使用该框架分析墨尔本城市连线项目，这是继BOOT模型之后的第一代现代高速公路的PPP模式。我们确定并讨论在城市连线项目中建立的管理激励冲突和调整利益的特定机制。最后，我们放松了一些比较严格的交易成本和体制方法，并提供了更多的主观观察，以确保 PPP 模式和墨尔本城市连线项目的总体成功。总体而言，尽管关于 PPP 模式公私合营是否代表"真正的伙伴关系"存在争议（Wettenhall，2007），但我们从 PPP 协议的产权视角得出结论认为，如果没有合理的权利、强有力的体制和各方的可信承诺，PPP 交易必然会失败。

4.1　私营部门与公共部门的持续参与

澳大利亚联邦政府和州政府正在开展一系列私有化活动，为基础设施的供给和管理提供公私合营模式。由于私有化或私营部门参与的多样性以及私有化活动在单一项目交易中的多样性，很难对所有案例进行明确定义或分类。但是，有一个共同因素确实可以让我们能够将多样性融合在一起。在所有方面，私有化交易都涉及公共部门和私营部门代理人之间对提供服务的权利和义务的划分。与这一划分相关的机制就是权利和义务分配以及与权利义务分配相关的固有风险的回报，还有交易期间管理各方行为的机制。在这方面，私有化可以被看作是一系列的交易形式，从公共部门通过传统公共部门承包（外包），服务管理合同，租赁合同，"建设-拥有-运营-移交"（BOOT）、"建设-运营-移交"（BOT）和"建设-拥有-运营"（BOO）方案，特许权或特许经营合同，合资企业（混合资本伙伴关系）到全面私有化（如图 4-1 所示）。预计这些形式中的每一种都会因特定于该交易形式的权利分配而产生冲突，并用特定的交易治理机制来管理这些激励冲突。

传统公共部门供给	传统公共承包	服务管理合同	租赁合同	建设-运营-移交（BOT）	特许权或特许经营合同	合资企业	全面私有化

图 4-1　一个公私合营伙伴关系的连续体

本章更详细地考虑了在此范围内的 PPP 交易，即一个城市高速公路的 BOOT

模式。根据所使用的定义，在广义上，BOOT模式是指私营部门从公共部门购买一些道路基础设施（尚未建设完毕的），以换取可向用户收费而产生的收入。私营部门通常为公路的建设提供资金，并且在一段足够长的时间内运营该设施，以获得交易收入。这一交易中的任何活动都可能成为私营部门参与单独交易的主体，或者所有活动都可能在一项交易中被涉及（如下面所述的墨尔本城市连线）。就目前而言，PPP模式中的BOOT模式的灵活定义可以简单地表述为：

公私合营是公共和私营部门实体之间关于公共基础设施的提供、运营和融资的协议。

(Chan et al., 2009, p.Xiii)

这个定义实际上可以扩展来解释这些概念。由私营部门进行项目的供给和融资，在一段特定的特许期内，所有权和经营权归属于私营部门，以换取一定的运营回报。在这一特许期结束后，基础设施的所有权和运营权将全部返还公共部门。因此，政府为私营部门对基础设施资产的投资提供了便利，将产权转让给设施本身，并将出售经营设施产生的服务所得收入的合同权利转让给私营部门。在一定的监管、运营和定价条件下，通常给予一定的运营时间保证，这让私营部门运营该基础设施的可行性得到保证。

典型的PPP交易与经济学教科书中"市场交易"之间的一个重要区别是：它们通常用于采购和运营复杂、非标准、资本密集型的基础设施实体，而不是标准化的大规模生产的产品。公众关注的焦点是基础设施，因为它资本密集和公共物品的性质，以及预计会有公共资源投入到这一设施的建设中。同样引起公众关注的是交易所采用的流程，因为复杂性是交易低效率和高成本的潜在原因，因此这些交易的执行情况受到严格审查。理想情况是，审查应至少包括三个方面：针对总体公众部门的绩效；相对于基础设施本身的功能目标的绩效；以及为设施交付、运营和融资而采用的程序和体制机制的绩效。在澳大利亚，Fitzgerald Review对若干维多利亚州的PPP项目（2004）制图对照总体公共目标和功能目标来评估项目业绩。

这类评估对本章来说不是重点。另外，严格来说私营部门参与PPP的绩效是指私有资本投资于PPP项目，依据其发展和运营条款而赚取的实际回报。我们也不涉及PPP项目中私人利益的表现。相反，本章重点关注一个合适的框架，以评估为交付、运营和融资PPP项目而采用的过程绩效和体制机制的绩效。

4.2　基础设施中PPP模式总体框架的分析

4.2.1　PPP的概念

现行的PPP协议管理着许多私营部门在基础设施方面的活动，这些都反映了公共和私营部门试图在高度复杂的情况下，进行高效率交易以提供公共基础设施。在这方面，一项"有效交易"可创造一项协议，实现已完成的设施的功能目标（社会、环境、经济），同时降低交易过程中相关成本。这样的过程包括寻找和筛选交易对手、完成谈判（合同协议）和执行交易（管理设施的交付和一段时间内的持续义务）。

这个过程的三个阶段是连续的，如图4-2中的三个大块箭头所示。这一程序对于通过预合同投标来促进BOOT交易中的竞争是至关重要的。它还通过一种被称为"本质转变"的现象带来潜在的失败的种子，这将在下文中解释。典型的BOOT交易流程顺序的特性所产生的风险和问题的管理，对于实现这种交易的效率是至关重要的。我们认为，PPP协议的交易完整性是成功交付、运营和移交所提供设施的关键，也提供了可被视为高效交易的依据。就我们而言，交易完整性意味着PPP协议的整体结构显著地促进了激励冲突的管理以及各方之间的利益协调。当然，这是一个不精确的衡量，我们认识到实施它可能需要主观性。那么在构建典型的PPP协议时，哪些因素可能会被视为提高效率的关键？我们认为至少有三个要素对于所有PPP交易的结构化都是至关重要的。它们是：

图4-2　典型的复杂的非标准的交易过程（Pretorius et al.，2008）

（1）由构成交易标的的资产所产生的资产和服务的权利性质；

（2）交易过程中公共部门和私营部门之间的剩余收益和剩余权利的划分所产生的激励冲突的性质；

（3）为在交易期限内管理交易而作出的安排，我们可以称之为"交易治理"。

交易的完整性可以被看作是PPP管理这些要素的成功之处——PPP只能在交易期限完成后才能得到完全评估，但我们无论如何都会使用该框架探索墨尔本城市连线项目的BOOT模式。为了便于对三个关键要素进行简要的描述，我们在图4-3中概括地列出了影响每个要素的概念。图4-3的上半部分展示了图4-2所示的交易流程前两个阶段的细节，而下半部分则展示了对交易操作部分的治理（即正在运行的项目）。本节仅涉及图表的上半部分，而下半部分将在交易治理和后面的"墨尔本城市连线建设-拥有-运营－移交项目"下讨论。重框和方括号框（交易箱）代表BOOT协议本身的内容——已经商定的内容。这包括设施的建造、设施的拥有和商定期限内的运营与管理，在运营期内管理各方行为的机制，以及在完成运营期后有关设施转让的所有条件和规定。交易箱涵盖了"特许协议"中通常可能包含的内容。交易箱外的概念可以看作交易环境，即任何影响PPP交易的社会、经济和行为因素。

4.2.2 PPP中的产权性质及其分配

为进一步阐述图4-3顶部框架的概念，我们首先考虑拥有和已建成设施（"拥有、运营"栏）的所有权的分配。与基础设施资产相关的权利的性质和分配是PPP交易结构的基础。即使是最复杂的PPP协议，两套权利也是理解的重点，它们是设施本身的所有权以及资产产生的服务的管理使用权。

• 首先，基础设施的所有权可以被视为位于两个极端之间（私营部门或公共部门或公私组合）。从一般的公司和公共财政的角度来看，这反映了所有权，即剩余价值权利，例如股权投资所代表的剩余价值权利。因此，设施的剩余价值权利在运营和转移时都是至关重要的。

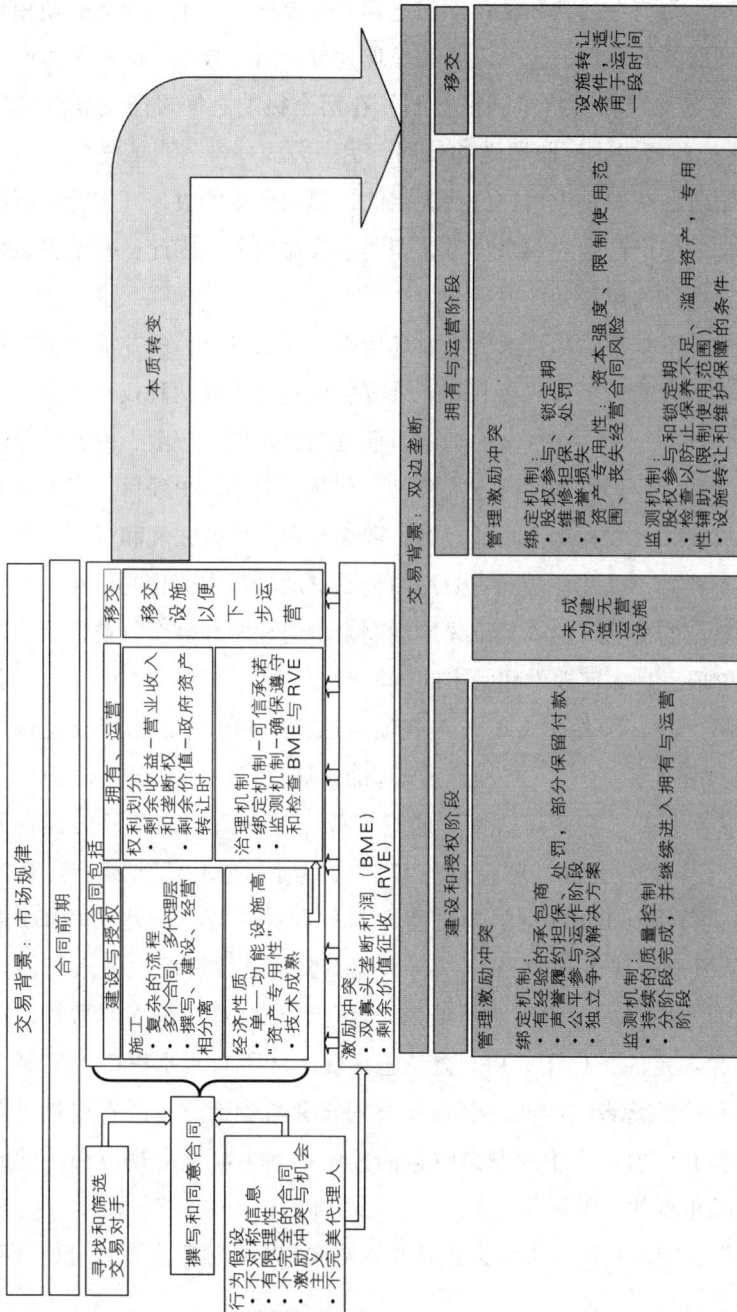

图 4-3　PPP 交易框架

●其次，如何在公共和私营部门之间分配设施所产生的服务的使用权，以及如何管理服务的定价，也可以将其呈现为位于两个极端之间：一方面，准入只能通过市场力量和价格机制来控制，在两个极端之间可能受到限制准入和（或）价格控制或成本回收原则的管制。另一方面，准入可能是免费的。如果基础设施服务的获取是由用户付费决定的，那么产生的收入（扣除运营和再投资费用）构成资产产生的剩余收益，即剩余收益权利。因此，剩余收益权利的划分在转让之前的运营期内很重要。

在一个并不复杂的私营部门商业环境中，一家没有债务并拥有资本资产的公司控制着所有的剩余价值权利和剩余收益权利。当这两种权利都由一个单一实体控制时，几乎不存在复杂的情况，而且很大程度上局限于内部冲突，比如在股东分红和企业再投资问题上的分歧。但是，对于PPP项目，多方要么控制剩余价值权利和（或）剩余收益权利，要么在剩余价值权利和（或）剩余收益权利中拥有利益，以及在合同有效期内控制这两种权利变化的份额。这创建了一个非常复杂的交易环境。基础设施的剩余价值权利和剩余收益权利的分配直接影响PPP项目是如何提供和融资的。

在分析之后，像墨尔本城市连线项目这样的PPP协议的产权逻辑可解释如下：权利所有者拥有、建设和管理基础设施资产（例如公共部门公路管理局），可授予未来运营商建造资产的专有权，并在商定的期限内拥有和控制该资产权。从技术上讲，剩余价值权利（即所有权）仍然属于公路管理当局，即使运营商在BOOT期限内拥有所有权和控制权（因此在BOOT中"拥有"）。从概念上讲，运营商的权利永远不会超过政府的代理人，因为资产必须在合同"拥有或运营"期限结束时返还，尽管这个期限非常长。在约定的期限内和规定的条件下，PPP交易还将资产从所有者那里产生的剩余收益的权利分配给经营者。因此，剩余收益的权利与剩余资产所有权是可以分离的，对任何PPP项目产生的剩余收益的控制和剩余收益的规模和持续时间的控制是至关重要的，原因有二：

●首先，随着时间的推移，这种收入流向PPP项目带来资本价值（剩余权利的资本价值）；

●其次，它为PPP项目提供了债务能力，用银行业术语来说，它变成了一个"可贷款的"项目。

这两个因素都是特许权协议的直接功能，该协议控制资产所产生的服务及其定价的所有权和使用权。项目实体的资本价值和债务能力（银行部门或债务市场认为可以实际借款的程度），将受到特许权协议控制的变量的影响，包括项目预期产生服务和收入的时间长短、服务价格的监管、债务合约的结构、利率等。如果PPP项目的资本价值低于建设和运营的成本（负净现值项目），考虑到资本成本，该提案当然不太可能吸引私营部门的兴趣。

4.2.3　激励冲突与PPP

我们现在考虑PPP协议的第二个关键要素，即剩余收益权利和剩余价值权利的划分所产生的激励冲突的性质。可以观察到，上述PPP交易与长期经营租赁具有很强的相似性，其中一些特征与通常在收入分成的零售租赁（"营业额"租赁）中发现的特征相当。当BOOT内部的权利划分被认为与长期经营租约类似时，我们可以看到，城市高速公路所有权与拥有和经营权利的明确分离，会在委托代理框架内产生公路管理局与运营商的激励冲突。高速公路分配给运营商，但在PPP项目完成后，剩余价值权利归还公路管理部门，而运营商有权在特许经营期限内获得剩余收益。在这个框架中，运营人作为公路管理部门的代理人发挥作用，因为经营者有义务照顾和维护道路，并在特许期结束时转让商定的修复状态的公路。这种安排的代理性质所产生的激励冲突是PPP交易的经济和金融性质的根本，确定了交易对手之间的两种激励冲突，即双寡头垄断利润和剩余价值征收（Pretorius et al.，2003）。

在考虑激励冲突的性质之前，我们必须确定在复杂交易中会导致激励冲突的一般行为假设。分析PPP交易中的激励冲突和代理问题（以及PPP交易中的其他支持契约）时，首先要关注的是交易对手在交易过程中的预期行为。首先是在投标阶段（"寻找和筛选"）所作的陈述，接着是以书面形式商定的交易，然后是在交易期限内执行协议。经济假设显然没有情绪，在这方面，我们遵循与交易成本经济学相关的标准行为假设的惯例，在图4-3顶部的"行为假设"概念框中总结了这一点。因果箭头表示行为假设会影响激励冲突和治理机制。第一个行为假设是关于信息的，简单地说就是关于资产和交易本身的不完整或不完善信息（另见下文的有限理性）。有关交易对手的信息将不会均匀或公平地分配（不对称信息）。这是因为在交易中泄露所有相关信息可能并不总是符合当事方的最佳利益，尤其是在BOOT的投标阶段。进一步的行为假设是有限理性（人们不知道所有事情，并且不能总是做正确的事情）、不完全的合同（鉴于上面提到的信息问题，不可能起草一份完全的合同），以及机会主义（尽管有契约精神，如果技术上可能的话，交易对手会抓住机会从漏洞中受益——这在不对称信息假设中很重要，因为之前的行为和声誉是重要的信息）。

至少有一个重要的附加观察涉及合同双方是利己主义者的假设，其中包括与BOOT一样的代理关系。当以自己的名义行事时，我们假定合同各方在完成交易时以自己的最佳利益为目标行事，因此其任期内执行交易时出现的紧张关系只存在于委托人的激励和动机之间。然而，当一方作为另一方的代理人行事时，事情就变得复杂得多，引入了更多的激励冲突。如果委托人和代理人都是利己主义者，通常会认为代理人并不总是为委托人的最佳利益行事，而是会倾向于自己的利益（这里的假设是不完美代理人）。在典型的BOOT中，特许公司是政府的代理人，它是设施设计者和建造者，也是特许条件下设施的经营者。随着交易层数的增加，与交易相关的激励冲突的复杂性和规模也会增加。期望此类交易价格低廉或没有问题显然是不合理的。

现在可以回到图4-3中的"激励冲突"概念框中，考虑剩余价值征收和双寡头垄断利润这两个术语，并解释它们在PPP的结构和治理中的核心作用。在典型的收费公路BOOT中，运营商在成功完成所有设施的建设后接管所有设施，这些设施代表其最初的资本投资（运营商也可能是建设者）。作为交换，它获得了特许经营期间赚取通行费收入产生的全部剩余收益（收入超过费用和再投资的部分）的权利。公路当局也可能分享超出约定水平的剩余收益，但无论如何都会获得运营良好道路的公共利益（也可以用财务术语表示）。政府获得这一利益的代价是暂时给出公路剩余收益的权利，同时保留剩余价值权利（最终所有权），从而保留在 PPP 交易期限到期时的道路的剩余价值。在此期间决定道路管理方式的一方——运营方，在 PPP 交易期限内拥有道路的控制权，但不是剩余价值索赔人。作为代理人，只有在它的决定对道路剩余价值变化的影响能够被检测到的情况下，它对其控制期间的行动才负有直接责任。如果运营商能够在 PPP 交易期限内将道路的运营和维护成本降至最低，则可最大化其在租赁期内拥有的部分权利的剩余收益。因此，运营商有动力在 PPP 交易期限内节省运营和维护成本，理想情况下才能达到该期限内剩余收益最大化的目标。因为道路产生的服务质量可能会随着维护不足而降低，并且也可能被发现，这样的行为减少了在期限结束时要移交的设施的潜在服务流量。对资产剩余价值产生不利影响但未被发现（例如维护不足）的经营公司的行为被描述为导致剩余价值征收的行为。

我们必须概述的下一个主要激励冲突是双寡头垄断利润，这场冲突是由一个名为双边依赖关系的概念引起的。在任何达成持续义务协议的交易中这都是可能的。例如，BOOT 中的道路运营者必须在规定期限内将道路维护到指定的标准。运营商可能是在严格和竞争环境下获得委任的，但这并不一定意味着在竞标和结束投标交易期间，可能实现的竞争或优惠定价的好处将执行到交易的运营阶段。在交易完成后，发生了"本质转变"，即竞争的规则和利益不再存在——交易对手已进入了交易阶段，其特征是双边依赖或双边垄断，他们签订了专门相互交易的合同（Williamson，1985）。它反映了存在持续义务的双方之间的封闭的、排他性的后合同条件。道路运营商可能已经签订了维持用户进入道路的约定水平的合同，但它不一定会根据交易持续阶段的管理规则来遵守承诺。考虑到上述行为假设，一段时间内的排他性交易会引致机会主义和自利行为。此外，道路管理当局对运营商未来行为的期望很大程度上依赖于现有的信息，这些信息包括政府以前与经营商交往的经验、经营商的一般声誉等。

所有这些类型的信息都为隐藏信息，为错误表述和机会主义提供了机会。对于需要双方履行持续义务的交易，存在任何一方都可能利用双边垄断条件的风险。在 PPP 交易中还需要设计和建造基础设施，例如，在 BOOT 交易中与本质转变相关的问题尤其严重。复杂建设项目中遇到的问题和合同纠纷具有传奇色彩，并且一种解释（不可否认的是过于简单）可能是承包商经常机会主义地利用施工建设阶段出现的事后双边垄断条件。图 4-3 将"本质转变"置于顶部的右端，表明在交易细节达成一致后，市场规则的好处就不再存在。最多，交易对手在合同执行期的行为遵守合同前阶段显示的信息。

幸运的是，PPP 等复杂交易的各方从丰富的经验中汲取教训。有经验的交易对手充分意识到，所有的激励冲突都会带来风险，而不明身份的激励冲突则代表了在本质转变后可能无法管理的风险。在代理关系中，作为交易管理的一个组成部分，委托人将在合同执行过程中建立代理行为管理机制。为管理与交易中的激励冲突有关的风险而建立的机制可简单地分为两大类：绑定机制和监测机制（总结在图 4-3 交易框中的"治理机制"概念框中）。不同类型交易的经济性质需要适合于不同类别的交易机制，但用典型的资本货物交易（租赁、BOOT、特许经营）的相关经验，可促进许多交易机制的发展和完善。这两大类的简单性完全掩盖了这些机制可能必须解决的复杂性，或者在执行过程中可能遇到的困难，或者实际上，在交易中能否有效执行这些机制取决于资产的性质。预计这些措施的成本会很高，而且随着交易方的复杂性和数量以及资产本身复杂性的增加，它们在管理激励冲突方面的成本缺陷和潜在的效力不足也会增加。不幸的是，信任的作用在这个框架中并不突出。

我们可以通过回答以下问题来说明收费公路 BOOT 交易中绑定机制的性质：道路管理当局如何确保正在建设的道路是符合设计和商定的道路？道路管理当局如何确保运营商在道路管理方面符合其最佳利益，即不征收其剩余价值？在大多数的长期持续义务协议中，典型的做法是要求交易对手发出对交易的可信承诺，它通常以某种财务代价的形式出现，如果运营商违约或存在机会主义行为，这种代价就会带来风险。绑定交易对手可以采取各种形式，但总是旨在对不履行协议的交易对手或机会主义的交易对手造成财务上的损失。这种"绑定"可能是在建筑施工合同的成功完成之前保留的款项或任何有价值的东西，例如租赁协议中的"押金"，BOOT协议中来自第三方的履约担保，或者可能仅仅基于声誉的担保。绑定的性质是如果出现机会主义或其他一些可预防的情况，导致交易对手蒙受损失（例如不履行义务），代理人将面临着重大的财务损失风险。一种重要的绑定形式是声誉风险（我的话就是我的保证），在现代商业活动中声誉损失的代价可能是极其昂贵的，即时收益预计会以未来损失为代价。

剩余价值的潜在损失为解释监测机制提供了一个出发点。回想一下，我们曾说过，道路运营商的决定对剩余价值产生不利影响但未被发现（例如维护不足），会导致道路管理当局（最终拥有者）被征收剩余价值的行为。在PPP协议期限内道路管理当局如何最大限度地减少剩余价值的损失？监测机制旨在通过监测尽早发现征用情况，以便采取治理机制下商定的补救措施来防止此类损失。在大多数有长期持续义务的协议中，典型的做法是要求交易对手方检查设施，寻找疏忽或维护不足的证据。在这方面，PPP资产的性质和复杂性及其"经济性质"非常重要，因为它直接影响到在设施建设中实际能够实现的目标以及完成后监测设施状态的成本。尽管技术专家在现有的城市高速公路中可能较容易发现维护不足的证据，或者可能在施工合同的早期就能发现承包商的技术或能力不足，但在更复杂的交易中，发现这种表现不佳并不总是那么容易的。复杂的资本资产（例如飞机发动机）通常是租赁的，可能需要复杂的设备和测量仪器才能在其经济生命早期发现被滥用。监测是指所有旨在确保合同有效期内合规性的活动，包括检查道路维修质量、机器状态或债务合同中遵守约束条款的情况等所有活动的总称。实质上，由于对契约绩效的要求并非没有成本的，所以监控绩效也是昂贵的。图4-3中"经济性质"和"治理机制"的概念框之间的因果关系箭头表明，BOOT中设施的经济性质将影响监测机制的形式，随着复杂性的提高，预计也会影响联系的程度。

特定基础设施资产的经济性质构成PPP交易的主体，也是有其他原因的。

在大多数行业中，实物基础设施资产并不是特别复杂的设施，因此相对容易监控交易对手和设施绩效。然而，与许多资本产品（如卡车）不同的是，公共基础设施是具有高度的特定且具体用途和地点功能的固定资产，很少能够实现一种以上的经济功能。很难想象，城市高速公路的一段可以轻易变成剧院综合体或购物中心，这种特性被称为资产专用性。再加上这种单一（或有限的灵活性）的使用，基础设施通常也具有功能性的地方垄断特征，这些特性可能通过特许权协议得到创建或加强。因此，承诺用于BOOT设施的通常非常大的资本金额是不能转用于其他用途以产生收入的，它是以固定资产形式存在的。要求私营部门将大量资本投资于没有灵活性的固定资产是一种可以将交易对手行为捆绑在一起的极其强大的机制，因为资产的固定性质也决定了资本投资的沉没，也就是说，这是不可逆转的。因此，资产专用性构成了图4-3中经济性质概念框的一部分。

4.2.4 交易治理

鉴于以上所述，预计私营部门代理人和政府之间提供公共基础设施资产和（或）服务的交易是复杂且信息密集的，其中可能包含交易内的其他交易和多重代理安排。PPP交易是一项"主要交易"，规定了基础设施资产交付和运营的规则。再参考图4-2，我们简要回到第三个方块的箭头即"执行"。一旦PPP的所有方面在各方之间达成一致，"交易治理"关注的是根据商定的规则管理资产的供应（即交付）和主要交易的持续方面，这通常持续几十年。虽然在一些现有的和正在运营的PPP设施框架内，交易治理的术语可能表达最好的直观理解，考虑了诸如监控、报告、补救行动和争端解决机制等概念，但供给的实现（即设施的建设）引入了一些特别影响新基础设施项目安排的关键问题。这些问题的观察结果是：在基础设施建设完成并成功投入使用前，不存在任何运营基础设施，这意味着如果该项目的开发不成功，就没有经营实体，设施产生不了服务，也就不可能产生收入，项目不能支持传统的融资安排。图4-3中的下半部分显示了PPP交易中典型机制的排序，并将在下面的墨尔本城市连线项目"建设-拥有-运营-移交"流程后被返还。

在项目管理实践中，"项目周期"概念经常被用来对项目交付中可能出现的风险和风险管理活动进行排序，然后进行相应的计划。简而言之，项目交付呈现为五个阶段的进程：规划、设计和工程建设（也被称为"采购"）、调试、运营、退役。每个阶段都有不同的风险，因此需要采取不同的风险管理措施。前三个阶段可以粗略地归类为"开发阶段"，此阶段会危及建立功能性运营的基础设施资产，因此通常被认为是风险最高的项目阶段。基础设施项目风险因此被分离为开发风险、运营风险和退役风险，并分别进行风险的识别和管理。例如，在收费公路BOOT的情况下，通常由一家私营部门的特许公司全面负责，并且所有阶段都通过典型的连续安排来管理整个项目风险，这是通过建立完成阶段的里程碑和绩效保证来实现的。完成前一阶段是项目继续进入下一阶段并解除担保的条件，这被称为"阶段性绑定"。类似的逻辑也适用于项目融资安排中的财务风险管理，即将项目的建设资金与项目运营融资分开，并且运营融资是以成功完成开发阶段为条件的。这可以说明为什么PPP承包商必须是有信誉和有经验的一方。项目周期逻辑也影响了PPP交易的结构和治理，并对旨在确保BOOT中的"建设"阶段顺利完成的绑定机制产生特别的影响。

4.3　墨尔本城市连线（CityLink）项目：现代社会中首批采取"建设–拥有–运营–移交"的PPP模式的项目

在这一节中，我们将介绍墨尔本城市连线项目（CityLink）的精选细节，这是维多利亚州政府与 Transurban CityLink 有限公司之间的重要的第一代BOOT，是一种PPP交易。它是维多利亚州开创性的BOOT，这既是因为交易的规模（1996年估计为1.776亿澳元（Russell，2000）），也是因为合同安排的复杂性。我们将城市连线分为两部分进行讨论。首先，我们描述BOOT的重要特征，并给出构思时的经济和社会背景的一些细节，然后我们遵循上面开发的框架，考虑BOOT逻辑的印象性选择方面的问题。所提出的分析涵盖了从开始到2003年左右的时间段。在2003年之后，发生了几项制度变化，包括墨尔本城市连线法案和特许权契约（现称协议）的重组、政府端管理安排的几次反复变化以及 Transurba 公司本身的完全重组。作为应用上述交易分析框架的案例研究，我们关注的是在市场竞争预合同阶段创建的机制之间的关系，以及它们在管理双边垄断后期阶段激励冲突方面的有效性。2003 年之后的变化代表了一套新的机制和新的经营环境，因此与我们在这里的分析意图不是特别相关。项目的规模和范围以及本章的范围支持我们按照上述交易分析框架进行首次和直观的分析——对项目进行更深入和更具批评性的分析，但现有的机制是否足以管理项目在 2034 年的有效移交，这超出了我们目前的目标。

4.3.1 墨尔本城市连线"建设-拥有-运营-移交"项目

城市连线项目是一条长 22 千米的收费公路，由西环线和南环线组成。1994 年 8 月，它们正式合并，并被命名为墨尔本城市连线（Melbourne City-Link）。这两条连接 Westgate 高速公路的高速公路，原属于维多利亚州，并且不收费。西环线通过一条穿过西墨尔本的 6 车道的高架公路和一座横跨雅拉河上的连接桥，将 Tullamarine 高速公路连接到 Westgate 高速公路。施工合同还包括对 Bulla 路和 Flemington 路之间的 Tullamarine 高速公路（8 车道）进行重大升级，将这段先前存在的公路纳入收费公路。南环线连接 Westgate 高速公路和 Monash 高速公路，包括两条新的 3 车道隧道，位于雅拉河下方（分别长 3.4 千米和 1.6 千米），并将升级现有的东南主干道（Monash 高速公路）至 5 车道和 6 车道，连接市区和 Monash 高速公路的城市末端，就在 Glenferrie 公路以东（VicRoads，2008），城市连线项目地图如图 4-4 所示。

城市连线项目是一条全电子收费公路——没有收费广场。道路无缝连接，也就是说，路面没有明显的变化。收费区段的起点在最后一个免费出口并标有标志，车辆需要有电子标签或日间通行证才能继续行驶。驾驶员提供电话号码，可以获得一天的通行证，而不会受到处罚。这条道路的收费路段总共有 16 个出入口。

城市连线是根据授予 Transfield/Obayashi 联合体的特许权契约建造的，该联合体负责设计、建造、融资、运营、征收通行费用和主要使用费，有效期

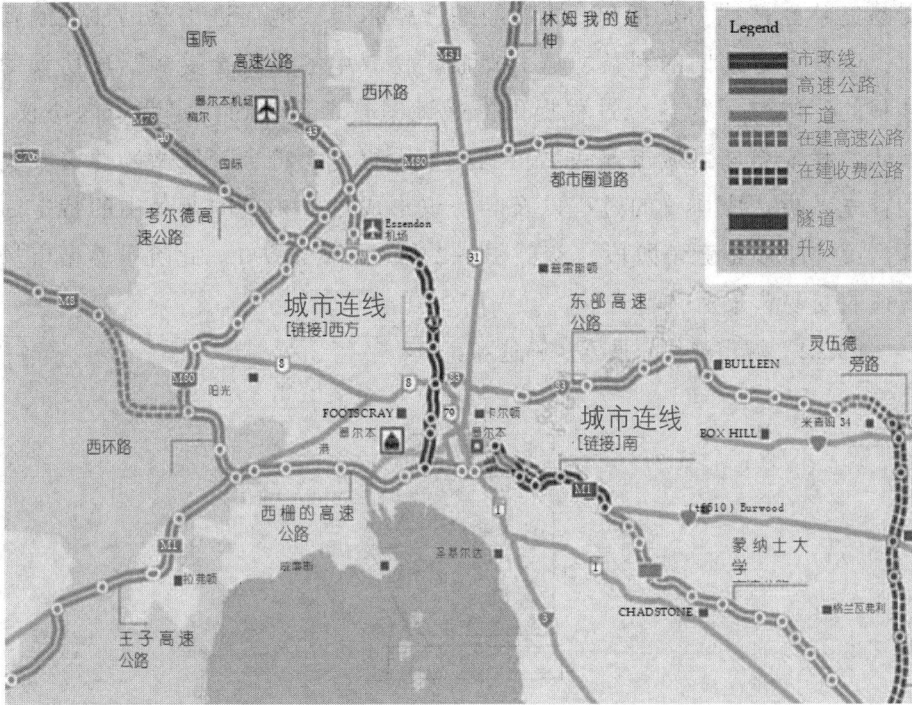

图 4-4　城市连线项目的地图

source：Reproduced with permission fromTransurban（2008）.

34年，至2034年6月14日。到期后，该公路将被移交给维多利亚州政府（澳大利亚基础设施伙伴关系，2006）。

4.3.2　城市连线：选定的交易机制

本节将使用上文概述并在图4-2和4-3中总结的概念，对城市连线项目的交付和运营进行分析，这些指标在很大程度上与影响BOOT交易细节的因素有关——将交付什么（设施、性质）；哪些因素影响了交易治理（激励冲突的识别和管理、基础设施转让）；如何交付（分阶段：建设、运营、移交）。在这一节中，我们将介绍城市连线项目中BOOT的交易结构和部署的激励冲突管理机制的选定细节，并对其有效性进行主观评价（在有限理性的情况下，得益于"后见之明"）。回想一下，在前文中，交易完整性被认为是指 PPP 协议的综合结构极大地促进了激励冲突的管理，以及各方之间的利益协调。然而，协议中的措施会受到达成协议的过程的影响，因为这个过程提供的是试图管理现实的特定背景的协议。因此，我们将探索城市连线的机制在多大程度上符合管理激励冲突。我们首先考虑达成协议的过程以及与协议形成方式相关的背景中的特定因素。第一阶段是竞争阶段，参照图 4-2 中的方框箭头 1。此阶段遵循市场规律的交易背景。

4.3.2.1　城市连线：搜索、筛选和竞争

1991 年 5 月确定私营部门对基础设施供应的兴趣后，1992 年 5 月，工党政府呼吁私营部门表示对环线项目的兴趣，共收到了 5 份投标书。考虑到在招标过程中开发和保持参与的成本，政府于 1992 年 9 月将两个财团列入竞标该项目的名单，分别是 CHART Roads 和 Transfield/Obayashi。在最后阶段，两家入选企业被认为足以维持有效的竞争，使政府在投标和谈判中取得一定的经济性。由于要在 1992 年 10 月举行选举，该项目随后被搁置。

在 1992 年 10 月获胜的政府中，由 Jef Kennett 总理领导的自由党宣布对环线项目进行审查。审查的重点是关于项目实际层面的提案，特别是提案的经济和财务方面，包括成本估算。这次审查于 1993 年 4 月完成。VicRoads（负责墨尔本道路发展的政府部门）奉命升级环境影响研究，并制定投标文件。在 VicRoads 内专门建立了一个专家项目团队来承担这项任务。1994 年 7 月，总理公

开宣布兴建南部、西部环线，1995年动工，2000年竣工。1994年8月，环境
影响报告书（公共咨询的关键机制）被公开展示。上面提到的项目团队组成了
墨尔本城市连线管理局的核心，该管理局在1994年12月根据一项议会通过的
法案正式成立，在功能和物理上与VicRoads分离，其唯一目的是实现城市连
线项目。通过这些行动，政府进入了谈判阶段，明确承诺以某种方式建设
项目。

政府在招标的最后阶段尊重了其前任的入围名单，1994年5月两个入围的
财团被邀请提交最终投标书。继宣布西环线和南环线将被视为城市连线项目
后，1994年9月政府向两个财团发布了一份新的项目概要，并于1995年1月31
日收到了两个财团的意见书。1995年5月29日，Transurban被选为首选投标
人，并开始了合同谈判。Transurban因此成为政府交付整个项目的主要代理
人。然而，为了确保竞争性，并降低与Transurban谈判失败的风险，在延长合
同谈判阶段保留了CHART Roads作为可能的次要投标人。作为对这一"支持"
角色的补偿，政府购买了CHART Roads投标中的知识产权，用于改善项目。
1995年7月，Transurban公司与州政府签署了谅解备忘录，从而确定了其作为
优先投标人的地位，经过谈判的一些停顿后，特许权契约于1995年10月20日
签署，并随后于1995年12月根据墨尔本城市连线法案在法律上通过。该合同
于1996年3月4日达成财务协议。1996年3月Transurban在澳大利亚证券交易
所上市，并于同月开始破土动工。这完成了图4-2中箭头2所示的交易流程。

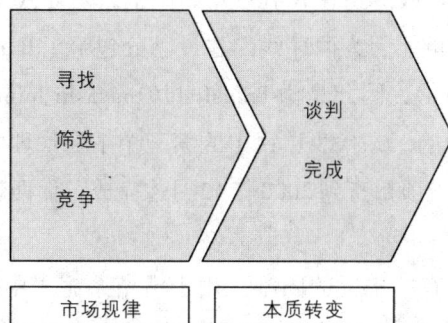

4.3.2.2 城市连线：协商和竞争

为了进一步进行对项目进展的思考，我们现在转向从建设到运营的项目执行上，如图4-2的方框3所示。

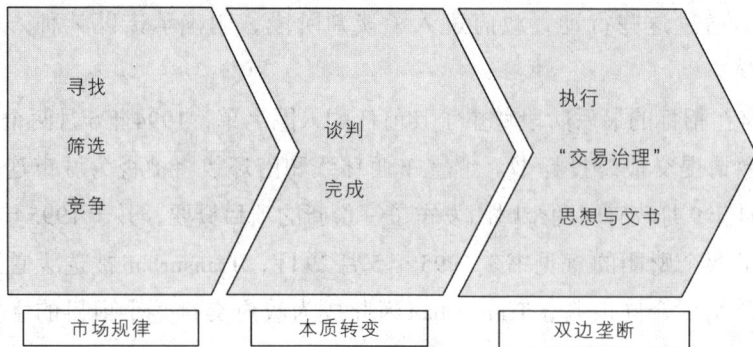

4.3.2.3 城市连线：执行

城市连线项目包括建设设施、运营和移交。虽然大型城市项目的技术复杂性各不相同，但这些项目执行起来却是众所周知的复杂。这在一定程度上是由于合同法律框架的复杂性，其通过使用分层分包合同来分担风险。这往往也是由于在已经运营的城市环境的约束下施工管理的困难，以及在影响较大的项目上尽量缩短施工时间的复杂性所引起的。如果包括地下工程，这通常是技术问题的原因。所有这些情况都出现在城市连线项目中。

1996年5月，南环线隧道在Burnle开始施工，西环线于1996年6月在西墨尔本高架桥上开工。可能因为西环线的建设已分包给了Baulderstone Hornibrook（以下简称Baulderstone），因此是由Transfield/Obayashi Joint Venture（以下简称TOJV）合资企业代理的（并代表项目中的第三个主要代理安排）。TOJV直接承建了南环线，整个建设项目直到2000年12月才完成，而西环线已提前完工，并于1999年8月通车。

施工过程并非没有技术上的困难。由于滞留系泥岩中的水压远高于预期，隧道遭遇了很大的困难。隧道被设想为膜密封椭圆形（底部平坦，可容纳三条车道），然而，在它们就位后，水压被允许返回到围岩，隧道的底板向下弯曲，需要使用15 000个销钉来压住它。然而，这一点刺穿了膜，导致隧道内的水的管理问题比预期严重得多，并且需要对隧道的管理计划进行相当大的调整。2001年2月19日，由于侧壁与隧道底部连接处的缺陷形成的水压，导致一段墙发生了相当严重的井喷，水在充分流动的情况下，流入了隧道，这需要关闭隧道并进行进一步的修复工作。这一事件促使墨尔本城市连线管理局（Melbourne CityLink Authority）对与Transurban关于安全和交通管理方面的立法和合同安排进行了审查。另一个施工问题发生在雅拉河上的大桥（Bolte大桥）的施工过程中，当对悬臂大桥的张力线施加荷载时，一大段混凝土掉进了河中。这两个技术难题（以及通过TOVJ分包给Baulderstone的西墨尔本高架桥）都属于TOVJ的责任范围，并且是他们要解决的问题。在这两种情况下，Transurban都提供了额外的权益，以确保项目保持在正轨上。尽管政府不用承担这些问题的财务责任，但对该项目的安全性，特别是关于隧道安全问题难辞其咎。备受瞩目的公共基础设施的安全事件仍然是公众的关注点。

与施工同时进行的是，Transurban通过其分包商开始了其运营业务计划的工作。当时，墨尔本没有收费的公路。维多利亚时代的道路使用者使用收费公路的唯一经验来自Westgate大桥，这座桥从1978年通车并开始收费，直到1985年放弃收费，因为人们认为司机为了避免收费而选择了其他路线。因此，要制订一项鼓励司机使用收费道路的商业计划，还有相当多的工作要做。此外，城市连线的收费将完全电子化，使用车载电子应答器来计算通行费，并自动从账户中扣除相应金额。这可能是城市连线项目中最具挑战性的技术部分，因为该技术未经验证，必须从零开始进行虚拟设计。它还必须具有非常高的可靠性和准确性，因为它除了是收取通行费的唯一途径外，还必须与逃避通行费的执法系统一起来实施管理，并与澳大利亚银行系统集成的直接借记系统进行联网。

根据运营和维护协议，Translink将城市连线项目的运营阶段和商业计划的设计分包给了Translink Operations，而综合交通管理和收费系统的供应和建设则根据设计和施工合同分包给了TOVJ，并进一步转包给了Translink Systems。

墨尔本城市连线信息中心于 1997 年 3 月开通。提供收费系统的合同于 1997 年 4 月 1 日租给了 Saab Combitech，后者被聘为 Translink 的分包商，因此是第四级分包合同。1997 年 11 月，NEC 澳大利亚公司获得了一份建造电子应答器的合同。1999 年 2 月 8 日，收费账户终于开通，第一个电子标签于 1999 年 3 月 29 日交付。

1999 年 5 月 17 日，Transurban 公司宣布，它已经取消了与 Translink Operations 公司的客户服务和运营分包合同，并将完全控制项目这一部分的交付。由于实施收费制度的问题未解决，西环线于 1999 年 8 月 15 日在不收费的情况下开放通车，这对 Transurban 公司造成了相当大的收入损失。1999 年 10 月，随着 Bracks 工党政府的选举成功，州政府发生了变化。Bracks 政府引入立法，保护城市连线用户不受收费错误和私人信息滥用的影响。不久之后，2000 年 1 月 3 日，西环线开始收费；然而，南环线的收费却被推迟了，部分收费从 2000 年 4 月开始，全面收费直到 2001 年 1 月才开始。

自建设阶段完成以来，城市和州政府之间的关系发生了一些变化。除了 Bracks 政府最初对隧道安全的担忧（这一直是媒体持续关注的问题）之外，他们的关系有所缓解。法院正在就一些问题进行讨论，最重要的是 Wurundjeri Way 的发展是否复制了城市连线项目的部分问题，因此在重大不利影响（MAE）条款下产生了赔偿。还有一项协议要支付特许费，作为回报，延长了 Westgate 高速公路在城市的末端和 Monash 高速公路通向 Toorak 的道路。此外，2001 年 9 月 19 日，州政府同意解除合同中对"单一目的实体"的限制。因此，城市连线成为了 Transurban 公司内的一个圈围实体，这使得它可以在法律上继续作为一个单一目的实体来履行其项目义务。此后，TransUrban 公司在新南威尔士州和海外投资了大量收费公路。

随着对项目时间表的更完整的理解，我们把注意力转向理论框架图 4-3 中的元素。我们开始考虑签订合同前的阶段，包括寻找和筛选交易对手，以及撰写和同意合同的过程。我们将首先考虑城市连线项目中理论框架的行为假设和激励冲突是如何发挥出来的。

4.3.3　城市连线：行为假设

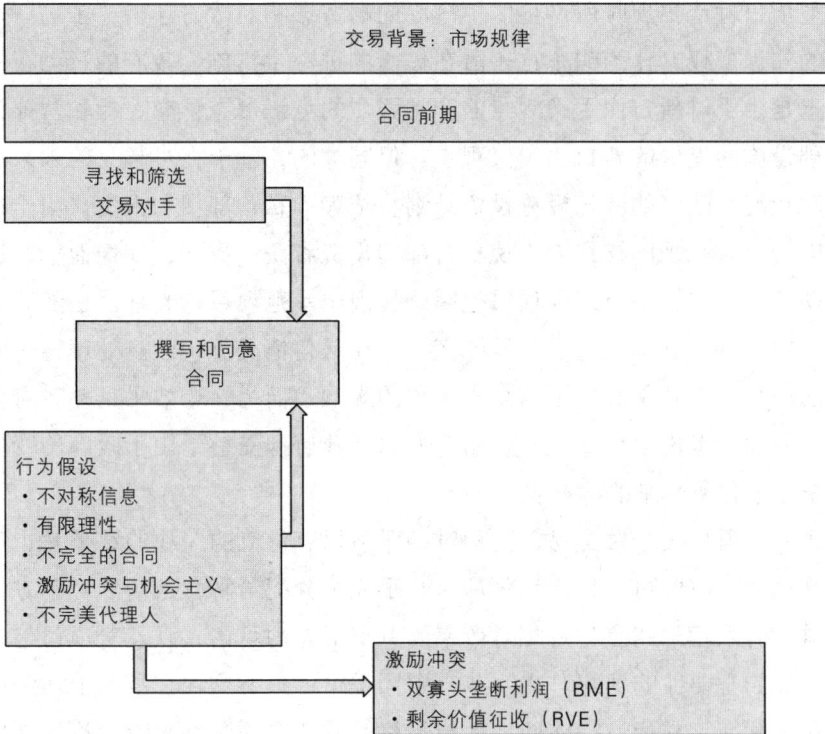

```
┌──────────────────────────────────────────────────────┐
│                交易背景：市场规律                        │
└──────────────────────────────────────────────────────┘
┌──────────────────────────────────────────────────────┐
│                    合同前期                             │
└──────────────────────────────────────────────────────┘
┌──────────────────┐
│   寻找和筛选        │
│   交易对手         │
└──────────────────┘
        ┌──────────────────┐
        │   撰写和同意        │
        │   合同            │
        └──────────────────┘
┌──────────────────┐
│ 行为假设           │
│ ·不对称信息        │
│ ·有限理性          │
│ ·不完全的合同       │
│ ·激励冲突与机会主义  │
│ ·不完美代理人       │
└──────────────────┘
                ┌──────────────────────────────────┐
                │ 激励冲突                           │
                │ ·双寡头垄断利润（BME）              │
                │ ·剩余价值征收（RVE）                │
                └──────────────────────────────────┘
```

4.3.3.1　行为假设

如果我们从合同中的标准行为假设（不对称信息、有限理性、不完全的合同、激励冲突与机会主义、不完美代理人）来看待上述活动，我们可以看到在城市连线项目中所做的大部分工作都具有专门解决这些预期行为的效果。开始时，私营部门承包商相比政府对大型城市公路建设项目的经验明显更丰富，并且更具有技术信息优势。Kirner政府最初确定私营部门是否有意愿为基础设施提供资金的方式，可能导致私营部门控制某些项目，并可能过度影响项目的设计和规划，因为私营部门在与大型项目的交付相关的复杂性方面具有信息优势。为了平衡这一点，Kirner政府有效地利用了新政府提供的机会来纠正这种潜在的不平衡。在下令进行审查时，他们花费了必要的时间，以确保政府充分理解该项目的潜力，即将要产生的收入流以及将这样一个大型项目付诸实现时所产生的更广泛的财务影响。政府还购买了另一个竞标者的知识产权，作为纠正这一潜在失衡的进一步措施。政府的行动在一定程度上是由于对新自由主义观点的非常强烈的意识形态依恋，即私营部门参与基础设施的提供的新自由主义观点。但同样的，基于在可预见的未来国家的财政状况，政府的基础设施投资计划将依赖于私营部门的投资。由于这两个原因，政府几乎同样致力于使私营部门投资者获得成功，就像他们对道路的成功发展一样，城市连线项目也因此呈现出示范项目的光环。在随后进行的项目中，这一立场发生了明显的变化。在任何情况下，政府处理第一阶段交易的一个效果就是减轻了信息不对称的影响，而另一个效果是使政府从私营部门的角度考虑整个项目。这两个方面，政府都受益于由于政府的变化而中断招标过程所带来的额外思考。

作为一项私人金融交易，这种对确保项目有价值的关注的结果是，在合同谈判期间，政府可以自由地将项目几乎完全分配给私营部门的对手方。这也得益于对私营部门参与者相对效率的意识形态的承诺，以及对项目与政治干预分开的必要性的理解。1994年向财团提供的投标文件在技术上详细说明了道路达标率、交通量、路面等性能规格。从政府的角度来看，投标文件实际上起到了规范承包商交付设施的作用，所有设计和施工风险包括成本和性能风险，都转移给了承包商，达到这些规范的方法完全留给了财团。这种态度在整个项目的其余部分自始至终都得到了正确的传导，风险几乎完全分配给了私营部门，但与政府立法和公路网变化相关的风险除外。这种态度有助于解决不完全合同的问题，因为政府没有试图详细列出整个项目中的每一项——它签约接受一个正常运作的设施。墨尔本城市连线管理局贯彻的政府的立场是：这不是我们的问题，因此，即使隧道坍塌，媒体施加压力干预安全事务，政府的参与也仅限于审查合同和建立安全监督机制，而不是直接参与制订问题的解决方案。政府的活动是为了证明解决方案是安全的，而不是设计或实施它。

独立机构墨尔本城市连线管理局，是一个为政府管理项目而被允许组建的经验丰富的团队，他们可以理解和管理该项目，并从多个不同角度进行谈判，此外还可以促进重要的学习。虽然在一定程度上通过使用多个承包商和评估员解决了有限理性的问题，但它也通过项目交付的层层分包减少了代理人的倍增问题，管理这样的代理层，这将仍然是 Transurban 的责任。重要的是，从 VicRoads 删除该项目，降低了政府方面的分层的复杂性，该机构的独立性可以得到更好的维护，因为它不太可能被其他利益所俘获。如果在其简介中纳入其他公路网目标，或者如果项目由 VicRoads 负责，则可能会发生这种情况。因为避免了长期机构地位的问题，墨尔本管理当局还能够确保承包商和政府作为主要缔约方的角色之间的界限划分得以维持。

4.3.3.2　激励冲突

在对项目进行审查后，Kenett 政府承诺参与该项目，即使在入围的财团获得项目简介之前，施工完成日期就被设定为政府的优先事项。这一策略是政府将政治辩论从投标过程中消除战略的一部分。尽管它缩小了政府谈判立场的范围（因为它不能再简单地宣布项目不会继续进行），但这种策略实际上帮助避免了因双边依赖而导致的本质转变和激励冲突的出现。通过对项目做出承诺，然后按照这一承诺购买替代投标人的知识产权，围绕谈判过程的竞争性得到延长，直到达成财务结算。总理曾两次利用这一保留的能力与另一当事方继续该项目，以推动陷入僵局的谈判，其中一次发生在财务结算的当晚。

交易的各种要素都是专门构建的，以进一步管理施工阶段的复杂性，划分权利和风险，并将这种管理关系一直维持到合同的拥有和运营阶段。我们现在转到图4-3中预合同阶段的这些要素。

4.3.4 城市连线：执行阶段风险的复杂性

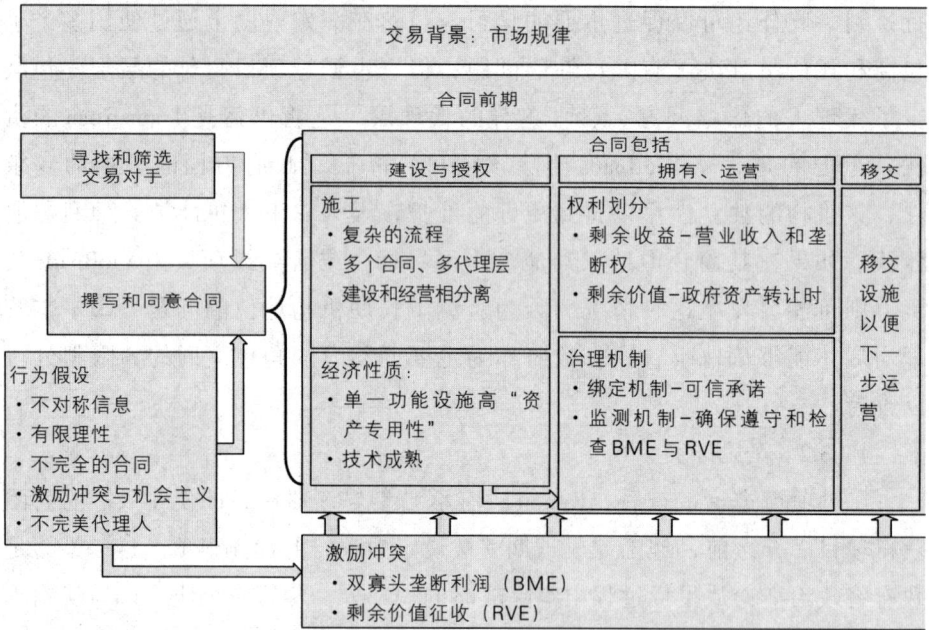

交易背景：市场规律

合同前期

寻找和筛选 交易对手	合同包括		
	建设与授权	**拥有、运营**	**移交**
撰写和同意合同	施工 • 复杂的流程 • 多个合同、多代理层 • 建设和经营相分离	权利划分 • 剩余收益－营业收入和垄断权 • 剩余价值－政府资产转让时	移交设施以便下一步运营
行为假设 • 不对称信息 • 有限理性 • 不完全的合同 • 激励冲突与机会主义 • 不完美代理人	经济性质： • 单一功能设施高"资产专用性" • 技术成熟	治理机制 • 绑定机制－可信承诺 • 监测机制－确保遵守和检查BME与RVE	

激励冲突 • 双寡头垄断利润（BME） • 剩余价值征收（RVE）

　　城市连线项目的建设是非常复杂的，无论是工程条款还是合同条款。工程复杂性本章前面提到过，因此在这里我们重点关注为执行项目而制定的制度和合同的关系。这些安排能有效地保证城市连线作为一个功能性商业实体的实施与管理，直到终止时被移交给维多利亚州政府。根据特许权契约，Transurban CityLink Unit Trust（信托公司）和 Transurban CityLink Limited（本公司）与政府签订合同，设计、建造、管理和运营该项目，为期34年。特许权契约下的这一法律结构可以图解显示，如图4-5所示。

　　这种结构旨在通过税前信托分配方式将大部分收入分配给投资者，并促进基础设施借款计划的实施（Transurban CityLink and CityLink Management，1996，p.19）。澳大利亚政府于1994年12月根据《1994年基础设施借款法》（CTH）制定了基础设施借款程序。根据契约，信托公司将负责项目升级部分

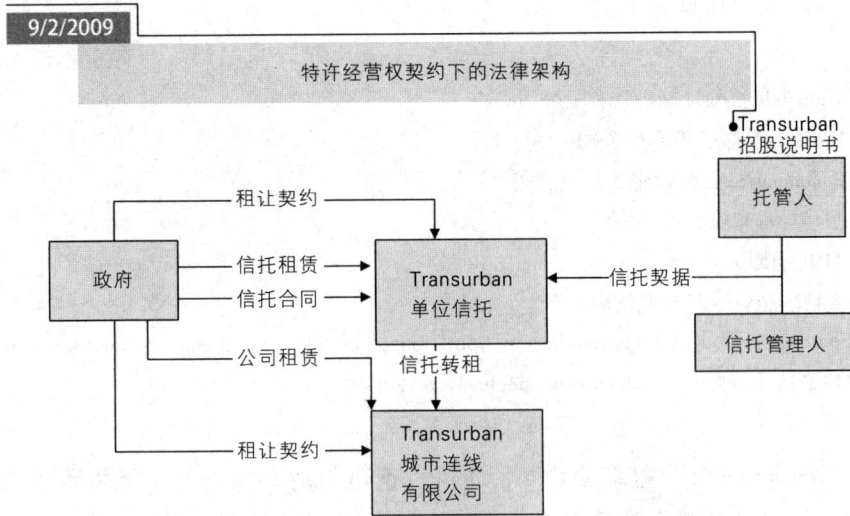

图4-5 墨尔本城市连线特许权契约的法律结构

Source：Reproduced with permission from Transurban CityLink Ltd and CityLink Management Ltd（1996，p.20）.

的设计和施工。它将租赁用于升级道路的土地，然后将其转租给承包公司，并通过项目债务融资和消费者价格指数债券融资。该公司将负责工程项目"新"部分的设计和施工，即西环线的高架道路和桥梁，以及南环线的隧道。竣工后，信托公司将把道路的其余部分转租给该公司，后者将从通行收费中赚取收入。

该公司和信托公司是以下列方式提供初始权益的实体：

初始权益	单位（百万美元）
公共问题	63.5
制度问题	206.5
直接收费	185

直接出资信息如下：

	单位（百万美元）
Transfield 基础设施投资有限公司	50
Hastings 基金管理有限公司	40
Commomwealth 管理服务有限公司	30
基建投资有限公司	30
AIDC 有限公司	20
麦格理企业融资有限公司	15

Source：Reproduced with permission from Transurban CityLink Ltd and CityLink Management Ltd（1996），'Melbourne CityLink Prospectus'，p.32.

Transurban 公司董事会由 6 名非执行董事组成，未来有可能将董事会扩大到 8 名成员。董事长是一名非执行董事，公司的日常运营由总经理负责。最初的非执行董事中只有两名与股权投资者有关，一名来自 Transfield Holdings 公司，另一名来自 Transfield Project Development 公司。该信托基金成立时是麦格理银行有限公司的全资附属公司，最初的董事会由一名独立董事长和两名执行董事组成，其中一名执行董事来自麦格理银行。信托的受托人是 Perpetual Trustee 有限公司。政府对任何董事会都没有影响力或成员资格。

虽然 Transurban 在整体交易中是政府的主要交易对手，但后来通过"设计和施工合同"和"运营和维护协议"转包了与项目建设和运营有关的大部分义务。施工和运营期间法律协议的结构如图4-6所示。

根据分包合同的条款，TOJV 同意承担设计和施工合同下城市连线项目的设计和施工。国家工程的设计和施工包括在设计和施工合同中，但它们的付款将直接由国家向 TOJV 支付。TOJV 同意协调国家工程与城市连线建设的整合。TOJV 将西环线的设计和施工分包给 Baulderstone Hornibrook Engineering 有限公司。Transfield Construction 的工作由其母公司 Transfield Holdings 提供担保，而 Baulderstone Hornibrook Engineering 有限公司的工作由其母公司 Bilfinger+Berger Bauaktiengesellschaft 提供担保。这些安排都不影响主要对手方的义务，而 TO-

JV 本身（及其代理人）的义务全部都由其母公司来提供担保。

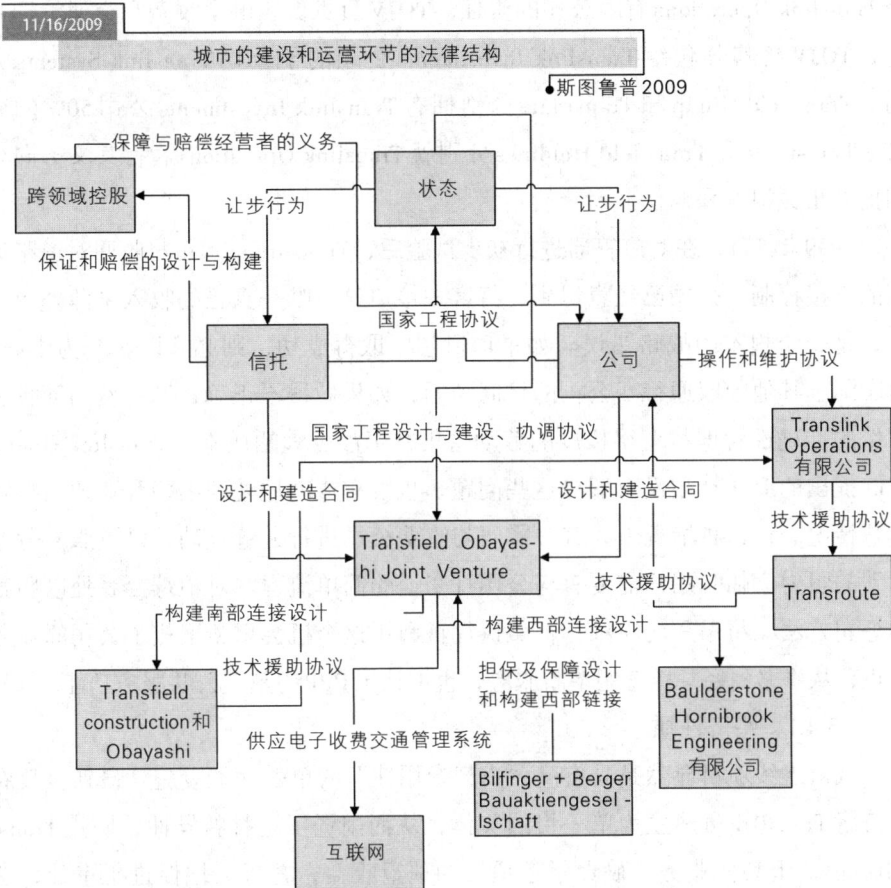

图 4-6　建设和运营的城市连线项目合同安排

Source：Reproduced with permission from Sturup（2010，p.238）.

最初，根据运营和维护协议，项目的整体运营和正在进行的小维护工作分包给了 Translink Investments 有限公司的全资子公司 Translink Operations 有限公司。根据该协议，运营商负责制定电子收费系统、交通管理系统和 Link 控制站点的功能规范，以及实施有效的市场营销计划，确保运营后的交通畅通，收取通行费等。公司保留进行重大维护的义务，例如重新铺设行车道，对结构元件进行重大维修，以及更换设施和设备（不是运营商负责部分的），其他维护是 Translink Operations 有限公司的责任。TOJV 负责供应电子收费和交通管理系统，TOJV 将其分包给 Translink Investments 公司的子公司 Translink Systems 公司。Transfield Group 和 Transroute 分别拥有 Translink Investments 公司 50% 的股份。Transroute 和 Transfield Holdings 分别就 Translink Operations 履行其义务向公司提供相关担保和赔偿。

1999 年 5 月，在对应答器进行初步试验后，Transurban 宣布将收回对道路运营的直接控制。公司已经意识到，将客户接口这一唯一真正的收入来源外包出去，是一个根本的战略错误。如果项目想要取得成功，则必须以客户为中心。对国际上其他收取通行费公司的访问表明，如果做得不正确，通行费的征收和系统的准确性管理将变得极度的劳动密集并牵涉巨大的成本。Translink Operations 提出的商业计划没有解决这些问题，也没有成功地处理维多利亚州的特定客户情况。在这种情况下，客户需要与收费公司进行无缝互动，以克服支付通行费的阻力。临时用户需要有与公司打交道的简单流程。对不符合者处以罚款的惩罚方法，将是一场灾难。首席执行官利用这个机会重新聚焦了公司的业务重点，从修路到经营敏感的垄断服务，也承认了 PPP 的基本公共服务功能。

4.3.4.1 经济性质

城市连线项目显然是具有高"资产专用性"的单一功能设施。最初，政府坚持将 TransUrban 建立为单一目的实体，从而削弱了这种特异性，防止 Transurban 投资于其他业务，确保了该项目的项目收益，并极大地促进了审计，这简化了投资者和政府对项目收益的分析。这一点很重要，因为根据特许权契约，如果名义初始股权投资者实际税后内部收益率高于 17.5%，并且所有债务融资（或在整个连线工程完成之前获得的任何其他债务融资）均已全额偿还，则国家可以在完成日期后的第 25 年半、第 27 年、第 29 年、第 31 年和第 33 年终止特许权契约，否则，特许权将于 2034 年 11 月到期。单一目的的安排为项目的收益提供了保证，项目收益要么将用于道路的维护，要么将用于投资者（在这种情况下，它们将触发基础设施早日移交给国家的条款）。在后一种情况下，能增加或至少确保基础设施的剩余价值得到维持。

　　维修费用问题是根据特许权契约，以如下方式进行管理的。该公司有义务在项目开始运营后18个月内向政府提交一份维修计划，并向政府提交一份关于实际维修支出、所承担的任务和维护质量的报告，以维持道路项目范围和技术要求的规定标准。国家还有权每月检查公路的所有路段。由于这些安排，公司很难维持和成功地剥夺剩余价值，虽然过度维护和利用双边垄断在技术上也受到同样的审计审查。

　　然而，该项目的经济性质在有关经过验证的技术和简单设施的测试中失败了。仅通过自由流动电子系统来收费的协议对 Transcity 来说是一个巨大的风险，道路设计中实际上没有为任何形式的人工收费站（如收费广场）提供空间，国家也没有提供收入保证。事实上，国家预期的唯一收入是一系列与道路完工和收入无关的特许权付款。根据特许权契约，国家将在建设阶段和运营阶段的前25年每年收到9 560万美元的特许权费用；从运营阶段的第26年到第34年，这一数字将降至每年4 520万美元；如果特许期延长至运营阶段的第34年之后，则为每年100万美元。与收入有关的风险为投资者带来了额外的复杂性，因为这条路有可能在没有收费收入的情况下完成。为了可行，电子收费系统要求识别带有转发器的道路车辆的准确率达到99.9%，没有转发器的车辆的准确率达到90%（Allen Consulting Group Pty Ltd，John B Cox，and Centre of Policy Studies，1996）。这一过程的复杂性，以及银行系统对城市连线项目收费账户与信用卡之间的联系所要求的准确性，都是巨大的挑战。在签订合同时，世界上只有一条道路使用全电子系统，而且只有一个出入口。因此，电子收费系统本身代表了一项高度复杂和新的信息技术项目，而这类项目建设所花费的成本和时间远不如隧道建设那么令人满意。事实上，这种不确定性的代价首先体现在西环线上，西环线在通车后4个月才开始收费。然而，政府并没有遭受到这种风险，从政府的角度来看，单一交易对手的做法运作良好。

　　在大多数收费道路基础设施特许权协议中，政府认识到一些道路具有地区性垄断特征，并通过承诺在商定的时间内不损害此类利益来吸引私营部门的参与。这通常也伴随着对道路收费的调节，以避免对用户的剥削。这两种机制都在特许权契约中。与收费公路一样，插入网络内的单功能设施的问题之一是网络的其他部分发生变化的风险，这会影响收费公路的用户数量。特许权契约保留了通过 MAE 条款公平处理因更广泛的公路网变化而产生的收入变化的规定。这些条款允许对道路网络进行一些改变，这些改变具有减少城市连线的用户数量的作用，将触发有关赔偿收入损失的谈判。同样，增加收入效果的变化也将与政府分享。鉴于政府能够利用其双边垄断力量影响交通流量，MAE 条件显然形成了一种控制政府行为的机制。

4.3.4.2　权利的划分

根据特许权契约，Transurban 是所有过路费的收受者，因此对环线的剩余价值拥有专有权，但对支付特许权费用的投资者除外，或在名义初始股权投资者实现 17.5% 的实际税后收益率后提前转移给政府的情况下（详见上文），通行费是按照特许权契约的附表 3 进行调节和计算的。根据这些安排，为截至 1995 年 3 月 31 日的这段时间确定了最初的理论收费水平，同时设定了最高理论通行费水平。这一理论上的通行费可以按照每年 4.5% 或每季度 CPI 中较大的一个增加，但不能超过上一季度通行费的 1.21 倍。因此，理论上可以达到的最高通行费是由特许权契约中的规则决定的，虽然 Transurban 没有义务将通行费设定在理论通行费的水平上，但他们可以选择在任何时期不增加通行费。

如上所述，将由公司支付特许权费用给政府。特许权使用费可以用特许权票据支付，但不是彻底支付出去，票据在特许期结束时可以赎回。如果出现以下情况之一，也可以将票据提前赎回：

● 名义初始股权投资者收到了相当于年利率 10% 的实际税后内部投资收益率，且使用不超过上一年可分配现金流的 30%；

● 因为名义股权投资者实现了大于 17.5% 的实际税后内部收益率，并且所有融资的债务已全部偿还，特许期提前终止。

事实上，如上所述，到目前为止该项目的特许权使用费已经支付，以资助于 2010 年完成的 Westgate 高速公路和 Monash Freeway 高速公路的升级改造。双方就特许权费用的现值与根据特许权契约必须支付的估计日期达成了协议。这一过程引起了相当大的争议。

在特许期结束时，城市连线项目的剩余所有权利将连同一项不可撤销的非独占使用许可证移交至政府，并为再许可其他人使用收费系统而提供运营、维护和修理服务。同样，根据合同，如果有要求，公司就有义务将转发器上的其他容量提供给其他运营商用于其他目的。转发器有6个频道可供使用，这些频道可用于多种不同目的，例如未来对市中心收取拥堵费。在这方面，公司有责任免费向公众提供转发器本身，这对社会来说是一个重大的净收益。

该项目的范围和技术要求（Project Scope and Technical Requirements，1995）概述了移交时城市连线项目的各种要素的状况。移交时各要素的预计使用寿命将由独立审查员进行判断，并且必须达到以下使用寿命：

- 桥和隧道80年
- 人行道路20年
- 路面铺装5年
- 机电设备20年
- 隧道达到50%的产品使用寿命
- 通信和控制系统10年
- 可再生项目达到50%的使用寿命

4.3.4.3　治理机制

在项目施工阶段实施的主要监测系统是通过选择和任命一名独立审查员来进行审查和检查，以核实是否符合项目的范围和技术要求。独立审查员要提供月度证书作为支付进度及索赔的依据，同时审查和报告变动情况，并为道路的每一路段提供竣工证书。雇用独立审查员的费用由特许权契约的各方分担。虽然独立审查员的主要职能是代表特许权契约行事，但同时他们为Transurban提供了一个独立的第三方来监督和审查其分包商的工作。

特许权契约（Melbourne CityLink Act，1995）第16条规定了通过选择独立专家来解决争端的条件，独立专家既可以是纯粹的专家以提供意见，也可以是在提供的建议不足以解决争议时指定的一名仲裁员。这是一套相当标准的条款，旨在为协议各方提供一种"真诚运作"的机制。确实，特许权契约要求这样的行为。当然，如果这样的决议失败，也可以诉诸法院，特许契约的当事人在许多与MAE有关的情况下都使用了这种方法。

在我们的理论模型发生本质转变之后，最后我们转向思考建设和运营阶段为管理激励冲突提供的机制。我们考虑特许权契约和其他安排如何管理剩余收

交易背景：双边垄断

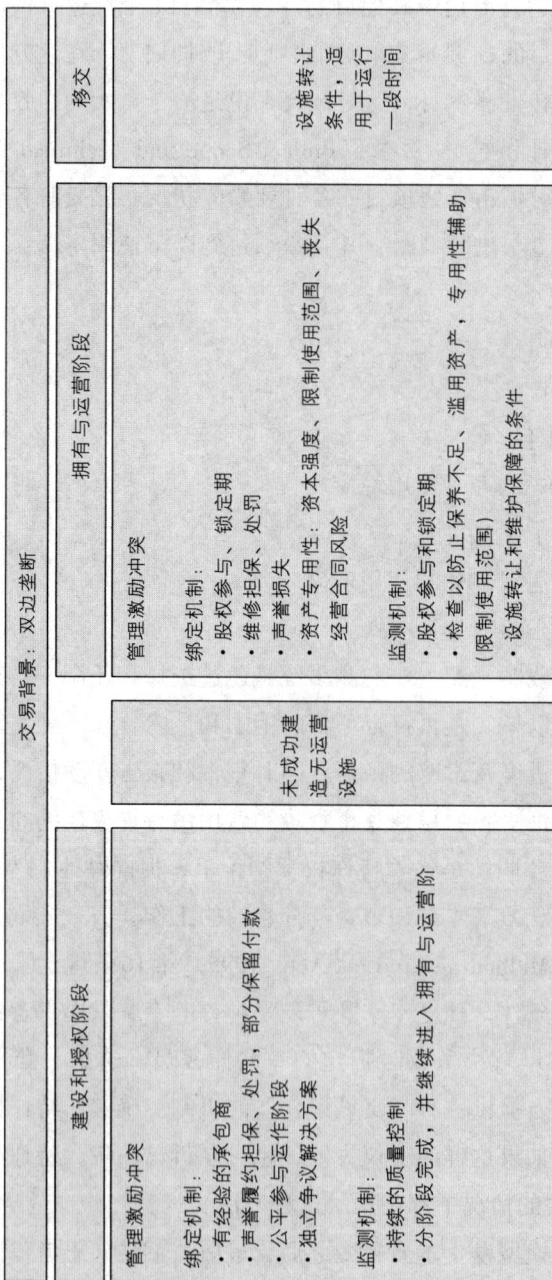

建设和授权阶段		移交

移交

设施转让条件，适用于运行一段时间

拥有与运营阶段

管理激励冲突

绑定机制：
- 股权参与、锁定期
- 维修担保、处罚
- 声誉损失
- 资产专用性：资本强度、限制使用范围、丧失
- 经营合同风险

监测机制：
- 股权参与以防止保养不足、滥用资产、专用性辅助
- 检查转让和维护保障的条件（限制使用范围）
- 设施转让和维护保障的条件

建设和授权阶段

未成功建造无运营设施

管理激励冲突

绑定机制：
- 有经验的承包商
- 声誉履约担保、处罚，部分保留付款
- 公平参与运作阶段
- 独立争议解决方案

监测机制：
- 持续的质量控制
- 分阶段的完成，并继续进入拥有与运营阶段

益和剩余价值之间的平衡。我们首先考虑图 4-3 的"建设和授权阶段"栏下的激励管理流程。

4.3.4.4　绑定机制

Transfield Construction 和 Obayashi Corporation 在施工方面具有长期积累起来的专业经验。Transfield 在澳大利亚有项目经验，而 Obayashi 为该项目带来了重要的隧道施工经验。Transroute 公司作为运营商的初步安排，为收费公路的运营提供了专业经验。在签约时，一些专业经验的声誉就这样被安排在每一个环节上。这种类型的绑定机制的作用和重要性显著增加，因为该项目是维多利亚州新政府与私营部门友好合作的首个也是最大规模的项目。政府已经明确表示，它打算在该州的其他重大项目中使用这种公私合营（PPP）模式，包括新的展览大楼、墨尔本博物馆、县法院、港区开发等。因此，承包商在维多利亚州建立强大和持久的声誉对获得未来的业务是至关重要的。对于分包商和主要财团成员来说也是如此。事实上，对于 Transurban 本身而言，尽管它受单一目的实体的限制，这种绑定机制可能不那么重要，但它确实对 Transfield 组织产生了实质性的影响，该组织有效地保证了单一目的信托和公司的绩效。

4.3.4.5　履约保证

特许权契约中有关施工的关键的履约保证围绕着以下事实：在道路完工并经独立工程师认证满足项目范围和技术规范的所有要求之前，不能赚取收入。对政府来说也是如此，因为在道路建成通车之前，不会有经济利益，也不会给选民带来好处。因此，在施工期间，双方的意向有相当大的一致性。Transurban 已经将设计和施工分包出去，并在 1999 年恢复了运营商的角色，这一事实促进了这种意向的一致性。Transurban 重新聚焦于运营道路的长期问题，以及与之相关的成本，就像政府做的那样，尽管双方可能不是在完全相同的时间框架内。

在设计和施工合同中有更多的标准条款，以便在施工期间提供对分包商和 Transurban 的激励措施间的协调。关键点如下：

- 如果在相关日期前没有完成，则由 TOJV 支付预计净收入损失的违约金。
- 施工缺陷纠正责任期允许在 12 个月内 TOJV 纠正故障，潜在缺陷的合同责任期延长至 10 年。

• 如果道路提前完工，TOJV 将获得占净交通收入 65% 的奖金，投资者将获得剩余部分。

• TOJV 将通过信用评级为 A 的银行的信用证或信用评级为 AA 的公司的履约保证金（1/2 Southern Link 公司债券）的方式提供西环线分包价格 15% 的保证金和南环线分包价 15% 的保证金，以及州工程总价 15% 的保证金，保证金总价值为 1.8 亿美元。债务提供者已经首先削减了这种保证金。

由这些方法所带来的协议的目的特性在最初的隧道失败和桥梁失效所引起的反应中是显而易见的。在这两个案例中，政府与该问题保持距离，因为它已经将设计和施工风险都转移给了 Transurban，而 TOJV 是 Transurban 的代理商，政府与该代理商没有合同关系。然而，桥梁的问题对分包商来说是一个潜在的危机，可能导致 TOJV 和 Baulderstone 之间的关系破裂。在这两种情况下，Transurban 选择了通过将股权投资（保税）于该项目上来立即资助维修，而不是在分包的前提下，把整个财政负担放在分包商身上。这实现了快速反应，迅速找到了工程解决方案，并提供了额外的资源来解决问题。其结果是对整个项目进度的影响很小。在一定程度上，特许权契约提供了这些激励并允许 Transurban 以这种方式与分包商合作以保证灵活性，这一机制是成功的。

在"运营和维护协议"下的初始安排中，尝试了一些类似的绑定机制，运营商将获得固定的最低费用加上基于交通量的可变金额。费用将根据 CPI 和劳动力成本逐步升高。如果交通流量或付款回收超过基准，将支付激励奖金。如果经营者没有将收费系统维持在标准水平，或者如果收入损失额超过 1%，则将会受到处罚。预计这将为运营商提供激励，使其通过建立可能的最佳商业实践、最小的运营支出，并确保道路的成功使用，使自己与 Transurban 公司创造最大收益的目标保持一致。Transurban 认为有必要接管运营商的角色并撤销合同则表明了这些绑定机制的失败。这强化了上文"私营部门与公共部门的持续参与"中提出的观点，即服务型外包包含更大程度的风险，并且此类合同中的各方之间的一致性极难获得。

4.3.4.6 监测机制

在施工阶段，有几个监测机制要落实到位，关键的一点是任命一位独立的审查员。独立审查员的工作是在签署施工的每个阶段，确定是否满足项目范围和技术要求文件的所有要求。施工计划是分阶段进行的，时间表记录在特许权契约中。

政府已经设立了墨尔本城市连线管理局，作为负责项目交付的机构。该组织负责与受项目影响的其他政府机构联系，并确保公司履行义务，将施工期间对社区的干扰降至最低。这成功地管理了大型建设项目的主要风险，即使会在处理与政府机构不可预见的互动时存在滞后。管理局得到了政府部长级特别内阁小组委员会的支持，管理局向其报告，并为其他政府当局提供必要的协调。该机构在管理这些风险方面取得成功的一个例子出现在西环线的设计中。工程师们最初的结论是，在 Upfield 铁路线上修建高架公路需要关闭这条线路几个月。这在政治上是不可能的，因为关于关闭这条线路的争论刚刚得到解决，政府决定支持它保持开放，而关闭线路意味着将背弃该协议。因此工程师们重新设计了施工方案，并成功地与列车的运行相连接，因此线路只关闭了几天（全部在周末）。

尽管在关于"墨尔本城市连线项目：现代社会中首批采取'建设-拥有-运营-移交'的 PPP 模式的项目"的讨论开始时就注意到，案例研究的时间被限制在 2003 年左右。但我们现在转到一个非常直接的思考，在图 4-3 的"拥有与运营阶段"栏下管理激励冲突的机制在自己的运营阶段是如何运作的。可以评论的最重要的变化与 Transurban 作为单一用途的交通工具有关。在决定允许 Transurban 脱离其单一目的实体条款之后，特许权契约进行了重大改写。显然，这在审计方面造成了相当大的复杂性，因为城市连线项目现在是一个更广泛的公司集团中的一个圈围实体。确保该项目产生的收入留在 CityLink 公司和 Trust 内的能力依赖于所实施的隔离栏的有效性。然而，随着合同中单一目的实体条款的撤销，Transurban 公司的声誉损失风险明显增加。而 Transurban 现在是一家跨国公司，对声誉的依赖日益增长。

城市连线项目在许多层面上都取得了成功，这在很大程度上归功于在最初的合同谈判中对细节的关注。特许权契约提供了一种机制，使各方能够在经过谈判阶段、施工阶段和运营阶段后成功进行转让谈判，双方的目标在很大程度上保持一致。一旦项目进入双边垄断阶段，要最大限度地减少争端成本和剩余价值征收风险，这种一致性至关重要。

自开始运营以来重建的项目文件是否为通过道路转运点这种一致性做了足够的规定，这是一个需要进一步研究的问题。

4.4　结论

本章的引言提出了一个分析框架，可以用于考虑任何私有化或私营部门参与结构的"有效性"。该框架借鉴了制度经济学和交易成本经济学的逻辑，并利用了金融合约研究中的金融代理成本概念。实质上，该方法考虑的概念是金融体系的功能之一，是创建旨在管理缔约方之间的激励冲突的复杂交易形式（Crane et al.，1995）。虽然 PPP 的 BOOT 形式并不能简单地归类为财务合同，但此类交易通常包含一个或多个具有基本财务合同特征的合同，即使施工和运营合同的可见性似乎主导公众和政治对这种交易的看法。我们试图确定该框架可以扩展到何种程度，用项目融资的术语对由 PPP 代表的合同"系列"所创建的关系进行分类（Williamson，1991）。发展该框架是为了测试 BOOT 交易在复杂世界中的逻辑，并用于对墨尔本城市连线收费公路项目进行分析。

对框架本身的主观看法可能会认为是一个合格成功的实验。原则上，框架的逻辑反映了一定程度的内部一致性。因此，它似乎代表了一个系统，可以用来映射现有交易中的激励冲突。然而，该框架并不普遍，虽然它使用了所有私有化交易的共同因素——权利分配，但它不会把 BOOT 形式应用于其他常见形式的私有化活动。例如，关于剩余收益和剩余价值的权利分配，用特别方法分析了 BOOT，因为权利的分配与复杂的长期经营租赁相类似。从分析中观察到的一个现象是，每一次不同的私有化交易预计都会产生特定于该交易形式的公共和私营部门代理商之间的冲突，以及相应的特定交易治理机制来管理这些激励冲突（如同 Jensen 和 Meckling 早在 1976 年对金融合同提出的建议）。一个常见的私有化交易形式的清单，映射着它们的经济逻辑，特定的激励冲突和治理机制似乎是公共部门管理研究努力所必须的。

　　然后将该框架应用于墨尔本城市连线项目的分析中，墨尔本城市连线项目是经过 8 年时间的构思和开发的第一代城市收费公路系统，对墨尔本中央商务区和内城区的多条城市高速公路的整合和收费进行了设计。城市连线项目是维多利亚州政府作为采购方和作为私营部门承包商的 Transurban 之间的一个 BOOT 项目。可以得出的结论是，维多利亚州政府非常好地管理了预合同流程，因此避免了许多合同的后双边依赖冲突。这可能是因为他们注意到项目的受关注度和政治重要性，并特别注意交易的性质。虽然 CityLink 是一个需要执行的复杂项目，并且确实存在一些复杂的子结构工程的挑战，但该项目总体上不能包含完全未知的工程或技术挑战，除了需要开发一个全新的自动收费系统。虽然后来证明地面工程的挑战是严峻的，对自动收费系统的开发造成了延迟，但最终完成了。BOOT 项目本身可以被认为是成功的，因为交易呈现了内部一致性，没有明显的原因不明的激励冲突，而传统上执行大型和复杂的建筑项目中经常出现这种激励冲突。

　　总之，值得注意的是，在过去 30 年中，世界范围内关于 PPP 和 BOOT 类的交易经验有了显著的增长，并且这种经验对 PPP 交易形式的学习、标准化和被接受做出了贡献。在只考虑建筑项目交付的情况下，PPP 安排在时间、成本和质量方面似乎比传统合同表现得好得多，而澳大利亚尚未尝试对定期完成的 PPP 的绩效进行系统研究。BOOT 家族的交易也获得了认可，这可能被认为与项目融资交易非常相似，即单一功能的资产、构思良好的特许权协议和监管安排，但也因高债务水平而消除了私营部门经营者的大多数潜在自由现金流活动。这种一心一意的交易特征不会出现在后来的私有化交易形式中，例如私人金融倡议，其中"不惜任何代价的私有化"意识形态可能导致了过于复杂并且可能无法治理的交易。

参考文献

Allen Consulting Group Pty Ltd, John B Cox, and Centre of Policy Studies, 1996. *The Economic Impact of Melbourne CityLink Transurban Project* (Consultancy Report). Melbourne: The Melbourne CityLink Authority.

Australia, Melbourne CityLink Act, 1995. Version No. 068.

Chan, C., Forwood, D., Roper, H., and Sayers, C., 2009. *Public Infrastructure Financing: An International Perspective*. Productivity Commission Staff Working Paper. Canberra: Commonwealth of Australia.

Crane, D.B., Froot, K.A., Mason, S.P., Perold, A.F., Merton, R.C., Bodie, Z., Sirri, E.R., and Tufano, P., 1995. *The Global Financial System: A Functional Perspective*. Cambridge, MA: Harvard Business School Press.

Fitzgerald, P., 2004. *Review of Partnerships Victoria Provided Infrastructure*. Final Report to the Victorian Treasurer, Melbourne, January 2004.

Infrastructure Partnerships Australia, 2006. *Case Studies—CityLink Melbourne*. Melbourne.

Jensen, M.C. and Meckling, W.H., 1976. Theory of the firm: Managerial behavior, agency costs and ownership structure, *Journal of Financial Economics*, 3, 305-360.

Pretorius, F., Walker, A., and Chau, K.W., 2003. Exploitation, expropriation and capital assets: The economics of commercial real estate leases, *Journal of Real Estate Literature*, 11(1), 3-34.

Pretorius, F. et al., 2008. *Project Finance for Constructions & Infrastructure: Principles & Case Studies*. Oxford and Malden, MA: Blackwell Publication.

Russell, B., 2000. *Audit Review of Government Contracts, Contracting, Privatisation, Probity and Disclosure in Victoria 1992-1999, An Independent Report to Government* (Vol. 2: Case Studies). Melbourne: State Government of Victoria.

Sturup, S., 2010. Managing mentalities of mega urban transport projects: The art of government of mega urban transport projects. PhD dissertation. Melbourne: Melbourne University.

Transurban CityLink Ltd and CityLink Management Ltd, 1996. *The Melbourne CityLink Prospectus 96*. Melbourne: Transurban CityLink Ltd.

VicRoads, 2008. *CityLink Project Overview*. Retrieved on January 2, 2008, available at www.vicroads.vic.gov.au/Home/RoadsAndProjects/RoadProjects/InnerCity/City Link/ProjectOverview.htm.

Victoria Australia, 1995. Melbourne CityLink—Project scope and technical requirements revision 3, Legal\101539540.3.

Wettenhall, R., 2007. ActewAGL: A genuine public-private partnership? *The International Journal of Public Sector Management*, 20(5), 392-414.

Williamson, O., 1985. The Economic Institutions of Capitalism. New York: Free Press.

Williamson, O., 1991. Comparative economic organization: The analysis of discrete structural alternatives, *Administrative Science Quarterly*, 36, 269-296.

第 5 章　土地管理与规划立法

Marcus Spiller

引言

从根本上说，供应和管理城市基础设施的成本取决于城市扩张和重建的形式、密度和时间（AURDR，1995）。因此，在寻求供水、下水道网、道路、铁路、电力等方面的最佳投资时，了解土地使用的监管制度，进而塑造居住区模式是很重要的。

本章确定了土地利用规划系统的要素，并探讨了效率、公平和负责任的开发监管中涉及的主要问题。这些讨论都是基于澳大利亚的现行做法。本章将焦点放在单个城市的形成和监管上，这是对第2章（阐明采用整体分析方法管理城市变化）和第3章（概述了生产力、项目评估和基础设施投融资）提出的宏观观点的补充。

本章认识到土地利用监管制度的有效评估不能脱离市场，市场环境催生城市开发建议和城市增长压力。毕竟，规划立法在性质上是被动的。规划立法必须依靠指导他人的投资决策来促进城市的发展。因此，本章开篇就简要地讨论了土地开发的过程——私人开发商如何判断是否投资以及何时进行项目评估。

接下来，本章主要分析了澳大利亚土地使用规划系统的评估等内容。最后本章总结了一些建议，并对这些监管制度进行了设计和改革。①

5.1 土地开发进程

一个考虑土地开发动态过程的有效方法是运用简单的净剩余土地价值（NRLV）模型。这是一个投资可行性评估框架，在开发人员中具有普遍适用性，尽管其应用的复杂程度不同。

5.1.1 净剩余土地价值模型

顾名思义，该模型解释了开发商为某个给定项目竞标一块土地可能给出的最高价格。该方程的要素总结在图5-1中。开发商从完成项目的可实现价值开始，称为"实现"。通常，这是对单元房、办公室、工厂或商店即时销售价值的估计。然而，一些开发商，特别是较大的机构，可能希望将已完成的项目保留一段时间，作为租金收益。在这种情况下，对未来收入现值的估计需要纳入NRLV分析中，这可以通过租金流的标准折扣来实现，或通过简化的计算资本化率的方法来实现。这反映了年租金与资本值（或收益）之间可观测的关系。

在实现项目的销售价值（或同等价值）后，必须扣除所有开发商为完成项目而带入市场的成本。建设成本包括：

- 在项目设计和准备正式批准文件时支付的所有费用；
- 拆迁和现场准备费用；
- 外部工程和服务、建筑施工、道路建设和景观美化的合同价款；
- 供水、排污、电力及其他基础设施供应商的费用；
- 审批机关要求的其他发展贡献（例如，适用于当地的娱乐设施、公园和邻里社区基础设施）。

Urban Infrastructure: Finance and Management, First Edition.
Edited by Kath Wellman and Marcus Spiller.
©2012 John Wiley & Sons, Ltd. Published 2012 by John Wiley & Sons, Ltd.

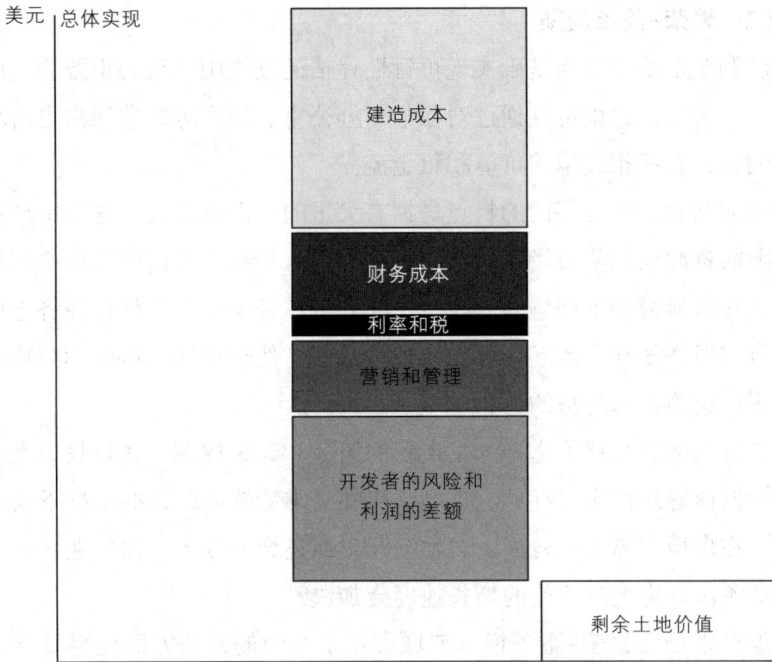

图 5-1　简化的净剩余土地价值模型

　　项目实施期间产生的利息成本也必须纳入方程，严格应用 NRLV 模型。从模型中我们可以看到开发商在这个领域中所承担的成本，即使该项目完全由内部提供资金。也就是说，开发商必须保证在项目实施过程中不将这笔资金用于其他投资。

　　在项目实施过程中支付的任何费率和特定税费都需要从项目总实现价值中收回。市场营销和行政管理费用，包括房地产经纪人费用、设立展厅费用，以及其他销售推广计划和一般项目管理的工资或咨询费，也必须收回。

　　另一个关键的成本要素是开发商的利润率，从项目成本的 10% 到 40% 或 50% 不等，因此可能对项目的可行性产生重要影响。开发商的利润率通常高于政府债券、银行存款或蓝筹股的回报率，因为开发商将承担更大的财务风险，如果没有针对这种风险的补偿，私人资本将不会流入该项目。

5.1.2 繁荣–萧条周期

在以剩余土地价值为基础实现可行性评估的过程中，至关重要的是应反映经济状况。因此，这里可以通过对住宅、办公室、工厂等终端用户当前和预期需求的调查，判断相关销售价值和租金流。

在澳大利亚，开发部门的特点是拥有大量的小型运营商，这些小型运营商拥有有限的资源或相信市场调研结果。此外，大多数开发商的市场份额相对较小，并且在任何情况下都倾向于在特定的利基市场中经营。尽管经济上可能有警告信号，但许多开发商起初可能会忽略这些，他们选择相信他们的特殊领域会受到更广泛的供求趋势的保护。

这些因素部分解释了土地开发市场的繁荣和萧条周期。在吸收率大幅下降之后，开发商继续供应库存，这加剧了伴随需求疲软而带来的价格下跌。同样的道理，在房地产需求恢复后，房地产开发商还会有很大的滞后性，在市场复苏的早期阶段，房地产价值的增长速度会加快。

房地产市场的繁荣–萧条模式使城市系统管理的几个方面变得复杂，扩大供水、道路和电力等经济基础设施的投资的风险也会有所增加。周期波动还会给小地区的就业和人口中期预测带来更多的不确定，但这是基础设施规划过程中的重要信息。

政府通过编制规划来监测经济供给和需求，以确保开发商对这些趋势有很好的了解，因此这件事意义重大。

5.1.3 "改善"和开发许可

NRLV模型强调了"改善"概念的重要性。如果支持项目所需的基础设施由更广泛的社区而非服务使用者付费，那么土地所有者将获得一笔意外的利润。因此，如果用户不需要根据使用量来支付水费，而是通过某种形式的普遍征税（就像澳大利亚的许多城市一样）来支付水费，那么用户可能会被鼓励抬高项目的最终价格。这将提高开发商项目的可实现价值，同时开发商的成本基本不变，其结果是剩余土地价值增加。

同样，如果开发商不支付基础设施扩展到他们项目的费用（这个成本并没有以透明的方式从项目的最终用户那里收回），那么开发商的成本将缩减，而项目的实际价值保持不变，这也会导致剩余土地价值增加。

即使完全由用户付费，也要以透明的方式定价，以便最终购买者和用户可以准确评估基础设施属性的价值，但更好的利润仍然存在。这是因为在澳大利亚的众多城市中，城市基础设施的很大一部分（可能高达20%或30%）是由政府提供的，要么没有任何使用费（如中小学校、公共卫生设施），要么是提供大量补贴的基础设施（如公共交通）。用户定价的缺失或减轻并不是定价政策的失败，而是重新分配和社区建设政策的一部分。

将土地从一种用途发展到另一种高阶类别的改善也源自土地开发许可证的规范供应。土地开发许可证的供应因社会效率而受到限制，正如在其他受管制的市场中，如捕鱼、广播、出租车、酒类零售或游戏机等许可证的颁发。如果没有基本的城市规划条例对可能发生的不同类型的土地的利用进行限制，则可能会出现开发模式功能失调的情况，从而带来一系列的环境、社会和财政成本。这些限制造成了稀缺溢价，在没有反补贴措施的情况下，将资本化为指定的或批准的高阶开发的场地价值。

不时有人呼吁在土地开发过程中增加税收，以便在公共干预降低土地价值的情况下支付补偿金，从而帮助社会公共基础设施的建设。在澳大利亚，设计一种公平的、强制的税收改进策略被证明是困难的，尽管这一倡议（Fensham and Gleeson，2002）具有强大的理论依据。

如果这些措施被更准确地描述为开发许可费，而不是对未来获得利润征税，那么将其作为改善或使用土地价值的理由可能会更好。这一制度适用于澳大利亚首都地区（ACT），其中，土地使用收费的法定机制与开发审批制度同时运作。虽然该地区的租赁权制度有利于收取变更使用费，或开发许可费，但同样的原则也适用于任何使用权制度。

5.1.4 向外的城市扩张

如前所述，NRLV模型的基本逻辑同样适用于城市的边缘扩张和城市再开发。但在城市扩张的背景下，模型的重点有显著差异。

基础设施收费在城市扩张过程中应用的方式可能会对城市的开发模式产生更大的影响。如果基础设施成本的一部分可以从用户使用"前期"获得补偿，即通过向开发商应用开头收费方式并且要求他们建造一些设施（如当地道路、当地的水和电网等），那么开发商将会被激励去寻求更容易获得服务的场地。而且，他们还有动力去提高开发密度以降低基础设施的投入成本。通过改造基础设施和向经常性用户收费，土地可以预先细分。与这种情况相比，由此形成的开发模式可能更有序，更不易出现碎片化和跨越式增长，也更加紧凑。

更多的综合开发促进了基础设施的有效推出，从而为整个社会节省了费用（AURDR，1995），更高的效率适用于社会基础设施以及道路和管道服务的扩建。通过控制开发的规模，教育、卫生和公共交通部门能够及时向新社区提供必要的支持服务。基础设施前期收费带来的发展整合，也减少了城市细分用地的投机性交易。在20世纪60至70年代澳大利亚的城市引入开发商现场服务和地区主干线收费之前，郊区突然兴起。靠近城市边缘的大量优质农田丧失，因为投机者期望通过将良田销售给真正的开发商而获取暴利。

然而，作为一种向用户收费的方法，发展贡献有几个缺点（Kinhill，1995），即：

• 剥夺了消费者对基础设施提供的时间和质量的有效选择；

• 在基础设施需求的管理方面灵活性较低，即消费者的消费行为变化不会直接影响收费。

还有一种被反复批评的观点认为，发展贡献可能会降低用户的住房支付能力，因为基础设施的成本被预先计入地价。在这方面，值得注意的是工业委员会（1993，现为生产力委员会）的评论，即在一个有效市场上，通过更高的抵押贷款偿还来支付基础设施费用的买方与同一买方通过更高的经常性用户收费来支付这一基础设施费用，原则上不应存在差异。虽然发展贡献以可负担能力为理由，但它仍然引起了公众的负面评论（住房部，2009）。

基于上述问题，一个很好的理由是将基础设施收费限制在消费者选择的项目上。在这些项目上消费者的选择会受到限制，要么因为健康和安全，要么因为在替代安排下长期的供应成本将会更高。这些项目可能包括经济基础设施（即供水、排污、排水、道路及公共交通走廊等），以及在充分开发前需要预留的新住宅区的要素，如娱乐区（但不是装饰区）和地方社区设施用地（但不是设施本身）。

此外，关于发展贡献可能涵盖哪些项目的决定，应考虑基础设施供应成本在不同开发地点之间的差异程度。如果地方一级的交付成本很小或几乎没有空间差异，如在较高等级的工程中（水坝、发电厂等），那么发展贡献的位置信号作用就变得无关紧要了，这是支持这种基础设施融资形式的关键效率的论据之一。在这种情况下，可选择用户收费的安排很可能是可取的，如公用事业公司直接向用户收取的使用费和经常性费用。

在实践中，向开发商收取基础设施费用的规模和范围可能有很大差异。2009—2010 年，澳大利亚生产力委员会对澳大利亚各州和地方政府在城市规划、分区和开发评估方面的业绩进行了研究。这项研究发现，在新南威尔士州，每片绿地的基础设施收费平均为 3.7 万美元；在南澳大利亚州，每片绿地的经济和社会基础设施收费为 3 693 美元。这与之前的调查结果一致（工业委员会，1993），生产力委员会在其 2011 年的报告中指出，通过开发评估系统以预先向用户收费的方式收回基础设施建设的成本是最合适的方法，因为所涉基础设施被用于服务某一特定的发展，而不是更广泛的社区。在此基础上，生产力委员会提出了关于应用发展贡献的一些原则（见专栏 5.1）。这些原则与相关的最佳实践原则将在本章后面讨论。

专栏 5.1　应用发展贡献的基本原则

1. 需要和联系

必须清楚地说明发展贡献计划中所包括的基础设施的需要，并明确发展与创造需求之间的联系。

2. 透明度

计算发展贡献的方法和应用方式都应清晰、透明，并且易于理解与管理。

3. 权益

应根据发展贡献领域内所有基础设施项目的开发情况对需求的相对贡献来征收费用。

4. 确定性

应明确所有发展贡献，并在开发开始时商定升级的会计方法。

5.效率

应在整个生命周期的资本成本的基础上证明发展贡献是合理的，这与通过防止过度收回成本而维持对服务提供者的财务纪律相一致。

6.一致性

发展贡献应该在发展贡献领域内统一应用，并且应用贡献的方法应保持一致。

7.协商和仲裁权

如果土地所有者/开发商认为按照既定程序计算出资不合理，则他们有权就确定出资的方式进行咨询，也有权寻求独立的第三方进行审查。

8.责任

在确定和使用发展贡献的方式上必须有问责制。

Source：Adapted from the Western Australian Government（2009）by the Productivity Commission（2011），p.202.

5.2 规划体系与土地利用管制

接下来的讨论主要限于监管问题——开发控制规则是如何制定和管理的。在任何有效城市管理的分析中，跨越政府各个领域——地方、地区、州和国家——的决策权的行使也是至关重要的，这在第2章和第9章中进行了更充分的讨论。

5.2.1 规划系统要素

澳大利亚各州和地区规划的立法与行政框架的差别很大，这反映了不同州和地方政府的作用、定居模式和判例法的演变的不同（城市开发中心，2003）。然而，这些系统都可以从以下三个方面进行分析：

1.系统中与规划编制有关的部分；

2.这些规划的实质内容；

3.评估开发建议的过程和程序。

5.2.2 规划和规划的编制

规划编制的过程很重要，相关问题包括地方政府在规划编制过程中享有的自主权水平，以及政府部门活动对土地利用成果产生影响的协调机制。

地方政府的规划方案在澳大利亚的规划体系中很常见，但它们肯定不代表影响土地使用和开发的规划。讨论中提到的区域规划方案、国家规划政策和大都会覆盖计划可能都会实施。

此外，规划并不局限于根据规划立法所制定的文书。涉及排放控制、栖息地保护、水道保护、遗产保护、进入国道和对国道的影响、环境卫生、酒类许可证的发放等方面的法律，都可以用来制定有效的土地利用规划，尽管这些规划可能是以部门为重点的。

5.2.3　规划的实质内容

实际进入规划的内容可以在编制规划的过程中单独考虑。从城市开发和基础设施体系的角度看，政策内容的关键领域包括：

- 开发影响评估的范围；
- 土地出让和基础设施协调战略；
- 开发标准；
- 基础设施融资机制。

5.2.4　开发评估流程

开发审批过程中的自由裁量权在很大程度上取决于上述政策内容。许多系统还允许使用广泛的、不受指导的自由裁量权。规划系统的开发评估一般包括七个阶段：

1. 与理事会（及其他审批机关）协商；

2. 正式提交开发申请；

3. 审查开发申请，包括公告或"公开展览"；

4. 将开发申请提交其他机构征求意见；

5. 评估和认定申请；

6. 决策建议；

7. 上诉。

以下各页将更详细地讨论规划系统的每一个要素，以期为设计有效和公平的监管制度确定一些一般原则。

5.2.5 规划编制

如上所述，影响土地使用和开发的立法和行政文书多种多样。这些文书中的每一项都可视为一个规划。澳大利亚各司法辖区的术语往往不同，但大多数系统至少具有表5-1中所列的内容。在确定编制规划的最佳实践模式时会出现一些问题，包括：

表5-1 规划工具的指示性范围

市镇规划方案	通常被认为是规范澳大利亚地方发展成果的主要工具，可以基于规定的分区制度或更多的基于绩效的方法（或两者的各种组合）。规划方案的局部通常具有控制层，如广泛的土地用途分区，辅之以结构图和更详细的区域开发计划。在这些不同的规划下，市政局还通常会执行一套行使酌情决定权的政策
区域规划策略	澳大利亚的大部分都市区都被区域规划所覆盖，这些规划设定了增长方向、发展制约因素和人口/就业分配目标。区域规划也可能在大城市之外找到，特别是在面临敏感环境和/或强大增长压力的地区。区域规划也确定了编制地方规划方案的框架（但在地方规划方案中可能直接提及，也可能不直接提及）。区域规划通常通过开发计划大纲和部门或专题政策声明来表达
国家规划政策	这些是处理开发制约因素和被认为具有国家意义的成果的正式的政策声明。这些声明没有特定的地理或规模限制，从全州范围的树木清理控制，到采用国家建筑或开发标准，都可以包括
环境保护政策的声明	这些政策通常是在处理排放控制（即保护空气质量、水质）的单独立法下制定的。通过为特定环境下的特定活动制定排放绩效标准，这些政策本身就是土地利用结果的强大决定因素
基础设施立法的具体要求	涉及提供和维护国家及国家公路的立法，通常授权给国家公路管理局。国家公路管理局制定和执行有关"支线走廊"开发类型和强度的政策。在其他基础设施建设公司的立法中也可以找到类似的规定，如港口和铁路，以及提供电力、电信、天然气、水和污水处理服务的公司
栖息地保护立法	大多数州已经立法，如果遇到濒危物种，就需要暂停开发
文化遗产立法	这规定了对具有历史、美学、教育或其他文化意义的建筑或场所的临时或永久保护。同样，这类立法通常与主流规划立法是分开的
海岸保护立法	这一问题的立法可以建立沿岸缓冲地带、高度限制，以及被认为是敏感的制约沿海地区开发的主要因素
卫生条例	卫生条例可以通过规定各类土地使用之间的强制分隔来实施分区，也可以通过对特定类型的公共通道建筑物的特定设计要求来影响土地使用组合

- 涉及相同地理和/或地理区域的规划之间的整合与协调；
- 国家、区域和地方利益在编制规划过程中的协调；
- 公众参与规划编制的过程；
- 根据不断变化的情况迅速修订规划的能力；
- 规划应在多大程度上赋予财产所有人可补偿的开发权；
- 规划的结构和格式所依据的开发控制理念。

5.2.6 横向一体化的规划编制

从表5-1中可以明显看出，为解决某一特定土地的使用或开发问题而部署的各种工具之间存在重叠和重复的可能性。令人关注的是，为某一特定目的而设计的工具可能会在其他地方产生不可预见的影响，其内容与已经通过的政府政策不一致。例如，根据环境保护立法实施的地表径流控制可能会降低上游指定城市增长地区的开发潜力。

目前，大多数州都实行某种形式的规章审查程序，以免立法重复和冲突。然而，那些负责监管审查的机构往往依赖于以部门为中心的成本效益分析。这些机构一般不具备专门知识，无法发现现有立法与拟议立法的重叠和矛盾。

内阁审查程序本应为解决涉及同一主题或领域的各种规划之间的潜在紧张关系而提供最终讨论，但这一步骤在政策制定过程中发生得很晚，而且负责跨部门协调政策发展的中央机构（如总理的部门和内阁办公室）也可能缺乏查看和处理特殊性质的政策紧张局势的专业知识。

负责土地使用规划立法的国家部门，最有能力协调有可能对土地使用和开发成果产生重大影响的立法举措。从这个意义上说，这类部门可以被看成中央政策机构，履行与总理办公室和财政部相似的角色。然而，在澳大利亚的政府机构中，这类部门很少被赋予这一职能，这常常导致官僚机构之间有关空间规划的作用和范围的辩论是无效的。在这场辩论中占上风的人认为，规划仅仅是关于开发控制的，应该局限在这一领域。其他人则认为，规划部门在空间协调方面应该发挥更广泛的作用。

5.2.7 纵向一体化的规划编制

编制地方规划时的自由裁量权必然会受到地区、州或国家利益的制约。例如，地方规划目标不应凌驾于有关生态与可持续发展的国家公约之上，或者国家的关键资源（如优质农业用地或矿产资源）不能受到地方发展偏好的影响，这反映了辅助性原则（Spiller，2004）。

然而，这些更广泛的社区利益的管理者干预地方规划的方式，可能会对整个规划系统的效率产生重要影响。如果事先没有合理阐述国家利益（原则上如果不详细的话），如果州政府只是心血来潮进行干预，则无论是采取压倒一切的政策，还是要求具体的开发应用程序，地方政府和社区都会对规划系统的完整性失去信心。

无组织地追求国家利益的负面影响，似乎与当地社区的利益背道而驰，这往往会降低社区对规划投入的质量和数量（考虑到社区规划过程中这些计划很容易被推翻），并降低地方政府决策的一致性。决策过程中的这些故障增加了城市开发过程中的不确定性，进而增加了基础设施投资回报中的风险溢价。

区域和都市规划需要横向和纵向一体化，这一点将在第9章中进一步讨论。

5.2.8 社区参与规划编制

公众真正参与到规划编制过程中，对一个高效率的规划系统来说是至关重要的。如果有大量的公众参与，地方社区和规划系统都可以通过相互了解需求、利益和优先事项来获得更好的结果。社区参与往往特别重要，因为这样可以加强当地社区对当地的所有权和认同感。此外，全面的社区协商过程清楚地向社区阐明了执行规划的性质、要求及时间表，能够尽量降低未来公众反对的可能性，并且降低在执行过程中不断宣传开发建议的必要性。关于公众真正有意义地参与规划编制的问题，建议遵循以下一般原则：

• 规划工具之间没有任何区别，因为公众参与是法定的（尽管公告的范围可能因当前问题的不同而有所不同）。因此，国家规划政策的制定可能与地方规划方案的编制一样，受到同样的公告和公共投入要求的约束。

• 相关各方有机会形成重大审查和规划修订的职权范围，而不是提出既成事实。

• 向州和地方政府机构提交拟议的规划或规划修正案的人，可以进入独立审查程序。

5.2.9　修改规划的灵活性

地方规划方案被视为规划系统中的关键组成部分，它们结合了地方和更广泛的社区对土地使用和开发成果的期望，这些期望基于对当地的了解和对地方社区的责任。

这一作用的必然结果是规划方案应该是相对稳定的政策文件，能够为社区成员和开发支持者提供一定程度的确定性。所有感兴趣的人士都应明白，本地规划框架内的任何重大改变，都将导致全面的公众咨询。

由第三方发起并经司法审查的规划修正案（相对于个人许可决定），并不能满足规划系统对稳定和社区控制的需要。将法院引入规划编制过程，规划系统中的司法（政策解释）和治理（政策制定）方面也会出现混乱。尽管如此，在规划编制过程中具有合理的灵活性是很重要的，以便在出现不可预见的情况时能够随时对当地的开发管制情况进行调整，而不会发生重大的政策改变。

采用以业绩为基础的土地使用和开发管制制度，可以使规划方案具有很大的灵活性（见专栏5.2）。如果起草得当并实行行政管理，这种方法将避免对正式方案进行修改，以适应规则的细微变化。

专栏5.2　规划的结构和格式——基于绩效的规划

规划可能是指令性的，也就是说，既要说明要实现什么样的开发成果，也要说明如何实现这些开发成果，或者基于绩效说明所需要的结果，但允许开发支持者指定实现这些目标的方法。以绩效为导向的开发控制系统的有效性要求纳入"被视为符合"条款，根据该条款，不愿意或不能自行设计解决方案的支持者必须采用规划文件中列出的保守"默认"处方。

将土地使用和开发控制转移到以绩效为导向的基础上，澳大利亚规划界已经推动了30多年，但只取得了部分成功。之所以实施困难，是因为绩效要求的定义不明确，被视为符合要求的规范不完善，设计人员和开发评估人员都缺乏培训。一些评论者认为，回归更规范的开发控制将降低开发过程中的溢价风险，并且通常会降低审批过程中的交易成本（Adams，2008）。

尽管存在这些困难，但在城市开发过程中，以绩效为导向的规划系统在各种专业领域的设计实践创新方面仍然具有相当大的潜力，并促使规划制定者更加关注其核心业务，即定义环境约束和机会，并设定预期结果。

该制度能够灵活区分那些可通过简化规划修订程序处理的次要事项（通过规划管理或在规划立法本身的范围内）。此类精简可能不涉及公共协商期或有限的咨询期，和/或减少州政府机构审查的需要。

5.2.10　规划编制过程中的开发权与补偿

在以公开和负责任的方式进行的重大审查之间，地方规划方案有可能为开发潜力和优先开发方向提供可靠和稳定的指导，这对于基础设施的高效推出至关重要。

在这方面，一个备受争议的问题是，采用的规划方案是否应被视为赋予业主开发权。有关规划方案可为土地所有者提供这类保障的想法在实践中存在困难。对开发权的任何削减，都需要用失去的开发潜力来衡量，但在相关委员会或审批当局确定开发方案之前，很难确定某一具体地点的开发潜力。这尤其适用于基于绩效的开发控制。另一个重要的考虑因素是，社区需要定期审查规划方案，从而不会受到土地所有者索偿的威胁。基于"城市效率"对规划作用的概念化（见下文的讨论），任何规划方案审查的目标都必须是使社区净效益最大化，而不考虑分配效果如何。在此基础上，分配问题通常由税收/转移系统处理。这种观点在澳大利亚各司法管辖区普遍存在，但并没有走向极端。例如，在某些公共用途需要土地或所有开发潜力都被转移的情况下，可以支付补偿。这也可能支付给持有合法开发文书的人，但由于随后对规划法律的修改，这些人被剥夺了采取行动的机会。

如果采取开发许可制度，那么这些问题可能会得到不同程度的管理。如上所述，在这种制度下举行的开发权会议会收取一笔费用，以反映由此产生的稀缺溢价和基础设施的资本化价值。如果这类许可证因"后分区"而被取消，那么要求赔偿的理由就会更明确。此外，还将有一个资金池，可以从中获得资金，用于支付赔偿。

5.2.11　规划的政策内容

规划系统的实质性政策内容涉及预期发展和定居模式，而不是关于编制和执行规划过程的政策。

实质性政策内容可以载于表 5-1 所引用的任何文书中，也可由国家规划立法自行阐明。

5.2.11.1 规划的价值驱动模型

任何对实质性规划政策的评论都会受到分析师的价值立场的严重影响（尽管这一点并不经常被承认）。规划的运作理念千差万别，分类也存在过于简单化的风险。然而，基于两个参数来区分三大模型是有用的。这两个参数包括：第一，被视为合法规划事项的外部性类型；第二，土地利用规划应该在多大程度上被用于收入再分配的一般工具。

公共卫生模型的名称源自早期的土地使用管制制度，其重点是分离不相容的土地用途，并预先规划必要的基础设施，尤其是供水、排水和排污。这一规划观点的显著特点是关注对负外部性的遏制。最近一段时间，公共卫生机构在处理污染和开发的其他负面溢出效应的最有效方法方面取得了相当大的进展。例如，目前版本的模型认为，定价信号和产权转让在这些问题上发挥了更大的作用。

城市效率模型认为，规划应关注积极外部性的产生和强化，以及减轻开发对环境的负面影响。城市开发中的正外部性可能来自相互支持的工业活动集群、商业活动的主要聚集区，以及具有遗产价值或明显城市特征的地区。

这一规划观点还强调，必须提高私人福利和社会基础设施的效率。这包括管理定居模式以减少旅行需求，以及在供水、污水处理、道路、学校、保健设施和其他城市基础设施方面实现库存成本节约。

城市效率模型可分为两个子模型。第一个子模型在考虑从开发受益者流向受开发不利影响的各方的补偿时，不会区分外部影响的类型。因此，如果一项开发会产生不利的社会影响，如低收入者在市中心的住房被迁移，那么开发支持者对减轻这一外部性负有同等责任。

城市效率模型的第二个子模型认为，虽然在编制规划的过程中应考虑到开发的所有外部影响，但只有特定类型的影响才可以由开发者赔偿。在这方面，规划事项与不可赔偿的影响之间的区别取决于是否存在其他旨在解决特定影响的政府再分配方案。由于州政府已经承担了提供这些服务的责任，因此在这个子模型下，位于市区边缘的新住宅区的开发商并不能减轻社区基础设施（学校、医院、社区中心等）不足对社会造成的不良影响。只有在政府宣布对其社会基础设施责任有具体限制时，这些影响才会产生赔偿义务。

在这方面，流离失所的低收入者的住房问题很难解决。澳大利亚各州政府都没有明确规定自身在提供社会住房方面的责任，但直到最近，流入社会住房的公共资源数量一直停滞不前。即使没有下降，其本身也并不足以维持澳大利亚城市内部地区的健康社会结构。在这种情况下，可以提出采用"包容式分区"（见下文）和其他规划机制，以部分解决那些原本会随着社会和环境的变化而走向两极分化的地区的社会住房的供应问题。

第三种规划的运作理念被称为社会资源模型，它涉及城市开发的正外部性和负外部性。除此之外，它还将规划视为收入再分配的工具。这种收入再分配将超出受到不利影响的各方的补偿范围（根据规划和城市开发进程所建立的改善池）。在某种程度上，规划控制和条件将被视为产生补充性资源的一种手段，用于提供通常由一般税收提供资金的社区福利。

虽然社会资源模型被许多活跃的委员会暗中采纳，但是该模型与澳大利亚过去30年的社会政策改革大方向是背道而驰的。这一时期实施了一项协调一致的计划，即将再分配过程从工业和劳动力市场政策中分离出来。直到20世纪80年代初，对农民、小企业、购房者以及社区中其他群体的大量援助，都是通过嵌入在受监管的财政体系中的复杂交叉补贴机制实现的。由于财政资源分配方面的扭曲以及通过该体系提供补贴的非针对性，澳大利亚"社会契约"的这一部分已经被舍弃（Kelly, 1994）。同样，在高度管制的劳动力市场中所建立的各种再分配机制也被削弱，转而对特定的工人群体提供更多和有针对性的援助。有针对性的工业援助已经取代了曾经错综复杂的关税制度和其他贸易壁垒。关于这类改革更进一步的案例可以在公共基础设施的公司化和商业化中找到。在这种情况下，被认为需要援助的各类用户已经受到明确的社区服务义务报酬的保护，而不是在客户群体之间进行交叉补贴。

社会资源模型显然与澳大利亚社会的这些变化不同步。建立在国家竞争优势基础上的需求，包括主要城市的宜居性和更高的效率，公共卫生模型因为关注点太过狭隘而被排除在外。这就是城市效率模型被广泛采用的原因。因此，本章将以城市效率模型及其所承载的价值为背景，讨论住房和土地开发行业特别关注的四个实质性政策领域。这些政策领域是：

- 影响评估的范围；
- 定居模式和土地出让政策；
- 对基础设施的发展贡献；
- 住宅开发标准。

5.2.11.2　影响评估的范围

环境影响评估是编制规划和开发审批程序的核心。如果要保持连续几代政策制定的一致性和尽量减少诉讼，在这些考虑因素中，透明度是至关重要的。为了提高城市开发的效率，在规划过程中，不能任意排除特定类型或类别的环境影响因素。因此，规划立法应包括对环境的全面定义。目前，澳大利亚的大多数规划立法都包括对环境价值范围的全面定义，包括社会因素（文化素质、社区意识和审美价值）以及自然资源和物质资源。

虽然在编制规划和评估开发应用程序的过程中考虑了对广义环境的所有影响，但正如前文所指出的那样，有一个令人信服的例子是，如果有关的（社会）环境影响属于政府已经宣布的再分配责任范围，则不应限制开发潜力，也不应要求开发支持者提供补偿。这将意味着规划事项通常（当然并非总是如此）仅限于对自然环境的影响。

5.2.11.3　定居模式和土地出让

关于何时和何地出让土地用于城市开发的重大政策，旨在提高政府基础设施开发项目的效率。这种做法有可能损害城市开发的整体效率。从公共部门的角度来看，符合成本效益的定居模式就私人投资的基础设施而言，可能会造成较高的成本（工业委员会，1993）。虽然公共部门在社会基础设施方面的支出很大，但是纳税人要求提供符合成本效益的城市服务，因此城市基础设施的成本大部分仍由私人承担。此外，在资源分配方面，成本最低的开发模式可能并不是最有效的。如果实现成本最低的开发模式意味着消费者无法选择他们喜欢的住房和生活方式，那么总体福利可能会因规划政策而减少。

以市场为导向的土地出让政策可能有助于提高城市开发效率。这首先要求规划以明确界定的环境限制为基础，然后充分论证正外部性的潜力（例如，需要一个主要中心的等级结构，以控制总的旅行需求），提供私人利益和社会基础设施的成本也将纳入分析，但不应将其视为政策的唯一驱动因素。

此类规划可以指定一个出让方案，从基础设施总成本的角度来看，该方案被视为具有成本效益。社会和私人福利基础设施供应商都可以采用该方案进行服务规划，但是如果这些项目继续遵守支持该方案的环境和战略考虑，并且开发商准备支付额外的基础设施费用，那么开发商将有机会承接"无序"的项目。

5.2.11.4 发展贡献

虽然项目方需要提供资金或实物承诺，但发展贡献的类型多种多样。区分不同类型的发展贡献具有学术意义，因为政府对任何特定类型贡献的公平性和适用性原则可能有很大的不同，这对如何通过规划和体制框架（如在澳大利亚管辖范围内运作的机构框架）来实施此类征税产生了重大影响（Gurran et al.，2010；生产力委员会，2011）。

发展贡献本质上有三种"核心"类型：用户付费、影响缓解税和改良税（如图5-2所示）。下面将讨论这些类型的原理和适用良好做法的原则。

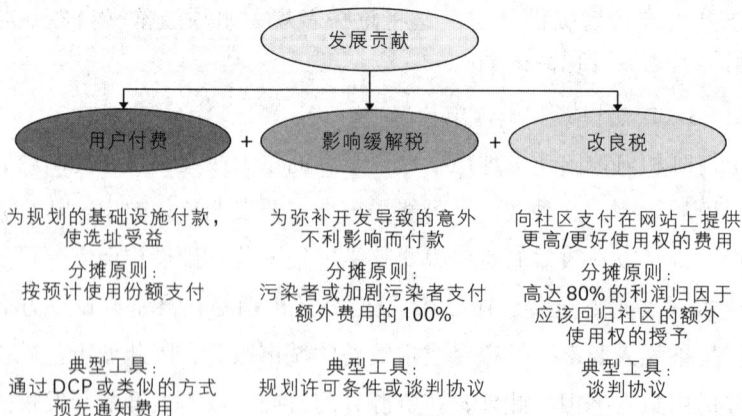

图5-2 发展贡献类型概述

除了这三种贡献类型外，有时还可能要求开发支持者支付现金，以代替包容式分区（IZ）条款。包容式分区适用于任何保护或创造某一地区特定环境价值的开发标准。例如，支持者可能被要求在其项目中加入一定数量的停车场，或者向议会支付现金等价物，以便在附近其他地方提供此停车场，否则辖区内的可达性将会受到不必要的损害。同样，开发商也可能被要求在其项目中纳入一定数量的保障性住房，或者支付现金购买其他地方提供的保障性住房。这可能是合理的，因为维持社会融合是澳大利亚大多数规划法规承认的一种环境价值。

当作为用户费使用时，发展贡献是开发商为建设规划中的基础设施而必须支付的款项，这些基础设施将直接用于所讨论的开发项目中。这里采用的成本分摊原则是"用户付费"，即开发商根据预期的受益份额缴纳有关项目费用。

在澳大利亚大多数司法管辖区，希望征收此类基础设施费用的审批当局，必须在采取任何强制行动之前编制一份发展贡献计划（DCP）。DCP确定了收费的范围、工程，以及每户住宅或同等需求单位的收费金额。由于这些款项是根据用户付费原则计算的，因此基础设施工程的开发费用将从未来新开发收回的总成本中扣除，这被称为现有开发的折扣。也可以对外部使用进行折扣，即对已经或将要发生在贡献规划区域之外或相关基础设施项目的流域之外的开发所产生的费用进行折扣。

一旦将基础设施收费概念化为用户收费而不是税收，那么征收和部署的某些公平和问责原则如下：

• 发展贡献应与明确的服务愿景计划相联系。

• 该愿景计划应体现符合合理的社区期望和工程要求的基础设施绩效要求，从而最大限度地降低满足这些要求的社区范围内的生命周期成本。

• 如果不再需要预先规划的基础设施项目，为此目的筹集的资金应归还给付费用户。归还的资金可以是现金（如当地的利率回扣），也可以是替代的基础设施，从而为有关社区带来类似的福利。

• 基础设施费用应按照设施使用比例公平分摊。这通常需要采用一种分门别类、以服务区域为基础的方法来计算收费，并且程序应透明。

•收费应固定在某个水平上进行，应避免在服务区域的早期和后期开发项目之间产生交叉补贴。

由于公共部门基础设施机构自身和官方借贷方面的限制，以及这些机构希望避免未来城市开发的风险，开发支持者通常被要求提供超出其特定需求的设施或服务。也就是说，开发支持者必须在合理收费的基础上提供基础设施。只要这些项目符合优先开发顺序，并且支持者愿意接受开发时间的风险，要求有利息的偿还计划就是合理的。

许多委员会采用基于用户付费的方法，但没有正式的规划。这些委员会可能有一份工作时间表（已公布或未公布），用来指导与开发支持者就个案进行谈判。如果谈判破裂，并在法庭上宣布结束，那么与正式的 DCP 中适用的成本分摊原则相似的原则将被用于解决争端。

虽然用户付费适用于规划中的基础设施，但是当开发项目因自身特定的设计或时机而对当地基础设施产生计划外的需求时，作为影响费强制执行的开发费用可能会适用。例如，大型多单元开发项目可能需要按照 DCP 进行例行的用户付费贡献，如每个住宅 1 500 美元，用于该地区排水系统的升级，但是由于特殊的景观美化或场地覆盖方法，该项目可能比该地区的典型开发项目产生更多的径流，这就需要在场外安装额外的减速设施。将这项设施的成本纳入排水系统的成本，可在定期排水贡献的基础上，从开发支持者处合理收回全部费用。另一个例子与未开发地区相关，涉及无序开发，可能要求支持者补偿公共交通、道路、卫生、教育和其他基础设施机构加速向所涉地点提供服务的成本，同时在有序开发区域继续提供服务。

含开发影响费的成本分摊的主要原则不是"按预计使用份额支付"（上述例子中的排水减速设施和加速提供基础设施项目可供更广泛的开发项目使用），而是"污染者或加剧污染者支付"，以确保那些导致成本增加的人对降低成本负有100%的责任。即使在当地基础设施的规划外追加投资，随后为其他开发提供了机会或好处，这个原则也适用。确切地说，与用户付费不同的是，建新房、棕色地带和其他地点的影响费是不能预先确定的，必须逐案解决。

补偿开发的不利影响，要么通过修改项目设计或支付现金来加快基础设施建设，要么为场外的缓解工程提供资金，这些都是澳大利亚开发审批过程的组成部分。原则上，各方都接受这一点，尽管成本责任的详细解决方案始终是激烈谈判和偶尔诉讼的主题。

将发展贡献用作"改良税"、支付"价值捕获"或"开发许可费"的理由与有益基础设施的收费无关，也与补偿开发带来的不利影响无关。它涉及这样一个事实，即由于政府对开发审批和社会基础设施投资的监管，相关场地可能被更广泛的社区赋予更高的价值，这将有利于相关场地（见先前的讨论）。从概念上讲，这三种类型的发展贡献是相加的，也就是说，它们可以同时应用于同一个开发项目。

5.2.11.5　开发标准

住宅开发标准与设计有关，包括密度、本地街道布局、私密性、日照和采光、私人空间、背景和街景、景观美化、停车和建筑外观。如果明确规定了预期结果，并将实现这些结果的方法留给开发支持者（城市开发中心，2003），则首选基于绩效的监管制度。

5.2.12　开发评估过程

用于评估开发建议的立法和行政程序包括：

- 规划许可申请；
- 建筑许可证申请；
- 许可证申请（如出售酒类、向环境排放某些污染物、经营特定类型的保健设施等）。

根据澳大利亚国家或州的法律（即环境影响评估），特定类型的开发或影响特定区域的开发建议也可能是评估的对象，需要经过评估程序。

重新分区的申请不包含在此列表中，因为它们属于规划修正案，它们受先前讨论过的有关"规划编制"的意见和评估标准的制约。

在审查开发评估过程的效率时，澳大利亚各司法管辖区都会出现一些问题。这些问题包括：

- 审批流程的多层性；

- 大型工程或长期工程的处理；
- 符合开发技术规范的认证；
- 开发建议的公告及第三方异议的范围与上诉权；
- 转介机构的作用；
- 需要部长级干预的情况。

5.2.12.1　审批流程的多层性

向地方议会申请开发许可证通常是开发支持者面临的一长串审批障碍中的第一个正式步骤。在一些规划系统中，开发支持者被要求在连续几轮的决策中重复提交信息的情况并不少见。这种信息的封送方式可能需要不同的侧重点，从而导致了信息归档方面的大量额外费用，并使决策时间延长。

如果州和地方政府机构的审批过程同时进行，效率将得到优化。此外，如果开发支持者有一个单一的联络点，以便就同时发生的和连续的审批流程以及不同决策者所需的信息类型给予通知建议，这将是有用的。地方政府可能最适合提供这种"一站式服务"。

5.2.12.2　大型工程的处理

提前决定过去几年来提出的大规模开发建议或项目的所有细节（例如，主要的新住宅区），通常是很难的。对于较大的工程，由于开发评估过程中可能会出现拒绝或重大修改的情况，因此详细资料的成本可能难以令人承受。对于长期的工程来说，保持工程设计的灵活性是很重要的，因为市场需求随时可能发生变化。

规划系统应该能够提供具有约束力的"原则上的"批准。正式的"原则上的"批准可能取决于工程细节（按阶段或整个项目划分）的最终确定，但将保护开发支持者不受审批当局的任何重新评估。对于主要住宅的开发，"原则上的"事项可能与总密度、工程土地预算以及其他影响工程可行性的关键因素有关。当支持者申请开发许可证时，此类事项不会再讨论。相反，下一阶段的开发评估将侧重于场地规划、街道景观整合、工程要素的现场整合、建筑处理等问题。

这种融资机制对于保证工程融资的高效性非常重要。债务和股权融资的提供者将有一定的把握，即使工程的最终形式尚未确定，工程也会继续进行。这种效率可转化为供应方对市场变化更平稳的反应，因为规划/融资渠道缩短了。这反过来又有助于基础设施规划和投资的决策。

5.2.12.3　私人认证和技术小组

在编制规划方案或类似工具的过程中，对环境容量的详细评估是核心。对机会和约束的评估需要与其他规划目标（包括可达性、城市形态和公共领域等）相联系。

鉴于上述分析和充分的公众投入，那些被认为在所涉管辖区的不同地区具有令人满意的环境/规划影响的土地用途和开发类型，有可能在规划中被明确识别出。这些部分可以通过分区或其他空间描述的方法来定义。这些"优先权"可以被简单定义（如在农村地区耕作）或参考各种技术规范（如根据澳大利亚建筑规范建造的住宅）。

在规划方案下，对符合这一"优先"要求的开发建议的评估，可能只是一个技术审查的问题，前提是确认开发符合相关建筑、工程和其他设计规范。从表面上看，如果先前的努力能够最大限度地确定优先权和附加的技术条件，则有助于提高开发评估过程的效率。

与其他服务市场一样，如果不能完全公开竞争，则可以通过评估是否符合技术规范和条件来提高效率。私人认证具有合规性，因为它不涉及代表更广泛社区的政策解释。这些政策事项将在规划编制过程中得到处理。

为了真正提高效率，需要创造一个真正的"公平竞争环境"。除其他事项外，这将要求私人认证在应用相关规范或检查相关项目文件时犯下任何错误，都将承担与公共部门认证机构相同的财务风险。

虽然独立的私人认证可能会刺激地方政府内部的评估实践效率更高，但私人认证也带来了一些难题。自我认证者面临的激励平衡不能被认定为符合公共利益。对结构故障（与认证过程中的不足有关）的成本承担责任，可能不足以遏制不当行为，尤其是在涉及长期居住的建筑物和城市基础设施的情况下。

近年来，开发部门大力提倡将"技术评估"的范围扩展到大多数根据规划立法提出的开发申请。例如，常设仲裁法院（PCA，2009）认为，民选议员应该制定政策，然后将这些规则的实施交给独立的技术人员或开发评估小组。PCA将这种方法比作由州议会制定公路法并由警察执行这些法律。PCA论点的困难在于，所讨论的规划规则要求对政策意图做出明确的解释，负责做出批准决定的技术人员将被卷入他们没有授权的政治"角色"中。反驳的说法是，"角色分离"的做法将为议员提供一种动机，使他们的政策框架和规则在第一时间"正确"。然而，这在实践中被证明是困难的，特别是在基于绩效的开发控制框架中。

澳大利亚开发评估论坛（DAF）的工作在一定程度上协调了开发评估中的这些紧张关系，即通过简化决策过程来降低持有成本的必要性和对可能存在争议的提案者进行适当的社区审查。论坛包括来自各级政府、开发行业和相关专业的代表。它研制了一个领先的实践开发评估模型，其中包括六条与所涉项目的复杂性以及该项目在多大程度上可以获得技术认证相联系的轨道。这些轨道包括免责、禁止、自我评估、代码评估、绩效评估和影响评估，更多基于轨道的评估的信息参见DAF（2005）。

5.2.12.4 公告和第三方上诉权

如果在规划编制过程中进行广泛的公众咨询，第三方的上诉权可能仅限于规划方案中未曾预见的开发建议部分。对于任意用途而言，如果批准条件已在规划方案中明确预示，那么评估当局要求公布建议书并接受提交文件可能是适当的，但第三方上诉权可能不适用。对于其他提案，可能需要保证充分的通知权和上诉权。

5.2.12.5 转介程序

如上文所述，有充分的理由在单一申请（向地方政府）的基础上运行开发评估程序，并将其转介给其他相关方。这样就可以同时进行多个评估，而不是按顺序进行评估。在这样的系统下，转介可以由地方政府按照州政府的规定和指导方针进行，也可以由申请人根据地方政府的建议负责转介。

从效率的角度来看，重要的是应尽量减少转介的数量。只有真正感兴趣的机构才有权审查一项提案。转介机构应尽可能在规划方案或其他已公布的规划中列入其许可标准，以便将这些决策过程最大限度地委托给地方政府。

转介必须迅速、公正地处理，所有参与者都应遵守适当的纪律。例如：

- 可能要求各机构在提供其批准条件或补充信息的要求时遵守合理的截止期限，未遵守这些期限的机构甚至可能被视为支持所提交的提案；
- 如果开发支持者认为对其提出的信息要求是不合理的，那么他们有权获得独立和权威的仲裁。

5.2.12.6 开发评估过程的部长级干预

根据定义，在开发评估过程中，部长级干预跨越了地方政府的既定角色。它向利益相关方发出了一个信号，即地方规划方案可能不是未来开发的重要指南，尽管公众对此类规划贡献巨大。因此，部长级干预可能会削弱更广泛的社区对规划系统的信心，应该谨慎使用。

有效的规划立法会将此类干预限制在具有国家意义的事项上，并就如何判断此类重要事项提供一些指导。在理想情况下，这些准则将在州-地方政府的协议中得到充实。在部长级干预确实发生的地方，根据公平性原则，这些干预应受到与通过有关规划方案下的标准程序处理提案时所适用的通知权和提交权的约束。然而，上诉权将不适用（司法审查事项除外），因为一般而言，由指定的法院驳回民选政府的政策决定是不适当的。

5.3 良好实践原则概述

土地使用管理制度设计中良好实践原则的一般清单可从前面的讨论中得出，并在表5-2中列出。这为在任何特定司法管辖区处理这些问题提供了一个起点，也许还提供了一个概念框架。显然，实际上，根据当地的情况，不同的规划价值观和优先事项可能需要采取截然不同的方法。

表 5-2	良好实践原则
规划编制	· 确定国家规划部门是协调可能对土地开发和使用结果产生重大影响的政府举措的主要机构
	· 正在制定一项重要的政府间议定书或法定条款，其中概述了政府各领域在规划中的作用和责任，并描述了可能构成国家、州和地区利益的事项
	· 要求国家机构在规划编制的早期阶段申报其利益和要求
	· 无论这些举措的法定来源如何，对影响土地使用和开发结果的拟议监管举措都需要同样的公众咨询
	· 在可能的情况下，规定咨询过程分两个阶段，以便有关各方可以就主要规划举措的职权范围发表意见
	· 规定对有关重大规划方案的公开意见进行独立审查
	· 避免法院对规划方案做出可上诉的修订（司法程序审查除外）
	· 为"快速轨道"计划的修订过程做好准备，以处理预先确定的一系列次要规划事项，包括对开发标准的轻微修改
	· 仅就公共用地的保留、先前有开发潜力的土地的"绝育"，以及开发许可证的取消规定补偿权
	· 在土地使用和开发控制的框架中，最大限度地使用基于绩效的方法
规划的实质性内容	· 采用广义的环境定义，包括社会资源、物质资源和条件
	· 明确区分开发建议可补偿的环境影响和其他政府再分配范围及补偿方案的影响
	· 采用市场驱动的土地出让方式，包括开发商有机会承接无序项目，但必须准备好支付额外的基础设施成本
	· 正式区分三种类型的发展贡献——用户付费、影响缓解税、改良税或开发许可费
	· 将基础设施费用的适用范围限制在消费者的选择由于健康和安全原因或供应成本长期强制节约而受到限制的设施和服务上
开发评估	· 要求采用单一的应用程序和转介方法进行开发评估，而不是运行几个单独的审批系统
	利用基于轨道的评估，根据开发应用的复杂性和潜在的技术（非政治性）确定开发应用程序
	· 除特殊情况外，要求地方政府在单一申请方法中履行登记和协调的职能，即地方政府有责任直接转介申请或向利益相关机构的开发支持者提供建议，并经所有相关方充分考虑后，发布一项综合决定
	· 原则上，应对相关开发评估机构具有约束力的正式批准做好准备。在这种情况下，"约束力"意味着在寻求开发许可时，原则上批准中商定的参数不得重新考虑（除非包括开发支持者在内的所有各方另有约定）
	· 鼓励认定优先权和开发作为所编制规划方案的一部分。从环境影响的角度来看，优先权将被证明是可接受的，其批准仅需符合技术规范
	· 提供符合技术规范的独立私人认证
	· 将第三方通知权和上诉权与规划方案（或类似文书）中预期到的开发程度联系起来
	· 规定第三方提交和上诉权的普遍地位
	· 鼓励转介机构在规划方案或其他已公布的方案中纳入其许可标准（以便符合标准的提案可由接受转介的地方政府批准）
	· 规定严格的时限，国家机构必须在此时限内对所提交的申请做出回应
	· 在开发支持者认为转介机构的信息要求不合理的情况下，提供独立的仲裁
	· 明确将开发评估过程中的部长级干预限制在国家重要事项上。在州和地方政府之间的立法和/或正式协议中，应列入此类重要性测试
	· 根据"部长级请示"处理的申请应具有与其他申请相同的通知权和提交权，但不得向法院提出上诉

参考文献

Adams, R., 2008. *From Industrial Cities to Eco-Urbanity—The Melbourne Case Study*, Melbourne, Victoria, Australia: City of Melbourne.

Australian Urban and Regional Development Review, 1995. *Smart Planning Not Sprawl: The Costs and Benefits of Alternative Fringe Planning*, Canberra, Australian Capital Territory, Australia: Department of Housing & Regional Development.

Centre for Developing Cities, 2003. Leveraging the long-term: An operational model of leading practice development assessment, Final report to the Development Assessment Forum.

Commonwealth Minister for Housing quoted in Franklin, Matthew, 2009. "Land charges pricing out buyers", The Australian Newpaper, November 3, 2009, published by News Limited.

Development Assessment Forum, 2005. A leading practice model for development assessment in Australia. www.architecture.com.au/i-cms_file? page=6849/ DAF_LPM_May05.pdf (accessed July 7, 2011).

Fensham, P. and Gleeson, B., 2002. *Capturing value for urban management: A new agenda for betterment*, Research paper, Urban Frontiers Program, Sydney, New South Wales, Australia: University of Western Sydney. p. 9.

Gurran, N., Ruming, K., and Randolph, W., 2010. *Counting the Costs [Electronic Resource]: Planning Requirements, Infrastructure Contributions, and Residential Development in Australia*, Canberra, Australian Capital Territory, Australia: AHURI.

Industry Commission, 1993. *Taxation and Financial Policy Impacts on Urban Settlement*, Australian Government Printing Service. Canberra, Australian Capital Territory, Australia.

Kelly, P., 1994. *End of Certainty; Power, Politics and Business in Australia*, Sydney, New South Wales, Australia: Allen and Unwin.

Kinhill Consultants, 1995. *Financing the fringe, Australian urban and regional development review*, Discussion paper # 4, Canberra, Australian Capital Territory, Australia: Australian Government Printing Service, April 1995.

Productivity Commission, 2011. Performance benchmarking of Australian business regulation: Planning, zoning and development assessment, Research report, Canberra, Australian Capital Territory, Australia: Productivity Commission.

Property Council of Australia, 2009. Pre-budget submission: 2009–2010 Federal budget, January 2009.

Spiller, M., 2004. Planning for community—A governance perspective, *Paper published for the Changing the Way Government Works seminar*, Melbourne, Victoria, Australia, October 5, 2004.

Western Australian Government, 2009. Development contributions for infrastructure, State Planning Policy 3.6, November 2009.

第 6 章 　城市用水的融资与管理

Kath Wellman

引言

　　水很复杂，无处不在。它是所有生命系统的主要组成部分，不仅与活细胞密不可分，而且为细菌、病毒和其他活生物体提供了媒介。对于人类，它是我们生活的一部分，我们饮用它、用它洗涤，在娱乐中享受它，我们用它来浇灌我们的花园，并且用它来运输人类的排泄物。澳大利亚水资源倡议组织（CO-AG，2004）认识到水资源所发挥的广泛而重要的作用，将水资源指定为国家自然资源的一部分，为生产、环境和社会目标服务。

　　水是我们生存的必需品，这一事实并不意味着所有人都可以得到水。水是一种分布不规则的有限物质，即使有足够水源满足其需求的国家，也可能没有在正确的地点、正确的时间、以正确的形式获得水。这就需要仔细考虑我们如何获取并管理水，特别是在我们的城市地区。

　　水的不同性质和附加的不同价值使我们对水没有统一的感知。作为人类和自然生态系统的必需品，水成为一种公共物品有很充分的理由。然而，水资源的稀缺性、使用方式的多样性以及不同形式和功能依附于水的不同价值，使得就如何评价和使用水资源作出政策决策变得非常复杂。这也使得越来越多的人呼吁将水作为一种经济商品（ICWE，1992；Seabright，2004；COAG，2004 and Productivity Commission，2008a），让水的价格在社区、公司和个人所依附的不同价值之间进行调节。

　　然而，关于水的研究的纯经济方法并不重视水的社会和环境层面的价值。Dovers（2008，p.90-91）指出，产权工具（水作为可交易商品）将政策逻辑从具有生态性考量的分配公平转变为具有可持续性考量的经济效率，是建立在强大的、有生态可持续限制的市场的基础上的。在这一点上，他并没有低估市场分配稀缺资源的潜力。但他指出，需要联合和支持政策工具，尤其是在水对其他部门的发展产生影响，如健康、生物多样性保护、土地开发、能源等，并反过来受它们的影响时。这可能需要广泛的跨部门和/或跨政府的方法来制定政策和监管框架，在这些政策和监管框架内可以促使水资源市场提高成本、分配和创新的效率。关于城市政策的跨部门方法，包括这些方法中固有的紧张关系和益处，将在本书第1、2、9章中讨论，本章不做讨论。本章具体论述那些驱动或有可能推动城市水务部门自身效率和安全的潜在因素。

　　澳大利亚的城市大都市区支撑着澳大利亚全国2/3以上的人口（ABS，2009）。如第1章所述，这些城市人口的增长速度预计将超过澳大利亚整体人口的增长速度，每年达1%。在21世纪初，大多数大都市区的长期干旱使得这些地区的水务公司没有准备好利用传统水源诸如大容量水库来满足需求。这就要求我们回顾一下我们是如何平衡城市水的供需以及城市水业的结构与财务的。这些构成了本章的中心主题。

　　本章首先提供了一个空间和环境背景，用于理解在特定城市中水和环境的相互关系，以描述城市水文循环，然后描述了气候变化对水文循环和水资源管理的预期影响。在设定了背景之后，本章接着讨论澳大利亚城市水资源管理目前面临的主要问题：首先探讨供需问题，其次探讨城市水务行业的财务和结构安排问题。

　　在探讨需求和供给的性质时，涉及以下四个主题：

　　1.水安全：在规定的风险容忍范围内平衡供给和需求。

2.需求管理：研究需求管理的潜力和澳大利亚目前使用的技术。

3.准入和水价：分析现有的定价基础和水资源短缺定价的潜力，以平衡需求和供给。

4.供水：拓宽大都市水库以外的水源的搜寻范围，并检查其成本结构。

本章的最后一节描述了自来水公用事业公司的结构和财务。其阐述了如何为水利基础设施投资做出决策，是否以及在哪里可以利用竞争来提高效率，以及如何改善政府所有的水资源利用机构的投资和经济效益。这一讨论放在第1章微观经济改革和第3章生产率和财务问题的背景下。它由三大主题构成：

1.所有权与治理：分析自来水公司目前垂直一体化的政府垄断的结构所导致的问题。

2.水资源管理的价值链：确定可以拆分的潜在功能，使之具有竞争力和差异化。

3.财务结构：检查当前自来水公司的财务结构，确定改善投资和经济绩效的杠杆。

最后针对可能的改革领域得出结论。

6.1　城市水文循环

自然水文系统由太阳能、重力及水凝聚力所驱动。雨（或雪）在重力的作用下落下。一些雨（或雪）落在陆地上。这些水要么被地球吸收，要么留在地表上。

被地球吸收的水被植物或土壤生物利用，或聚集在地下含水层中，形成从小溪流到大型地下湖泊等大小不同的地下水层。植物将根部的水分转移到叶片中，在光合作用下利用水分形成碳水化合物，也从叶片中释放出水分来冷却植物。树木的作用类似于水泵，利用水的内聚力，将水从地下输送到大气中。

残留在陆地表面的水或形成池塘，或在相连的树枝状排水系统中流经陆地，最终流入湖泊或海洋。这些排水系统中的水会蒸发。地下含水层中的地下水可能会以溪流或泉水的形式冲破地面。

当然，水文系统比这复杂得多。至于什么水被地球吸收在很大程度上取决于其表面属性。大量植被覆盖在轻质土壤上（如沿海荒原或沙地上的森林），每一升径流上都有植物覆盖；坚硬的城市表面如屋顶和沥青将产生几乎100%的径流。因此，将景观从自然或乡村景观转变为城市景观，可对区域水文循环产生深远的影响，从而产生更多的径流并减少渗透。在城市环境中，这种水需要管理，否则大面积地表径流增加带来的复合效应将造成人为和自然系统的洪水。此外，城市污染物降低了水质。

通过排水系统的水量取决于许多因素，包括对排水系统有贡献的流域规模、流域的地表特征以及降雨频率、强度和持续时间。通常，强烈的风暴是短暂的，覆盖的区域很小。这里的径流，最初以雨水的形式在流域上游的高处落下，在雨停后很长一段时间内到达流域的下游，流域的下游不再对排水流量有贡献。持续时间较长的风暴通常覆盖更大的区域，并且以比较低的强度下落。工程师们监测了城市降雨的强度和持续时间，以制定使他们能够设计排水系统来处理峰值流量的表格（Carpenter，1976）。诸如停车场及椭圆形设施等沿排水管线放置，作为洪泛区的补充，通常构成用于娱乐、交通（行人和自行车道）、生物保护、城市结构和防洪的连接开放空间系统的一部分（Whiston Spirn，1984）。可以在排水网络内有足够面积的地方，如小型水坝、池塘和湿地中蓄水。这些功能可能是美观的或功利的。池塘往往具有双重功能，为高尔夫球场或椭圆形设施和湿地提供灌溉水，从而提高水质并增强生物多样性。房屋和机构建筑物被安置在高处，那里的洪水风险较小。与所有设计的解决方案相关的风险都可以根据风暴淹没它的概率来计算，预测的风暴频率范围从每年或每两年一次到每100年一次不等。由于降雨量不是完全可预测的，因此有可能连续两年出现概率为100年一次的风暴。径流的这种不可预测性影响了在流量不规则的部分雨水网络上开发处理设施的财务可行性。但是，维多利亚州现在从地表排水系统中获得了超过40%的城市再生水（ABS，2006），并有可能将其扩展到澳大利亚的其他城市。

在城市的水文循环中增加了来自城市边界以外的大型流域、海洋或地下水源，它们为城市用水提供了水源。这些水被输送到水处理厂，在那里按照规定的卫生标准进行净化，然后被输送（泵送）到通常位于城市地区上方山丘上的水库。来自水库的水被分散在城市的管道网络中，用于饮用、运送废物、冷却工业过程、浇灌花园和其他用途。这些过程中产生的大部分废水都通过污水管网回流到处理厂，在那里可以接受处理并释放到环境中或被重新利用。这些水并不遵循降雨模式，而是遵循城市家庭和工业的昼夜和每周使用模式。

下水道排污网络将废水集中处理，通常集中在有限数量的终点上、流域内位置较低的地方。由于重力被首选用于沿着污水管网输送废水，主干管线通常位于地面排水开放空间系统中，利用陆地的自然下落将下水道的深度降至最低，并最大限度地减少对泵的需求，即处理设施位于流域的较低位置。污水系统的集中性、流量的可预测性，以及它与开放空间系统之间的关系，提供了从下水道开采水的机会，并将处理后的水用于可能位于开放空间系统内的设施，如高尔夫球场和椭圆形设施等，或者用于其他目的。至于供水方面，就近很重要，因为相对于运输的价格而言，水的成本可能比电力等其他能源更昂贵。

6.2 气候变化及其对城市水管理的影响

第1章详细介绍了气候变化及其对基础设施的影响。本章特别关注气候变化对水资源管理的影响。这比第1章介绍的内容更复杂。测量表明，在过去的一个世纪里，澳大利亚气温显著上升。20世纪70年代中期以来，澳大利亚西南部的降雨量有所减少（CSIRO和气象局，2007）。其他的预测是基于模型的，在这里，重要的是要理解模型预测存在一定程度的不确定性，特别是当它们预测诸如气候等复杂系统时。这些模型在全球范围内而不是在大都市范围内具有更高的预测能力。鉴于此，气温可能会继续上升，CSIRO和气象局（2007）估计到2030年澳大利亚年平均气温将上升1.0°C。这种上升趋势可能在沿海地区较低，在0.7°C ~ 0.9°C；在内陆地区较高，在1°C ~ 1.2°C。

气候模型对降雨的预测能力不那么直接，因为控制特定区域降雨的系统相互作用是复杂的，包括洋流、地形、土地覆盖和可用于蒸发的水。降雨量的区域变化与温度变化之间没有密切关系。预期的广泛趋势是热带和高纬度地区的降雨量将增加，而澳大利亚亚热带和温带地区的降雨量将减少，因为澳大利亚南部的天气环流模式进一步向南推进。预计到2050年，澳大利亚南部降雨量的变化预测范围是从减少20%到几乎没有变化，最佳估计值约下降7.5%（CSIRO和气象局，2007）。

然而，降雨量的小幅下降可能会对径流产生很大的影响，因为雨水首先会渗透到土壤中直到达到饱和点，然后才会对径流产生很大的影响。较小的降雨量和较干燥的土壤会减少径流量。Chiew（2006，Garnaut，2008）发现降雨量减少会导致河流流量减少1/3至1/2倍。由于2008年澳大利亚大部分地区（2001—2009年）干旱，流向悉尼的径流量长期平均值为40%、布里斯班为42%、堪培拉为43%、阿德莱德为62%、墨尔本为65%。鉴于20世纪70年代以来西澳大利亚西南部的降雨量下降，2008年的年径流量仅为1970年以前长期平均值的25%（Garnaut，2008）。

气候变化可能影响风暴强度和持续时间，气候模式显示日降水强度会增强，干旱天数会增加。在更强烈的类别中，热带飓风预计会增加，但飓风总数减少（CSIRO和气象局，2007）。两者都会影响工程师用于设计暴雨管理系统和现有建筑系统的数据。

IPCC（2007）预测到2100年海平面将上升18～59厘米，尽管Greenland和南极西部的冰盖存在着很大的不确定性，但这可能会大大增加这一数字（Garnaut，2008）。海岸线上的风暴潮预计将会随着风速和海平面上升而增强，洪水和侵蚀则随之加剧。海平面上升可能会抬高低洼沿海地区的盐水水位。这在淡水表面向下被拉近海岸线的情况下尤其成问题，因为盐水有可能在淡水顶部形成透镜。这已经发生在东南亚的许多海岸线上，并有可能在澳大利亚发生。

6.3　水安全：平衡需求和供给

1997—2009年期间，城市扩张和城市集水区内的降雨量和径流量减少，提高了人们对传统城市水源尤其是大都市水坝相关风险的认识。大多数主要的大都市的水坝设计都是为储存足够的水，以满足多年的需求。对于主要依赖大坝水的城市，基于2005—2006年的消费率（见表6-1），大坝蓄水能力的范围从满足4年需求（堪培拉和墨尔本）到满足近8年需求（Darwin）。

表6-1 首府城市的储水量

市	大坝蓄水容量	2005—2006年度消费	供应充足时（基于2005—2006年的消费率）
	毫升	毫升	百分比
悉尼	2 584 300	528 260	4.9
墨尔本	1 173 000	444 365	4.0
布里斯班和SEQ	1 930 350	298 132	6.5
珀斯	688 000	244 158	2.8
阿德莱德	168 979	163 577	1.0
霍巴特	11 000	38 150	0.3
堪培拉	207 400	56 823	3.7
达尔文	265 000	34 521	7.7

注：除了 Wivenhoe，Somerset 和 North Pine 之外，布里斯班和SEQ包括 Little Nerang 和 Hinze Dams，为黄金海岸供水。后三座大坝还供应伊普斯维奇和洛根市以及其他一些地方政府地区。

Source：Reproduced with permission from Productivity Commission（2008），Towards urban water reform：A discussion paper，Productivity Commission，Melbourne，Victoria，Australia，p.3.

通过更有效地管理集水区和蓄水设施，可以提高这一效率。森林蓄水区的营林处理可以增加包括地下水库在内的蓄水设施的水产量。通过水网连接水库，水资源可以从高产量集水区转移到低产量集水区，从而提高整个地区大坝蓄水的利用率。但是，由于水资源转移成本较高，这需要经过严格的成本效益分析。

持续的低降雨期会减少水坝和地下水库的流入量，以至于需要采取强有力的措施（监管或价格）来减少需求。考虑到即使在低降雨期，也可以通过增加对海水淡化厂等基础设施的支出，增加城市水坝的持有量和/或通过城乡水资源交易来增加城市供水，因此政策制定者越来越有兴趣尝试量化与任何给定水平的基础设施供应相关的风险。水安全是对这种风险的一种衡量，它被定义为城市用水在一定时期内不满足需求的概率，因此需要采取限制措施。这与工程师和开发人员在防洪方面已经考虑到的风险度量相似。

社区和政策制定者需要确定开发供水基础设施的风险水平。它应该设计为

50年一次、100年一次，还是200年一次干旱期？

对于50年一遇的干旱期，有2%的概率不能满足城市需求，需要利用法规或定价来减少需求。在这里，社区和政策制定者正在权衡基础设施的成本（因此是水的成本）与没有足够的水来满足需求的风险。风险承受能力越低，成本越高，在正常降雨期间的闲置容量越多。有关水安全的大部分决策取决于控制大都市自来水公司的政府。然而，城市社区内的个人可以通过在水箱或社区水坝收集和储存雨水来影响他们自己的水安全。

目前，影响风险预测的主要因素是降雨量和溪流流量。澳大利亚部分地区特别是西澳大利亚溪流流量减少的长期趋势使这一点变得更加困难。更加复杂的是预测气候变化引起的降雨变化的难度（见上一节关于气候变化的部分）。与基于正常的 Gaussian 曲线相比，天气模式在行为上是分形的（Taleb，2007）。这意味着基于正常曲线计算风险的方法并不合适。

6.3.1 需水量

在澳大利亚，约18%的水用于城市地区。尽管家庭消费在城市消费中所占的比例很高（62%），但它仍然是总用水量的低用户，2004年占澳大利亚总用水量的11%。2000—2001年，户外用水量占家庭用水量的44%，约占总用水量的4.84%（ABS，2004）。

表6-2显示了2004—2005年澳大利亚的用水情况（ABS，2006）。请注意，供水包括排污系统、排水服务和农业供应，其中大部分消耗是由于分配的损失。自来水供应商供应的水有59%用于农业。只有4%的水被水供应商回收再利用（ABS，2006），其中大约一半来自废水，另一半来自排水。

已有学者开展研究，以确定国内消费是如何随着时间的推移而变化的。Davison（2008）记载了从19世纪中叶到现在，悉尼和墨尔本的水资源需求增长了3倍，人均用水量从约100升变为300升。在19世纪后期，管道水和地下污水将消耗量推高到每天200升。1950—1970年间，用水量平均每天400升，达到峰值，这与第二次世界大战后住房建设相关。从1990年开始，可供城市用水的稀缺变得明显，引起了人们对管理家庭用水需求的兴趣。通过提高认识、发展节水技术和限制用水，家庭人均用水量的需求降至每天300升。本章

表6-2　2000—2001年和2004—2005年的用水量

	澳大利亚		2004—2005							
	2000—2001	2004—2005	NSW	Vic	Qid	SA	WA	Tas	NT	ACT
	GL	GL	GL	GL	GL	GL	GL	GL	GL	GL
农业	14 989	12 191	4 133	3 281	2 916	1 020	535	258	47	1
林业和渔业(a)	44	51	11	8	3	1	25	4	1	—
采矿	321	413	63	32	83	19	183	16	17	—
制造业	549	589	126	114	158	55	81	49	6	1
电力和燃气供应	255	271	75	99	81	3	13	—	1	—
水(b)(c)	2 165	2 083	631	793	426	71	128	20	8	5
其他行业	1 102	1 059	310	262	201	52	168	18	30	17
家庭	2 278	2 108	572	405	493	144	362	69	31	31
合计	21 703	18 767	5 922	4 993	4 361	1 365	1 495	434	141	56

注：零或舍入为零（包括空单元格）；(a)包括农业、狩猎和诱捕服务；(b)包括污水和排水服务；(c)包括水损失。

Source: Reproduced with permission from Australian Bureau of Statistics (2006). Water Account Australia–, Commonwealth of Australia, Canberra, Australian Capital Territory, Australia, p. 8.

后面的"需求管理"对影响家庭用水量的驱动因素进行了更详细的描述。尽管城市人口持续增长，但从2001年到2007年，城市供水总量减少了11.8%（生产力委员会，2008b）。除了西澳大利亚州的水务公司在同期城市供水量增加了9.9%之外，大多数城市政府水交易企业的供水量都出现了下降，图6-1显示了选定的政府所属贸易企业在这一时期的城市用水量。

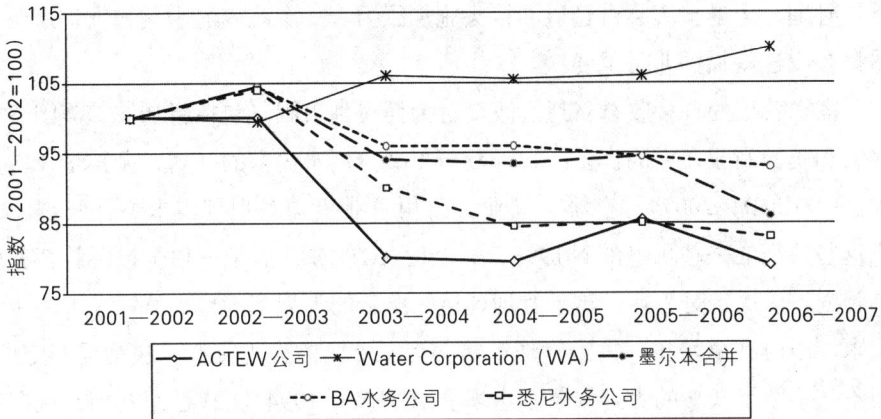

注：城市用水量定义为WSAA提供的"城市供水总量"。墨尔本合并包括3家墨尔本零售商提供的城市总供水量，包括GTEs-城市西供水量、东南供水量和雅拉河谷供水量。

图6-1　城市用水量——选定的GTE

Source：Reproduced with permission from Productivity Commission（2008）Financial Performance of Government Trading Enterprises，2004-05 to 2006-07，Productivity Commission：Canberra，p. 134.

6.3.2　管理需求

减少供水和污水处理服务的需求能对基础设施投资、水资源管理和维护成本的资本需求产生显著影响，并能减轻用水量对环境的影响。需求管理旨在通过关注最终用户来提高水的生产力。这里强调的是实现长期目标。这可能不是一个简单的线性过程，需要整合经济、社会和环境目标，并制定有创新性和有效的策略来实现这些目标。通过技术进步、更好的水资源管理、更有效的分配系统和定价系统，改变人们的观念和行为和/或改变物理环境，可以实现更高的效率和增强对水资源的节约。鉴于城乡用水之间的互换，这种通过节约和提高效率来减少需求的动力应该跨越这两个部门。

通过改善供水系统的性能可以获得需求的实质性降低和效率的提高。澳大利亚由于分配而造成的水资源损失与家庭用水需求相当（见表6-2）。虽然大部分损失发生在农村地区，但城市供水系统也会由于渗漏而遭受损失，特别是干旱时期，干旱土壤会对管道和接头施加压力。一个高效的监测和维护系统对尽量减少这些损失非常重要。

需求管理的许多收益将通过改变行为而得到巩固。包括新加坡、美国、加拿大和澳大利亚在内的许多国家都参与了减少用水需求的计划，尤其是在城市地区（OECD，2007）。在澳大利亚，公用事业机构对识别需求特征和试图回应这些特征的兴趣可追溯到1993年，当时ACTEW开展了一项全社区教育和咨询计划，以决定是否通过需求管理建造一座新的大坝来满足堪培拉未来的用水需求。当时在堪培拉，需求管理策略得到了社区的大力支持，包括提高定价，而不是不断寻找新的大容量蓄水水坝（ACTEW，1994）。21世纪初期，城市水务部门对需求管理的兴趣有所增加。水务当局利用了一系列政策工具，包括宣传、教育、价格、补贴和限水等。行为难以改变，这些政策工具的有效性取决于它们的实力和发挥作用的环境。对资金和时间都有限的家庭而言，需要资金和/或时间投入的节水措施可能不是首选，即使他们知道需要节约用水。

从2001—2009年的持续低降雨时期，我们发现许多水务当局的基础设施不足，无法承受一段时间的长期干旱，并严重依赖于政策工具限制用水。2003年10月，南澳大利亚引入了永久性的用水限制，维多利亚州在2005年紧随其后，之后是2006年的首都地区。到2007年6月，除霍巴特和达尔文以外的所有首府城市均实施了用水限制（生产力委员会，2008b）。这些用水限制大多针对户外使用。在2010—2011年度，澳大利亚东部的强降雨使东部取消了用水限制。

虽然澳大利亚对城市用水的需求管理（2001—2007）已经产生了作用（见图6-1），但人们一直在讨论依赖诸如水限制这样一种直截了当的工具，特别是考虑到水限制几乎完全针对户外用水，降低了个人和社区资产的效用（生产力委员会，2008a、2011）。社区资产的损失包括灌溉的椭圆形设施、灌溉的稀疏绿地、城市树木的减少以及社区的普遍衰败。个人资产的损失包括草坪和花园的恶化，需要耗费劳动力和时间的密集型的浇水方法，儿童使用花园洒水装置作为一种降温方式（通常在低收入家庭中用作替代品），以及城市小气候的变化。个人家庭试图通过各种容器捕获和回收自己的水，而这面临着身体伤害的风险和社区产生蚊子等媒介传播疾病（疟疾、登革热、罗斯河热）的风险。生产力委员会（2008a，2011）建议应该更有效地利用定价，从而不会歧视那些喜欢在户外使用水而不是在室内使用水的人，并且允许那些高度重视他们花园的人购买水（有关这方面的更多信息，请参见"定价"一节）。

　　对于管理需求，要了解是什么产生了需求，这一点很重要。这是一个相对较新的研究领域。Davison（2008），Head（2008），Troy 和 Randolph（2006）调查了家庭需求的驱动因素。Davison（2008）追溯了从维多利亚时代的英格兰到澳大利亚现在的用水历史（见前面的用水量）。在此，他调查了技术驱动因素，如 19 世纪中期卫生系统的发展，以及推动澳大利亚家庭针对卫生、娱乐和家庭护理的看法的态度和行为。Head（2008）调查了 2002—2003 年在爱丽斯泉（Alice Springs）、悉尼和伍伦贡（Wollongong）的后方的用水量，这段时间处于干旱周期。她发现，如果植物受到户主的重视，他们愿意将自己的劳动注入供水网络（手工浇水或回收室内使用过的水），而保护的愿望与户主在花园中对水的渴望相冲突。

　　Troy 和 Randolph（2006）调查了 2004—2005 年夏季悉尼 2 000 多户家庭在 4 种居住类型中的用水情况：独立住房、半连住房、三层公寓、四层及以上公寓。一般而言，所有家庭都认可保护水资源是重要的，尽管在行动中的结果是多种多样的。只有 37% 的有花园的人减少了花园用水，90% 有游泳池的人没有使用泳池盖，13% 的人表示在前一年他们没有采取行动来减少用水量。对未来节约用水的态度表明，任何进一步的实质性节约用水都将通过改变家庭内的用水量产生，特别是在厨房、浴室和洗涤用具的使用方面。而且促进更有效的对洗碗机的补贴不是不可行的。Troy 和 Randolph（2006）发现，尽管一半的家庭拥有洗碗机，但10%的人（约25%的高层公寓居民）从不使用它们，约75%的人表示他们在将碗盘放入洗碗机前先用水冲洗，这大大增加了用水量。Crase和Dollery（2005）发现，墨尔本水务局通过补贴AAA洗碗机节省的水成本为每百万升33 395美元。

6.3.3　水资源的获取和水价

通过提供供水和卫生设施来保护公共健康，确保城市供水服务的公平供应，仍然是公共政策的重要组成部分。此外，还有一些有力而有效的论点认为水价太低，未考虑规划、开发、管理和维护水基础设施，也没有表明水的稀缺价值和/或需要保护和有效利用水。这两个论点都是有效的，在任何定价体系中都需要加以考虑。

鉴于水是许多大都市地区稀缺供应的一种环境产品，那么水价是如何确定的呢？在澳大利亚国家水务倡议（COAG，2004）中，澳大利亚政府理事会已经要求对大都市地区水务服务进行全额成本收回，以确保业务可行性并避免垄断租金，其上限定价应包括但不能超过所有运营、维护和管理成本以及外部性、税收、折旧和资本成本。到2008年，所有城市自来水公司都运营定价系统，旨在确保使用一系列不同的固定和容积收费结构以及多层（分层）收费结构进行容积收费，以确保完全收回成本（生产力委员会，2008b）。分层是确保每年消耗基本水量的人支付相对比较低的单位消费价格的一种方式。当消耗量增加超过这个基准水平时，每单位额外水的成本就会增加。虽然总体定价方案与成本回收有关（Neutze，1993），但各层级的定价与成本回收没有直接关系。这些分层结构从Adelaide的两层结构到Perth的五层结构不等。

2011年，新南威尔士州、维多利亚州和ACT大都市地区的价格由独立机构监管。在昆士兰州、西澳大利亚州、南澳大利亚州和塔斯马尼亚州，水费和排污费由政府在与水务当局和其他利益相关者协商后提供（生产力委员会，2008a，2011），南澳大利亚州和塔斯马尼亚州承诺在不久的将来将转向独立的经济监管。分层结构和目前的价格管制并不意味着稀缺，因为价格上涨与日益稀缺的水相关。

如果制定反映水稀缺价值的定价制度，那么重要的是确保低收入家庭以负担得起的价格获得满足基本需求的基本用水分配（生产力委员会，2008a；Troy，2008）。在这样做时，需要确定满足基本用水需求的水量。Troy（2008）建议每人每年30升，政府从预算中拨款向自来水公司支付"社区服务义务"或对家庭直接支付，可补贴那些无法支付其基本用水需求的全额费用。

作为在稀缺期间调节需求的一种手段，基本定价的假设是，家庭会对价格信号做出反应。国际上关于水价弹性的研究结果显示了广泛的变化，范围从-0.07～-0.21（高度无响应）至-0.34～-0.96（高度响应）。澳大利亚水的价格弹性估计为：悉尼-0.35，布里斯班-0.51，表明家庭对水价格上涨具有相对较高的敏感性（生产力委员会，2008a）。在目前的水价水平下，Troy和Randolph（2006）发现，在悉尼，很少有户主知道他们的水费账单或在决策中使用它们。然而，如果价格在短缺时期从基准水平快速提高，消费者对价格的敏感性可能会增强，其支付意愿也会向供水公用事业发出信号，说明所需水的安全水平，以及满足这一水平的水安全所需的新基础设施需要的投资。供水限制需要由政府根据现有供水水平来确定，以确保向城市提供安全、可持续的基本供应水平。如果水价可以用来管理缺水时期的需求，而不是目前的用水限制，它将为住户提供更大的选择灵活性，并确保用水大户支付其水消费的财务和环境成本。

通过竞争性市场获得的效率收益可能会导致水价低于在成本回收基础上所定的价格，这是因为降低了糟糕的投资决策给用户和纳税人带来的成本风险，更有效的市场信号也应该改善及时的投资决策。

6.3.4 供水

认识到对水安全的需要后，人们已经将注意力集中在澳大利亚大都市地区现有的供水安排上。这就产生了更有效地利用水和使城市用水多样化的需求。分散的水资源管理方法的无效性激励了国家、州和地区政府采取地区性方法来寻找水源，并将大都市地区连接到供水网络中。昆士兰东南部、维多利亚州和西澳大利亚州已经或即将开发连接供应源的水网。

用于城市供水的传统水源一直基于受保护的集水区的大容量存储系统。其有可能增加来自森林集水区的径流量，包括通过稀疏树木覆盖而在地下含水层下提供水的集水区。大都市水务公司的其他水源包括地下含水层：来自农业部门的水，来自雨水的循环水，以及来自海水淡化厂的污水和人造水。社区和个人获得的小规模水源包括雨水池和循环水。

不同供应选项的相对成本可能因地点和情况而异。图6-2由Marsden Jacob协会（2006）根据悉尼、阿德莱德、珀斯和纽卡斯尔的数据提供了供水和需求选择的成本范围。

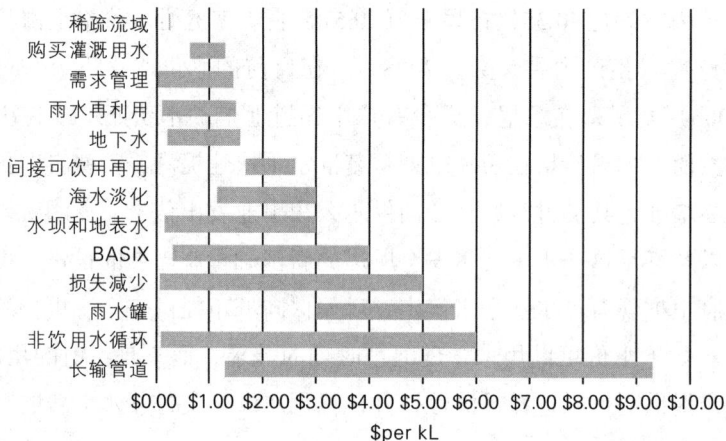

图6-2 供水/需求方案的直接成本——悉尼、阿德莱德、珀斯、纽卡斯尔

Source：Reproduced with permission from Marsden Jacob Associates （2006） Securing Australia's Urban Water Supplies：Opportunities and Impediments，a discussion paper prepared for the Department of Prime Minister and Cabinet，Nov. 2008，p.iv.

从这些数字可以明显看出，通过稀疏流域和购买灌溉用水进行管理是成本相对较低的选择；而根据用水量，购买雨水罐则是一个成本相对较高的选择。作为一种解决方案，雨水罐的高昂成本可能对政府来说尤其真实，因为政府需要支付补贴。通过墨尔本对水箱支付的补贴我们发现，每百万升水能节约成本9 069美元（Crase and Dollery，2005）。

在做出政策决定之前，需要在认识到与气候变化相关的风险条件下，对来自不同供应方案的水源根据地点及时地进行成本效益分析；应该有足够的灵活性，允许水来源方面的创新并考虑农村-城市水交易。在澳大利亚西部和穿过南部的 Murray Darling 盆地的农村水市场已经开展了农村-城市水交易，并得到了澳大利亚政府间协议、国家水资源倡议和生产力委员会（2008a，2010）的支持。然而，只有在有能力以合理的价格在卖方和买方之间实现实际水转移的情况下，农村-城市水交易才是有效的。水的体积大的特点增加了单位转移成本，使得可达性和邻近性在任何水贸易中都很重要。由于成本相对比较高，购买长期的、能源要求较高的基础设施，如海水淡化厂以及微系统（如节水洗碗机和雨水池），需要严格的评估。

在有些情况下，如长期干旱期间，显然需要大幅增加供水。如果这一需求不能通过诸如流域管理或城乡水务交易的其他选择组合来满足，则可能需要针对高成本基础设施（如新坝或海水淡化厂）进行长期投资做出决定。这一决定必然发生在一个不确定的环境中，因为通过大雨打破干旱可能会填满现有的蓄水坝，从而避免增加基础设施的容量，只有时间才能检验这是否会发生。在达到关键风险阈值之前推迟基于水安全要求的投资有明显的好处。这些触发点需要由水务主管部门确认，并且使之透明，以便投资决策是基于证据并负责任的。不这样做并允许决策被政治化的代价可能很高。生产力委员会（2011）计算了悉尼和墨尔本海水淡化厂的早期投资，在20年的时间里，社区花费了15亿～22亿美元。这些投资决定早在确定的触发点到达之前，或其他可行的替代选择得到适当调查之前，就已经做出了。

6.4　城市水务行业

城市供水和管理没有标准的行业结构。商业模式包括英格兰和威尔士的私营部门模式（在经历了从公共垄断到私人垄断相当艰难的转变后，现在受到政府监管），荷兰的混合模式（其中50%以上的所有权必须保持公共属性），加拿大、澳大利亚和美国部分地区的公共所有权模式（OECD，2007）。无论城市自来水公用事业的商业模式如何，由于安全的城市水管理提供了广泛的经济、社会和环境利益，政府和社区总是会对城市用水产生强烈的兴趣。对政界人士和公众来说，这将确保供水和水管理继续保持其重要性。

6.4.1　所有权和治理

在澳大利亚，大都市地区的水利基础设施由州和当地拥有。在维多利亚州，这种所有权写入了州宪法，需要在议会获得3/5的多数票才能将水服务转让给私人机构（VCEC，2007）。在大多数州，大都市的供水服务由政府所有的企业提供，但南澳大利亚、阿德莱德地区例外，其大都市区的供水服务是由联合水务公司特许经营的；而在ACT，由公私合作伙伴ActewAGL运营和维护政府拥有的供水和污水网络。大多数大都市自来水公用事业都是在公司法下运营的。

在政府拥有的水务公司中存在固有的紧张局势，它们的结构和董事会的职责反映了私营部门基于类似激励和制裁的商业需求。但重要区别适用于私人和政府所有的企业。政府的所有权带来了政治和政策干预、整个政府的目标和流程、公共资金和资产的管理以及破产保护（生产力委员会，2005）。有投票权的股东部长可以通过对所有权的控制强加公共利益要求。部长作为选举产生的代表，有责任协调水务公司中相互竞争的利益，特别是商业和其他公共利益目标。部长对什么是符合公共利益的理解是由他或她的政党的价值观和政策纲领所决定的。水公用事业委员会将对财务风险负责，最终部长将对政治风险负责。其面临的挑战是以一种明确责任和将非商业性（公共利益）目标与商业必要性目标分开的方式来缓和水务公司治理方面的紧张局势。这需要部长明确阐述目的和目标，并通过预算为非商业性（公共利益）目标提供资金。这一点，加上董事会与部长的独立性，将有助于继续维持资本市场对水务公司的纪律，并将外部治理（即由部长和外部机构进行的治理）与董事会的内部治理分开。

在国际上（OECD，2005）和澳大利亚（生产力委员会，2005），一直有人呼吁澄清政府所属贸易企业的外部治理和内部治理的区别。为了支持这些改革，相关机构制定了治理原则（OECD，2005）。这些原则包括政府为贸易企业设定的目标以及如何解决冲突的目标的明确性，贸易企业与监管机构以及行使政府所有权的实体的分离，基于能力和经验的董事会成员的透明选择，通过公开披露的总体目标与外界保持距离的外部治理，以及对实体目标、绩效和社区服务义务的行为的公开声明。

澳大利亚政府拥有的大都市水务公司并没有完全实现这些改革。虽然已经采取措施将所有权和监管分开，但这种情况并不总是发生。在昆士兰州、西澳大利亚州、南澳大利亚州和塔斯马尼亚州，水费和排污费是由政府在与水务部门和其他利益相关方协商后制定的，而不是由独立机构制定的（生产力委员会，2008a）。政府目标、商业和公共利益，本质上都是常规的，并没有优先考虑。在某些情况下，公共利益目标没有计算成本，甚至在确定的地方也不可能获得资金（见社区服务义务部分）。水务委员会的成员继续由部长提名，没有透明的程序。外部治理和内部治理之间缺乏明确性，为部长们提供了参与公司日常管理的机会，并冒着政治上以权宜之计解决方案的风险，如水采购等决策，而不是基于成本效益分析做出客观决策。在昆士兰州东南部和西澳大利亚州设立独立的水网管理者的举措（参见关于区分水源的章节）是向外部治理改革迈出的重要一步。

6.4.2 审查政府拥有的大都市水务公用事业

虽然澳大利亚水务部门在《1995年竞争原则协议》（COAG，2007）的基础上，已经实现了一些商业化和公司化，但这并没有改变这些政府所有的公用事业的纵向一体化和垄断性质。就这种垄断性质而言，水务基础设施的高资本成本以及这些公用事业向政府支付的相对较高的股息（生产力委员会，2008a）导致基础设施投资不足。国有自来水公用事业公司对2002—2009年的低降雨量期延长没有做好准备，导致堪培拉、悉尼、墨尔本和昆士兰州东南部地区实施了严格的监管（水限制）。除了日益增长的社区对气候变化的影响的担忧以及人们对涉及大规模长期基础设施投资的人造水越来越感兴趣之外，这也导致政府对城市水管理进行了多项审查，包括对昆士兰州东南部（2007）、维多利亚州（VCEC，2007）、西澳大利亚州（ERA，2007）、塔斯马尼亚州（MWST，2006）的审查，以及由生产力委员会进行的全国审查（2008a，2011）。其主要关注点如下：

- 与不完整的供水系统和机构责任相关的低效率和高风险（参见昆士兰州东南部案例研究）。
- 水务公司垄断、垂直一体化的性质抑制了私人对水的投资，减少了创新和竞争。
- 政府的高额股息降低了水务公司投资基础设施和维护的能力。
- 城乡水交易潜力尚未充分发挥。
- 根据竞争政策和《贸易惯例法》，需要一个成熟的第三方进入分销网络。

以下是对城市水管理价值链的分析，即如何通过产品更大的差异化，加强竞争，扩大私营部门投资和支持创新，来改革纵向一体化的垄断。

6.4.3 城市水价值链

在城市水管理的结构调整中，重要的是理解城市水管理所需的不同功能，这些功能是如何沿着城市水价值链联系起来的，以及这些功能中的每一个都有什么样的效率。生产力委员会（2008a）将价值链分解为以下几个部分：水源（大容量存储、海水淡化来源、现场保留、回收和城乡贸易）、主干运输和储存、处理、分销和零售（如图6-3所示）。

在行业重组中，水务公司面临的选择有：

1.将政府所有的集成供应链重新捆绑，但不捆绑到政府公司的垂直集成系统中，每个公司自负盈亏。

2.解除城市水价值链的捆绑，并确定可竞争和不可竞争的功能；允许在价值链的可竞争功能中进行竞争。

如果采取第一种选择，利用水管理价值链中每个功能上的会计保护都将能够绘制出成本和盈利能力图，以后可以利用这一点来鼓励私人投资具有某些功能的水基础设施。除了垂直拆分其功能外，维多利亚州还在供水和污水管理的分销/零售功能之间进行了横向拆分，在区域基础上建立了三家国有企业，并对每一家企业的业绩进行了基准评估。在这一点上，我们已经学到了在分销/零售功能（VCEC，2007）中规模经济运营的教训，下文将讨论这一点。VCEC（2007）在他们的报告草案中建议，对这三项业务中的每个功能进行圈护，可以了解到更多关于分销与零售的相对成本信息。

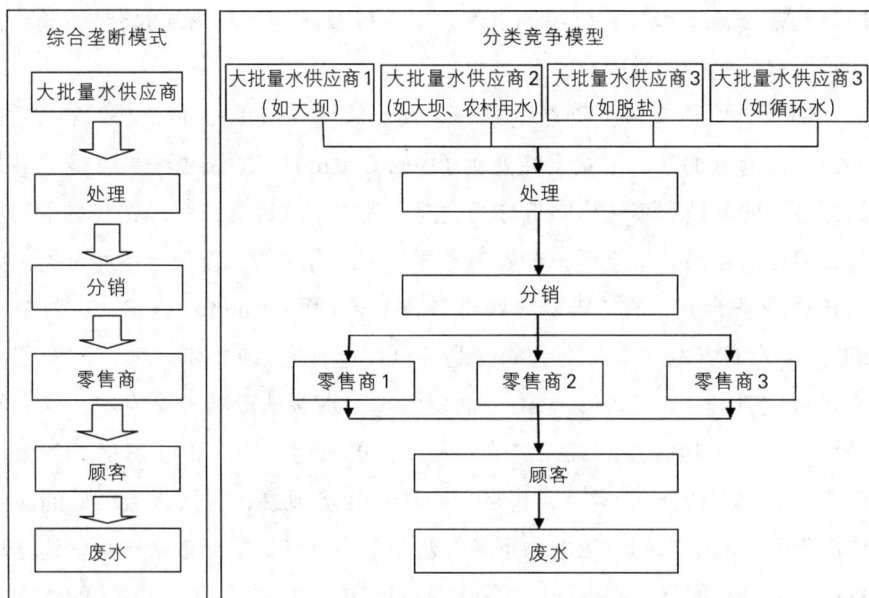

图6-3 融资和管理城市用水

注：分类竞争模型是一种程式化的表示。脱盐通常在大坝中稀释，在源头进行处理并注入网络中，而不是在水处理厂进行处理。

Source：Reproduced with permission from the Productivity Commission（2008）Towards Urban Water Reform：A Discussion Paper. Productivity Commission，p. 114.

确定这些功能中哪些功能属于规模经济，因此是自然垄断的，哪些功能是可竞争的，将是确定竞争是否会提高城市水管理的效率和灵活性的下一步。批发和零售用水分配受到规模经济的制约，并具有自然垄断的特性。价值链中可能具有竞争性的功能是水源、处理和零售功能。下面给出了对不可竞争功能的分析以及对可竞争功能中差异和竞争潜力的调查。

6.4.3.1 水分销：自然垄断

水分销，无论是通过批发部门的干线、干管和水库，还是通过分销和污水收集网络（往来于各个家庭和企业），都会产生较高的初始资本成本。由于建立这些网络的初始成本很高，它们很可能被设计成拥有过剩的容量，以满足未来的增长需要。这些分销网络的资本密集性以及满足不断增加的容量的能力，是其可能保持垄断的原因。

分销系统应该有多大仍然是个有争议的问题（Acil Tasman（3）在 VCEC（2007））。有趣的是，委员会注意到了 VCEC（2007）的调查结果，虽然墨尔本大都市区的分销和零售横向拆分通过提高效率和改进客户管理，获得了初步收益，但在最初的改进之后，在效率方面几乎没有收获。委员会还注意到，如果将这些业务合并，在 5 年内大约可节省 1 500 万～1 600 万美元，并将节省 2 200 万美元的资本成本，这大约占业务可控运营成本的 5%～7%。这些节约将来自行政管理、IT 系统、采购、批发污水和水费结算减少的成本。其他好处是跨越大都市地区的水统一定价以及统一的管道技术标准。然而，如果分销/零售变化太大或缺乏竞争，也可能出现不经济现象，包括区域经理的决策灵活性降低、对需求的响应能力下降以及创新力下降。继续依赖干线以建立越来越广泛的分销网络，则意味着可能过度利用干线的容量，需要高昂的资本成本。对分销网络能力的全面了解和对增长的前瞻性预测在任何与规模有关的决策中都将是很重要的。

6.4.3.2 区分水源与引入竞争

水的可用性高度依赖于天气模式。能够从多个不同水源处取水，无论是高降雨量还是低降雨量，都可以提高灵活性和成本效益。有可能在不同水源之间转移需求的水源区分提高了整个系统的能力，增强了水安全性，并减少了昂贵的对增加供水的需求。如果这些水源根据水的可获得性及其质量来区分其产品和价格，这将是特别有利的。因此，在降雨量比较大的时期，来自大规模蓄水坝的水将是充足的，而其成本（包括环境和社会成本）将低于人造水或循环水、地下含水层的水或城乡的水转移，并且将是首选的水源。在长时间的低降雨期，后一种水源可能会成为首选水源，具体取决于该地点和该地点的可用水。以这种方式获取水可以促进循环利用方面的创新，包括污水和雨水的开采（见下文的水处理）。昆士兰州东南部的结构改革包括水务经理的角色（协调跨多个水源处的水源）；西澳大利亚州正在考虑以独立采购的实体形式进行结构改革（ERA，2008）。这种角色可感知到的有利之处是水来源方的独立性和客观性，以及确定能满足所需的安全水平的水资源的最低成本组合。这将包括识别创新的低成本选择和支持竞争的能力。

6.4.3.3　水处理：区分使用、规模和准入

传统上，水处理一般都在大型设施中进行，并从规模经济中受益。大多数大型水处理厂都由政府所有，但也有一些处理设施由私营部门拥有和/或经营。在澳大利亚，根据澳大利亚和新西兰两国的卫生和医学研究委员会及农业资源管理委员会制定的《1996年澳大利亚饮用水指南》，将水处理为饮用水标准。可能影响健康的主要污染物包括细菌、蓝藻、原生动物和病毒，其中细菌通常来自被人类和动物粪便污染的水。虽然澳大利亚的城市地区最近没有大规模爆发水源性疾病，但1998年的悉尼水危机（基于供水中细菌隐孢子虫和蓝氏贾第鞭毛虫的高读数）要求在1998年7月30日到同年9月5日期间在整个悉尼范围内发出沸水警告，估计损失为3 300万澳元。这场危机对社会和经济的影响，以及随后的悉尼水调查表明，不仅需要有效监测水质，而且记录到高水平污染物时还需要有效的应对措施（Stein，2000）。

我们城市环境中使用的大多数水都被处理成可饮用的标准，即适用于洗涤、工业用途或灌溉。提高水处理效率的注意力集中在能够区分水质，将水质目标定位于水的使用，以及在可能的情况下减少水的运输成本等方面。最新的技术包括生物系统和微过滤器的使用，这使得小规模的处理设施更加有效，使得处理后的水的质量能够差异化，以满足用户的需要，接近用户。这也提高了在新住房或工业开发中或在雨水和污水分销网络沿线的不同地点回收水的潜力。这在新开发项目中特别有吸引力，在那里，开发商面临着将水系统连接到主干基础设施上的巨大成本（见第5章）。

从污水和雨水收集系统中开采的水有可能增加供水量并缓解潜在的瓶颈，增加干式排污和排水基础设施的容量。排水系统和一些干式排污干管沿开放空间网络的定位（参见上一节有关水文循环的章节）适合小型处理设施，能为灌溉的露天空间系统或工业用途服务。堪培拉的ACTEW利用这一点来增加下水道干管的容量，并向椭圆形体育场和开放空间供应灌溉用水。私营部门也有兴趣投资此类基础设施。有兴趣开发这种处理设施的私营公司会要求第三方使用

城市污水或排水系统，这是自然垄断。澳大利亚竞争法庭根据《1974年贸易惯例法》（Cth）提出的2005年申请（Gray 和 Gardner 引用的 Services Sydney Pty Limited（2005）第7号申请，2008）维护了第三方进入的权利，其他州（维多利亚州、西澳大利亚州）目前正在制定促进第三方进入的政策。第三方进入引发了与废水所有权有关的问题（有关这些问题的详细讨论见 Godden，2008）。一旦法律上解决了第三方准入问题，影响私人小型处理厂财务可行性的一个主要因素将是污水系统的接入费。处理系统中的第三方访问和可竞争性有可能增加创新和提高效率。从废水或排水系统中采水也有可能从这两种水系统（供水和废水收集）的综合管理中获得范围经济。

贸易废物的处理与生物废物的处理是分开的，其中存在不可生物降解的化学品污染的风险。活性化学试剂通常在功能上设计为长效。如果这些化学品是生物废水水流的一部分，这就会产生长期问题，可能会阻碍废水处理中的生物过程，导致这些化学品进入城市水系统的风险。隔离处理生物废物的需要为将这些设施与城市其他水处理设施分开提供了一个机会。处理系统是有争议的，需要政府仔细监督，以确保环境保护措施得以维持。

6.4.3.4　零售功能

城市水管理的零售功能包括客户关系、计费以及可能的需求管理。没有内在的理由解释为什么这是不可竞争的而且不能向私营企业开放。将水的零售与其他服务（如能源）的零售相联系，包括客户关系和多产品零售商下的计费，可能会带来经济效益（参见第7章"能源零售"）。

6.5　城市水务公用事业融资

澳大利亚城市水务公用事业主要是政府贸易企业，它们通过留存收益、预算拨款（由立法机关拨出并分配给水务公司）或向中央政府借款机构借款来利用预算外融资，通常利率低于私营市场（生产力委员会，2009）。此外，私营部门对水资源链的一部分进行了投资，这部分主要通过股权和债务来融资。这些结构在下面的"水公用事业的财务结构"中有更全面的描述。在澳大利亚，国家水务倡议要求大都市水务公司通过向用户收费来收回所有成本，包括融资成本和管理成本。这包括三个主要来源，每一个来源都将在下面详细介绍：

1.用户收费。

2.开发商贡献。

3.社区服务义务。

6.5.1　收入来源

6.5.1.1　用户收费

在供水方面，澳大利亚已经从固定收费转变为固定（或接入）收费和容积收费相结合的混合收费。这些供水的容积收费可以基于分级系统，其中每升的价格随着用水量的增加而增加。分层系统的基本原理是，以负担得起的价格提供必要的水，同时通过更昂贵的区块加强老化保护（参见"需求管理"一节）。最近，有人呼吁根据缺水情况进行更灵活的定价（参见"定价"一节）。

水务部门价值链中大约1/3的成本产生于污水处理或处置（生产力委员会，2010）。然而，由于计算困难以及污水成分影响成本，从固定收费向容积收费的转变一直很缓慢。在某些情况下，排污费一直与水费相关，因为用水量的增加会增加污水中的废水。商业废物费用针对产生难以处理的废物的工业和商业物业征收。暴雨雨水管理的可变成本较低，并且在费率中作为固定成本适当收取。

由于澳大利亚大都市水务公司实际上是政府拥有的垄断企业，因此需要政府对水费进行监督（参见"所有权和治理"部分）。

6.5.1.2　开发商贡献

新住宅小区的开发商需要支付房屋开发中提供水基础设施的费用，必要时还需要将该基础设施连接到现有的供水设施及雨水和废水基础设施的干管上（见第5章）。这些经常以开发商向自来水公司预付款项的形式出现。开发缴费创造了一种经济激励，一方面，促使开发商在现有基础设施附近进行开发和/或通过在现场收集或回收雨水来减少对现有联网服务的依赖。另一方面，指定基础设施的水务当局如果不支付成本，就会有过度指定的动机，因为这降低了它们的风险和维护成本。开发商向水务公司缴纳的费用按房屋价格资本化，由购房者承担。

6.5.1.3 社区服务义务

社区服务义务是政府贸易企业在政府的指导下为了实现环境或社会政策目标而进行的非商业活动（参见第3章）。政府应确定所有的社区服务义务并对其进行成本核算，以支持政府的问责制和透明度（清楚地核算政策成本），并确保政府贸易企业得到与私营企业类似的待遇。政府的自来水公司收入的一部分（2004—2005年、2006—2007年部门收入的10.2%，（生产力委员会，2008b））来自社区服务的付款。这些款项用于一系列服务，包括向低收入家庭提供补贴供水服务，以及向公共设施和环境保护服务供水。然而，并不是所有的社区服务义务都被确定了，即使是在确定后，一些社区服务义务也没有得到资助。这可能会影响政府公用事业的财务表现并损害商业生命力。

为社区服务义务提供资金的首选方法是从预算中直接拨付资金。这具有透明度、可记账性和公平性的优点，即社区通过税收支付社区服务义务。此外，它还支持基于商业原则的对基础设施的高效管理。然而，自来水公用事业如果要继续为一些社区服务义务提供资金，要么通过向客户收取附加费，要么通过接受较低的政府资产回报率。

6.6 水务公用事业的融资结构

虽然在澳大利亚大部分水务公用事业是政府所有的，但在政府的监管下，私营部门参与基础设施融资和管理的兴趣越来越大，以确保最大限度地减少垄断租金。出现这种情况的原因主要有两个：一是支持创新和竞争；二是公共部门往往预算有限，不愿举债为资本密集型高的基础设施融资。下面我们看看私营部门和公共部门水务公司的财务结构。在这方面，我们将讨论局限于那些需要大量资本投资的服务，而不是那些遵循典型商业模式、更具竞争性的零售和计费等功能。

6.6.1　私营部门水务公司

参与开发资本密集型水务基础设施的私营公司，如海水淡化厂，将仿效典型项目公司的特点。在这种情况下，其按照公司合作伙伴关系安排运营（与其他基础设施部门一样，如发电）。典型的安排是在建立自己的建设-拥有-运营-转移（BOOT）机制下，构建一个单一目的的项目公司，并通过项目融资贷款进行部分融资。对于将要成立的项目公司，在价值链的某些分散部分使用单一用途资金承担高度具体的任务。项目公司通常是股权集中于少数股东手中，具有较高的杠杆率（通常为70%~80%的债务），并且在可能的情况下具有无追索权债务（Pretorius等，2008）。例如，在水务部门，这样的项目公司可以是一家海水淡化厂，该厂生产用于输送到城市主干系统以供进一步分销的水。该厂的唯一功能是生产水供相关地方当局购买，在概念上类似于发电部门的独立发电商（参见第7章）。

这些公司的核心是水购买协议，其构成了项目公司的财务和经济理由。这种具有单一用途的工厂显然受制于一个单一的水量购买者，以及对水网的访问。这些公司反映出的高负债能力问题，主要是由确保满足产出需求的长期购买协议造成的。假如有一家海水淡化厂，政府对该厂的兴趣是加强大都市区的水安全。为了促使私人项目公司投资这样的水厂，政府将同意按商定的费率时间表，采用商定的通货膨胀调整机制，并在一定时期内（通常是长期的，比如20~30年）以正式的特许经营协议购买商定的水量。然后项目公司发起人（股权投资者）以特许经营协议的条件创造未来收入流的现值为基础，借入建设该设施所需的大部分资金。预计特许经营协议将提供足够的激励，鼓励私营部门在期限内建设和运营该设施，并赚取有足够吸引力的回报率，以回报股权投资。该工厂（项目公司）作为一家私营公司运营，生产受正常监控的水，在特许经营期结束时，工厂的所有权移交给政府。特许经营协议中规定了工厂在所有权转移时预计将处于的维护状态，但维护和再投资通常在特许权和贷款协议中规定并受到监督。

规模较小的私人项目公司也可以发展，以服务于有利可图的市场，如（水）处理设施。它们的财务结构也可能相似，这取决于需求的长期合同。

6.6.2 政府拥有的水公用事业

虽然大部分自来水公司都是政府所有的，但其财务安排与私人项目公司有很多共同之处。无论是批发还是零售分销，这些公用事业部门对高度专用性资产都进行了大量投资。水基础设施既表现出场地专用性，又表现出物质资产专用性。资产因特定原因位于特定的地点，一旦定位基本上就是固定的。资产的特殊性来自基础设施的专门性。基础设施为自身的目的而设计，或者是存储水、运输水，或者是处理水。水资源基础设施的替代用途很少。资产的高度专用性和所涉及的巨额资本成本使得这些政府拥有的公用事业公司处于垄断地位。

这些自来水公司的股权通常由一个股东所有，其资金来自股权和债务的混合，管理和债务通常由中央政府借款机构负责。有关中央政府借款机构的更多信息，请参阅第3章。股权可以通过留存收益（不作为股息或税收支付的收益）或政府预算拨款（法律规定的公共财政拨款）获得。这些资产的使用产生了稳定的现金流，其中价格被设定在一个水平上，以满足融资和管理成本的需要，并避免垄断租金。表6-3汇总了水务公司（2004—2007年）的绩效指标。绩效指标显示了经营这家政府拥有的水务公司所涉及的融资规模，通过资产收益率和股本收益率的比率显示其盈利能力、公司的负债与资产比率和债务与股本比率、利息保障倍数与流动比率，以及支付给政府的股息和税收的杠杆比率（这里不作深度研究）。请注意，水务公司的资产回报率高于2006—2007年澳大利亚10年期政府债券5.8%的平均回报率，在此期间该水务公司的财务表现良好。

最大限度地提高这些自来水公司的效率，同时确保供水服务是可获得和可持续的，这符合政府的利益。这些自来水公司的管理者没有股权，但为了他们自己和公用事业的利益，他们可能有兴趣控制大量现金流（生产力委员会，2006）。政府作为唯一的股权持有人有三个杠杆点：

表6-3　　　　2004—2007年水务公司（西澳大利亚州）的绩效指标

指标	单位	AIFRS前[a]		AIFRS	
		2004—2005年	2004—2005年	2005—2006年	2006—2007年
规模					
总资产	$m	10 094	10 054	10 579	11 102
总收入	$m	1 315	1 314	1 416	1 566
盈利能力					
税前利润	$’ 000	605 034	602 996	681 000	732 000
营业利润率	%	49.7	49.7	51.2	51.3
成本回收率	%	198.9	199.0	205.1	205.3
资产收益率	%	6.6	6.6	7.2	7.5
总股本回报率	%	5.5	5.5	6.1	6.7
营运资产回报率[b]	%	5.3	5.3	5.9	6.5
财务管理					
债权转股权	%	12.3	12.3	16.8	20.2
资产负债率	%	10.7	10.7	14.4	16.8
权益负债比	%	19.4	19.6	24.2	28.0
经营性负债转股权[c]	%	15.4	14.9	19.9	23.4
利息保障倍数	倍	11.8	11.1	12.9	10.2
目前的比率	%	34.9	39.8	58.5	66.0
杠杆比率	%	115.4	114.9	119.9	123.4
来自政府的付款					
股息	$’ 000	311 477	306 627	362 000	356 000
股息与股权比率	%	3.6	3.5	4.1	4.0
派息率	%	67.2	65.8	70.2	61.7
所得税费用	$’ 000	183 531	179 879	202 000	218 000
赠款收入比	%	—	0.5	0.8	0.6
CSO资助	$’ 000	288 253	288 253	340 000	360 000

a 水务公司根据澳大利亚等效国际财务报告准则（AIFRS）于2006年6月30日开始报告。

b 指基于经营资产和负债的净资产收益率。

c 指基于经营资产和负债的权益经营负债率。

Source：Reproduced with permission from Productivity Commission（2008）. Financial Performance of Government Trading Enterprises，2004–05 to 2006–07，Productivity Commission，Canberra，Australian Capital Territory，Australia，p. 185.

1.政府可以将债务水平设置得很高，以便将高比例的现金流用于偿还债务，几乎没有自由支配的现金流用于管理层的投资，来创造不必要的或低效率的产能或增加运营费用。这是大多数私人项目公司的结构（参见Pretorius等，2008）。这是一种合法的金融结构，由那些从基础设施中受益的人支付资本成本。

不过，20世纪80年代后期以来，各国政府一直不愿承担债务，这种涉及公共部门债务的金融结构失去了政治支持。由于2008—2009年的全球金融危机很可能增加了私人资本的成本，使政府债券成为更具吸引力的选择，所以这一点可能会被重新评估。2006—2007年，作为公共部门企业进行交易的大多数澳大利亚自来水公用事业公司没有得到高杠杆，该部门的债务资产比率为21.9%（生产力委员会，2008b）。如果管理得当，为何不让能产生强有力的监管垄断现金流的公共部门公用事业公司去支持高的但能承担的债务水平？这是完全没有理由的。

2.政府对有价值的事物的资助为其提供了自来水公司的唯一股权。相对于股本回报率的高额股息支付，这将为政府提供其亟需的收入流，用以资助其他目标。然而，这可能会给自来水公司留下很少的资金用于维护或新的增长，最好是遵循优先支付结构，其中计划维护和再投资应高于债务和股息支付（如上所述，这种瀑布式结构在项目融资贷款中很常见）。生产力委员会（2008b）指出，澳大利亚自来水公用事业公司的股息支付过去一直很高。2005—2006年，城市水务公司的派息率为70%~100%，其中悉尼水务公司为73%，珀斯和大都会水务公司为76%，南澳大利亚水务公司为95%。这在2006—2007年随着持续干旱而有所降低。2006—2007年，派息率为：悉尼水务公司35%，珀斯和大都会水务公司62%，南澳大利亚水务公司68%（生产力委员会，2008b），整个行业的派息率普遍下降。如果政府变得依赖这些收入流，可能会出现困难，因为股本回报率并不总是完全可预测的，特别是在降雨量少和需求减少的时期。向政府支付高额股息也可能使政府所属的企业相对于私人企业而言处于劣势。

3.除了新南威尔士州、维多利亚州以及由独立监管机构制定价格的ACT之外，政府目前在其他地区都设置了用户付费。价格被定为能收回成本，而不是为政府提供利润。目前，这些价格并不代表水的稀缺价值。如果价格反映了水的稀缺价值，那么水价将由市场来决定，并且会更具流动性，更少受政府控制。缺水定价将显示用户需求的水的安全水平，这将为公共和私营部门为未来的产能资本投资提供更有效的信号。

这三个杠杆的影响为水务公司的运营创造了财务空间。无论是水务公司还是作为唯一股东的政府，这一财务空间定义了未来规划和水务基础设施投资的自由裁量权。高杠杆导致高债务偿还，以及对价格的严格控制，这可能会使水务公司几乎没有能力支付维护费用，或者为未来进行规划和建设，而这种投资的不足会降低水安全性和可持续性。因此，健全的管理层更倾向于高级的优先维护和再投资计划（将剩余部分作为股息支付）。对这些杠杆的控制过于宽松，从而产生大量的自由现金流，可能会支持不必要的风险投资并降低效率。政治参与投资决策也可能会导致不经济的投资，故需要对短期结果作出长期承诺。这方面一个可能的例子是决定在维多利亚州和新南威尔士州发展海水淡化厂，而不是进行农村向城市的供水输送。无论是水务公司的董事会还是政府通过部长就这些水务设施作出投资决策，公开披露水规划和管理都有很大的好处，投资决策需要接受公众审查，管理需要接受绩效评估。要有效地做到这一点，就需要改革外部治理。

6.7 结论

在澳大利亚和其他许多国家，由于人口增长和气候变化对稀缺资源基础（能源、水和资金）的影响，提高城市水务部门的效率和管理风险是非常必要的。本章侧重于水安全（平衡需求和供应）以及城市水业的财务和结构安排。改革的主要领域如下：

1.水安全：需要为大都市区制定水安全标准，以确定投资和管理目标。

2.需求管理：开发一种反应更灵敏和更有效的需求管理工具，以替代过去对水限制的严重依赖。对环境条件和市场作出反应的水安全定价，将向水务管理者发出关于水安全所需投资水平的明确信号，并将增强消费者选择的灵活性。

3.供水：发展多样化和有弹性的水供给，将基础从城市蓄水坝扩展到集水区管理、地下含水层、循环水、城乡（水）转移和人造水，并以最低成本提供有竞争力和相互搭配的水源。鉴于澳大利亚的城市靠近沿海地区和/或灌溉区，这是可行的。

供水方面的主要投资应以实物期权的方法为基础，规划投资决策要考虑到随着时间的推移日益增强的确定性。在这里，推迟投资决策直到基于水安全的目标达到临界阈值是有价值的。这些触点应该公开，以便决策是透明和负责任的。

4.治理：水公用事业外部治理和内部治理的分离，以及对目标和责任的明确阐述。

5.水业：确定城市水价值链中可竞争和不可竞争的功能，并支持私营部门对可竞争的功能的投资，以加强竞争、改善差异化并支持创新。

6.融资：审查政府的融资政策（包括债务与股本及债务与资产的比率）以及股息政策，以使政府的公用事业更加符合私营部门的需求，并能利用较低的政府资本成本（特别是2008—2009年全球金融危机以来）。

参考文献

Australian Bureau of Statistics, 2006. Water account Australia 2004-2005. Canberra, Australian Capital Territory, Australia: Commonwealth of Australia. Available at: http://www.abs.gov.au/AUSSTATS/abs@.nsf/DetailsPage/4610.02004-05.Accessed on May 12, 2012.

Australian Bureau of Statistics, 2009. Regional population growth, Australia 2007-2008. ABS 3218.0. Canberra, Australian Capital Territory, Australia: Commonwealth of Australia.

Australian Capital Territory Electricity and Water, 1994. ACT future water supply strategy: our water our future. Canberra, Australian Capital Territory, Australia: Australian Capital Territory Electricity and Water, June 1994.

Carpenter, J.D.(Ed.), 1976. *Handbook of Landscape Architectural Construction.*Washington, DC: The Landscape Architecture Foundation Inc.

Council of Australian Governments (COAG), 2004. Intergovernmental agreement on a national water initiative between the Commonwealth of Australia and the governments of New South Wales, Victoria, Queensland, South Australia, the Australian Capital Territory and the Northern Territory. Available at: http://www.nwc.gov.au/resources/documents/Intergovernmental-Agreement-on-a-nationalwater-initiative.pdf. Accessed on May 12,2012.

Council of Australian Governments (COAG), 2007. Competition principles agreement 11th April 1995 as amended to 13th April 2007. Available at: http://www.ncc.gov.au/pdf/CPAam-001.pdf. Accessed on May 12,2012.

Crase, L and Dollery, B., 2005. The inter-sectoral implications of securing our water future together. *International Journal of Environmental, Cultural, Economic and Social Sustainability*,1(5),13-22.

CSIRO/Australian Bureau of Meteorology, 2007. Climate change in Australia.Technical Report. Melbourne, Victoria, Australia: CSIRO.

Davison, G., 2008. Down the gurgler: Historical influences on Australian domestic water consumption, in Troy, P. *Troubled Waters: Confronting the Water Crisis in Australia's Cities*. Canberra, Australian Capital Territory, Australia: ANU Press, pp. 37-65.

Dovers, S., 2008. Urban water: Policy, institutions and government in Troy, P.Troubled Waters: Confronting the Water Crisis in Australia's Cities. Canberra, Australian Capital Territory, Australia: ANU Press, pp. 81-98.

Economic Regulation Authority Western Australia, 2008. Inquiry on competition in the water and wastewater services sector. Final Report. Perth, Western Australia, Australia, June 30,2008.

Garnaut, R., 2008. *The Garnaut Climate Change Review*. Port Melbourne, Victoria, Australia: Cambridge University Press.

Godden, L., 2008. Property in urban water: Private rights and public governance in Troy, P. Troubled Waters: Confronting the water Crisis in Australia's Cities.Canberra, Australian

Capital Territory, Australia: ANU Press, pp. 157-185.

Gray, J. and Gardner, A., 2008. Exploiting the unspeakable: Third-party access to sewage and public-sector sewerage infrastructure, in Troy, P. *Troubled Waters: Confronting the Water Crisis in Australia's Cities.* Canberra, Australian Capital Territory, Australia: ANU Press, pp. 115-155.

Head, L., 2008. Nature, networks and desire: Changing cultures of water in Australia, in Troy, P. *Troubled Waters: Confronting the Water Crisis in Australia's Cities.* Canberra, Australian Capital Territory, Australia: ANU Press, pp. 67-80.

Intergovernmental Panel on Climate Change, 2007. Climate change 2007: Impacts, adaptation and vulnerability. Contribution of Working Group 11 to the Fourth Assessment Report of the Intergovernmental Panel on Climate Change. E. Parry, O. Canziani, J. Palutikof, P. van der Linden, and C. Hanson (Eds.). Cambridge, U.K.: Cambridge University Press.

International Conference on Water and the Environment (ICWE), 1992. The Dublin statement on water and sustainable development. Available at: http://www.inpim.org/files/Documents/DublinStatmt.pdf. Accessed on May 12, 2012.

Marsden Jacob Associates, 2006. Securing Australia's urban water supplies: Opportunities and impediments, a discussion paper prepared for the Department of the Prime Minister and Cabinet. Melbourne, Victoria, Australia, November 2008.

Neutze, M., 1993. Infrastructure funding techniques: An economic perspective, in *Infrastructure Funding Techniques.* Occasional Paper Series 1 Paper 7. Canberra, Australian Capital Territory, Australia: Better Cities Program, pp. 51-67.

OECD, 2005. *Guidelines on Corporate Governance of State-Owned Enterprises.* Paris, France: OECD.

OECD, 2007. *Infrastructure to 2030 Volume 2 Mapping Policy for Electricity, Water and Transport.* Paris, France: OECD.

Pretorius, F., Lejot, P., McInnis, A., Arner, D., and Fong-Chung Hsu, B., 2008. *Project Finance for Construction and Infrastructure: Principles and Case Studies.* Oxford and Malden, MA: Blackwell Publishing.

Productivity Commission, 2005. *Financial Performance of Government Trading Enterprises, 1999-00 to 2003-04.* Canberra, Australian Capital Territory, Australia: Productivity Commission.

Productivity Commission, 2008a. *Financial Performance of Government Trading Enterprises, 2004-05 to 2006-07.* Canberra, Australian Capital Territory, Australia: Productivity Commission.

Productivity Commission, 2008b. Towards urban water reform: A discussion paper. Melbourne, Victoria, Australia: Productivity Commission.

Productivity Commission, 2010. Australia's urban water sector: A discussion paper. Melbourne, Victoria, Australia: Productivity Commission.

Productivity Commission, 2011. Australia's urban water sector: Draft report. Melbourne, Victoria, Australia: Productivity Commission.

Queensland Water Commission, 2007. Our water: Water supply arrangements for South East Queensland (SEQ). Final report to the Queensland Government. Available at: http://www.qwc.qld.gov.au/myfiles/uploads/institutional%20arrangements/Urban_Water_Supply_Arrangements_in _SEQ.pdf. Accessed January 26, 2009.

Seabright, P., 2004. *The Company of Strangers: A Natural History of Economic Life*. Princeton, NJ: Princeton University Press.

Stein, P. L., 2000. The great Sydney water crisis of 1998, in *Water, Air, and Soil Pollution*, Vol. 123. Kluwer Academic Publishers, The Netherlands, pp. 419-436.

Taleb, N. N., 2007. *The Black Swan: The Impact of the Highly Improbable*. New York: Random House.

Troy, P. and Randolph, B., 2006. Water consumption and the built environment: A social and behavioural analysis. Research Paper No. 5. Sydney, New South Wales, Australia: City Futures Research Centre, June 2006.

Victorian Competition and Efficiency Commission, 2007. Water ways: Inquiry into reform of the metropolitan retail water sector. Issues Paper. Melbourne, Victoria, Australia, December 2007.

Whiston Spirn, A., 1984. *The Granite Garden: Urban Nature and Human Design*. New York: Basic Books Inc.

第 7 章　城市能源系统的融资与管理

John Daley

引言

　　本章主要介绍澳大利亚城市能源系统的融资与管理信息，也涵盖了有关能源现实问题和原则的更广泛应用。

　　能源是现代城市运作方式中不可或缺的一部分。大多数城市依靠能源作为其运作的关键要素，而能源也是城市发展或复兴的原因之一。能源系统是城市基础结构的一部分，它们的特征和设计影响着城市的形态和城市的发展。

　　在国家、州和县一级，能源吸引了政策制定者和规划者的兴趣，因为能源是一种基本服务，能源系统被认为是天然地需要经济监管的自然垄断行业。另一个令人担忧的问题是，由于能源基础设施建设的长期性、投资规模、创新速度和能源市场的波动性等问题，与主要的能源基础设施相关的风险很高，因而必要的能源基础设施可能不会由私营部门提供资金。因此，政府与能源基础设施相关的政策需要清晰和透明，以支持竞争性市场。风险和成本应该由那些负责任或接受它们的人承担，而不是在不知不觉中被政府或垄断的公用事业机构强加给它们。这是本章的一个基本主题。

虽然能源问题越来越多地被视为国家管辖权问题，但重要的城市利益依然存在。与其他网络状的基础设施类似，能源系统对城市管理有要求，其要求进入公共土地、公共运输和公共空间。在实现关键的能源和气候目标时，城市管理者参与促进能源系统的改善——无论在供给还是需求方面，都是十分重要的。

能源技术影响着城市的形态与设计。城市不断发展，自我振兴。新的燃料及能源随着时间的推移而演变，它们的相对成本发生了变化。新的生产和交付技术也在不断涌现，但技术改变相对缓慢。

与现有城市结构相比，规划新的城市和卫星城会限制更多的空间能源使用范围，但能更有效地提供能源。亚洲和发展中国家迅速崛起的城市拥有最大的改善机会，至少在成本方面。改造已建立的城市是具有挑战性的，但对于实现国家与全球能源安全和温室气体目标将是重要的。

7.1　章节概要

本章着眼于能源与城市的形成和功能之间的关系。本章先讨论了能源系统（引入能源服务和价值链的概念）、能源政策和能源监管，以及能源投资的融资和治理问题，重点是风险管理。本章的中心部分描述了能源市场、资源和供应系统，突出了与城市环境的相互作用，并对澳大利亚的原始和二级能源供应与需求进行了说明性调查，这是通过讨论未来能源系统的潜力完成的，包括更加分散的能源供应系统的前景。本章最后总结了对城市能源系统良好运行感兴趣的政策制定者、规划者、管理者和监管者的关系。

7.2　能源系统、能源政策与治理

本节介绍了能源服务和价值链的概念，概述了当代能源政策的三个主要动机——效率、环境保护和能源安全性——并讨论了风险的分配和管理，包括政策风险和商业风险。

7.2.1 能源服务

能源在经济和社区生活中无处不在。很少有不消耗能源就能完成的事情，能源对宏观经济的运行非常重要，对大多数社会和商业活动的表现也至关重要。能源分析是从不同的角度进行的，从自上而下到自下而上，还有一些跨部门研究。在后面的章节中我们提供了一个自上而下的分析视角。然而，要了解能源，自下而上地构思能源系统是必要的：它在特定的应用和环境中是如何使用的，以及可能存在哪些替代方案。

能源消耗本身很少是目的，而是达到另一个目的一种手段。能源被用来推动车辆，驱动设备、泵，加热炉，温暖空间，提供热水，制作轻型建筑和工艺材料等。事实上，其中一些应用本身并不是目的，在许多情况下，能源在消费或生产决策中是一个三级问题。因此，能源需求被导出——这是对下游商品和服务的需求的结果，人们从中获得效用——这就催生了能源服务的概念。商业包装的能源服务现在很常见，如提供照明和全燃料汽车租赁；规模大得多的事业也是如此，如独立的现场发电和蒸汽发电。后一种安排使工业家能够专注于他们的核心业务，将这些服务的提供——特别是他们的资本成本——交给专家来解决。但是这个概念有更多的承诺，可以预期它会随着有效的商业模式的设计而进一步发展。

7.2.2 价值链

引入价值链的概念也是恰当的。几乎所有的生产过程都可以被描述为线性价值链——从原材料到它们被消费者购买或最终产品，都是沿着价值链递增。将原材料运输到加工中心需要增加至少等于提供运输的全部成本的价值，否则在财务上是不可行的，并且该标准适用于价值链中的每个环节。

价值链提供了结构分离的机会——也就是说，将垂直集成的生产和供应系统划分为可感知的元素，或者作为会计结构（可能是有价值的），或者是独立的控制或所有权。自20世纪90年代初以来，澳大利亚和其他国家做出了非常大的努力，将供应链中可竞争的要素与那些表现出自然垄断特征的要素分开。

这一直是能源行业关注的焦点，就像在电信和其他行业一样。

竞争——作为创新和效率的驱动力——可以在可分离的、有竞争的部分得到促进，利用整个经济范围的反垄断立法来禁止串通和限制进入壁垒（尽管可能需要特定行业的规则来阻止重新整合）。在能源方面，经验表明在价值链的生产环节（采矿、发电等）和零售环节（向企业和家庭销售终端产品、监控消费和计费）具有高度的竞争性，可以从网络环节中拆分出来。

这需要政府的干预，因为几乎没有什么激励能让多元化企业集团剥离资产或允许完全透明。拆分，以及相关的促进竞争的改革，提供了更低的最终价格，更多的消费者选择，以及普遍改善的服务质量——尽管在某些特殊情况下，更关键的是质量而不是这些好处。

真正的自然垄断（通常是能源网络）能源系统要素需要行业或特定部门的监管当局持续进行监管，审批该类企业的定价（成本回收）、服务标准和投资建议的经济规则是为了能源消费者的利益。

7.2.3　能源政策

直到20世纪90年代初，能源安全才成为能源政策的基石。这是一个专注能源供应可靠性和成本的问题，直到最近才被效率和气候变化这两个新的当务之急所掩盖（尽管在经历了2007年和2008年的油价冲击以及乌克兰到欧洲的冬季天然气供应中断之后，能源安全重新成为一个关键问题）。

在优先事项出现这些波动的情况下，近期能源政策的重点被划分为经济监管（促进竞争性能源市场）、环境监管（主要侧重于气候变化）和能源安全（以稳定和负担得起的成本促进可靠的能源支持）。这三个方面都有重要的地方影响，尽管政策责任通常是在国家层面。

7.2.3.1　经济监管

如上所述，从20世纪90年代初开始，英国、斯堪的纳维亚半岛、澳大利亚、美国和其他地方的政府进行改革，用竞争性的替代方案挑战既有的垄断公用事业，支持这一政策的理论认为，可以通过拆分其他整合价值链中有竞争性的要素来诱导和培养效率。[①]从本质上讲，这是一个允许市场在可竞争的部分运作，以及确保那些仍然掌握在垄断所有者手中的不可竞争要素得到适当监管的问题。世界各地的政府都建立了新的机构来提供这种治理[②]——而且大多数都宣称致力于最佳实践。只有时间（以及对结果的跨辖区比较）才能揭示哪种方法的效果更好。

在城市地区，能源网络通常包括分配和运输液体燃料的设施、输配电线路、天然气输配管道等。电力线路和天然气管道通常具有强烈的自然垄断特征（由第三方复制很少是经济的），因此利润最大化的所有者没有动机将接入和传输的容量以及价格设定在最佳水平。相比之下，石油产品的分销通常具有很强的竞争力，或者至少是有竞争性的，除了公共安全和消费者标准之外，几乎没有理由进行监管。

电力和天然气传送网络的经济监管侧重于价格和产能问题。如果价格是由一种在所有用户之间平均成本的方法来调节的，那么确保不建立过剩的容量，并确保及时进行资本投资，而不是"镀金"，才符合公众利益。这一关键的监管职能——在所有情况下确保所提供的传送网络是高效的——是有问题的，因为网络所有者可以更好地获得相关信息，使得几乎不可能证明反事实（例如，如果没有扩展容量，会发生什么情况）。尽管在大致相似的网络之间进行横向比较是有指导意义的，但监管网络价格同样存在问题。

在批发能源的供应商或能源零售商保留网络或网络链接所有权的情况下，接入管制尤其重要。如果需要接入的第三方是相关可竞争市场（上游或下游）中网络所有者的竞争对手，则会出现明显的冲突。现代接入制度使第三方能够通过它们不拥有的能源网络（当有空闲容量可用时）来运输电力或天然气，并

---

① 相关的文献可见：Baumol 等（1982）；Giulietti and Waddams Price（2005）；Green and New-bury（1998）；Littlechild（2009）。

② 在澳大利亚，国家一级的主要机构是澳大利亚能源监管机构（AER）和澳大利亚能源市场委员会（AEMC）。这些机构是由联邦政府和各州及各地区联合设立的。

规定网络所有者可以收取的费率。①

虽然能源政策的监管功能主要与网络基础设施和网络接入有关，但同样重要的是要确保价值链中未捆绑的可竞争部分保持竞争力。例如，发电和燃料营销人员经常因反竞争行为而受到批评——政治现实要求一定程度的监督。

经济监管不可避免：市场和技术的发展要求变革，这需要进行广泛的咨询，而会放大监管复杂性的改革需要制定和实施的过程。这个过程的本质意味着经济监管必然是缓慢的、笨拙的，并且不如竞争性的替代品（在那里可以设计出它们）。需要消除不必要的和构思不周的监管，同时要小心不要侵犯有效的产权，并且需要不断地测试监管，以证明它们改善了市场。实际上，经济监管确实取得了比其他可想象的干预更好的结果（Coase，1960）。

7.2.3.2　气候变化：限制碳排放

世界各国政府都决心采取更有力的行动来减少碳排放，以避免危险的人为气候变化。所有发达国家和许多发展中国家都制定了缓解和适应政策，并且都承认，除非采取更强有力和更普遍的行动，否则大气中的二氧化碳浓度将超过450ppm，几乎是工业化前水平的两倍，这意味着全球平均气温的上升可能超过它们在哥本哈根和坎昆为自己设定的2℃的目标。

发达国家对第一个《京都议定书》承诺期（2012年结束）的承诺与"一切照旧"的参考情景相比，只会带来碳排放量微小的减少，并对气候产生潜移默化的影响。几个突出的国家将无法履行其承诺，而其他国家只有在2008年全球金融危机（GFC）和初期复苏之后的衰退中才能做到这一点。当较贫穷国家的排放增长抵消所有减排成果时，富国不愿承担大幅增加减排的承诺。发展中国家的总排放量在2010年超过了发达国家的总排放量。②另一方面，发展中国家优先考虑提高人民的生活水平，这是可以理解的——这种改善只有通过经

---

①　这一大纲严重简化了所讨论的问题,因为网络服务通常采用两部分或多部分费率(包括接入或需求费用和吞吐量费用)定价,并且服务以不同的质量提供,其典型特征是"公司"服务和"可中断"服务之间的区别。

②　发达国家担心的是,如果发展中国家的竞争性产业不受相同的排放惩罚,就会出现"碳泄漏"。这是贸易自由化暴露的问题,排放密集型产业通常是能源密集型产业。

济增长才能实现。从人均水平和历史角度来看,它们也认识到自己对全球碳排放的贡献相对较低。因此,它们只有看到发达国家做出更大的牺牲,才会承担繁重的减排义务。这就是罗斯·加诺特教授在2008年向澳大利亚政府提交的关于气候变化的报告中所说的陷入两难境地(Garnaut,2008)。

虽然进展可能缓慢,但预计将出台更有力的温室气体缓解措施,特别是在工业国家,能源部门将成为这些努力的前沿和中心。与碳排放定价或征税(市场工具)相比更具指令性的干预措施备受青睐,尽管大多数政府在政治上倾向于实施代价高昂的"互补"方法组合。企业和社区也意识到有必要减少排放,许多公司和个人正在慎重地做出决定,以尽量减少温室效应。

大多数国家和各级司法管辖区正在制定适应政策(即政府和公司为预测和应对即将到来的气候变化而采取的措施)——尽管适应政策的制定仍处于初级阶段。与能源部门相关的适应政策都会有应对措施(例如,内陆发电站的供水是一个问题),但当相关风险更加明显和迫在眉睫时,许多问题会妥善解决(例如,海上石油生产设施的风暴保护)。

国际能源署(IEA)反映的主流观点是,如果要避免危险的气候变化:

……需要鼓励全球数亿家庭和企业改变能源使用方式,这将需要创新政策、适当的监管框架、全球碳市场的快速发展以及增加对能源研究、开发和示范的投资。

(IEA,"执行摘要",2008,p.37)

对排放定价是主要的政策方向,要么通过碳税,要么通过排放许可交易,特别是限额交易。

7.2.3.3 通过ETS或碳税对排放量定价

在澳大利亚的政策背景下,需要特别关注排放交易,因为排放交易再次提议在计划启动碳排放价格后3~5年内实施,根据排放交易计划,从2012年中开始征税,排放者有义务通过交出政府颁发的许可证来免除其排放税。[1]

---

① 2009年,澳大利亚议会通过了制订"碳污染减排计划"的立法。然而,在政治压力下,该法案的通过计划被暂停。2010年,政府宣布打算对碳排放征税(碳税),随后过渡到贸易计划,并于2011年出台了这方面的立法(www.climatechange.gov.au)。

在给定的一段时间内，发放的许可证数量是在远低于预期无限制排放水平的基础上确定的，因此许可证是有价格的。这个数量也符合国家排放的政策目标或国家排放承诺，这可能就是为什么交易计划而不是税收是许多环保主义者更喜欢的市场工具：环境结果（特定目标）通过合规得到保证，而经济学家倾向于选择税收（Nordhaus，2007），因为结果（排放回收）在短期内可以保证。

大多数贸易计划，包括澳大利亚立法、欧盟的最新计划和《京都议定书》计划，都允许建立许可证"银行"——也就是说，允许持有许可证，以便在随后的时期内用于排放。作为政府票据，这些许可证应该是无风险的，其远期价格曲线将以确定的政府债券利率按名义价格上涨（Hotelling，1931）。其推论是长期减排成本——在可预见的未来进行重大减排的成本——正向转换为当前的许可证价格。对一些人来说，交易计划的这种特征是不幸的，因为它将未来高昂的减排成本推到了现在，错过了先收获低价果实的机会。

排放交易（或税收）制度的致命弱点可能是它们对贸易暴露行业的不利影响——假设现实地说，全世界没有同时采取类似的缓解行动。这些影响将迫使大多数国家——最初或及时——划分出贸易暴露行业的责任，从而严重损害整个计划的效力。在缺乏真正全面的全球承诺的情况下，解决这个问题的唯一方法是将排放责任的核算从排放的产生——即《京都议定书》——改为消费方法。这还具有鼓励参与而不是阻止参与的优势，就像生产计算法所做的那样（Carmody，2009）。在采用增值税的国家（如澳大利亚），通过消费来衡量排放相对简单，完全符合WTO义务，不需要根深蒂固的生产计算法所需的信息。

澳大利亚为碳定价的举措将对澳大利亚能源部门产生重大的影响。它将直接影响成本结构：排放密集型能源，如煤炭、石油和电力，将在与天然气、风能和太阳能等低排放能源的竞争中处于不利地位（正如预期的那样）；发电的经济学将发生变化，可能会发生根本变化；澳大利亚经济结构也必然会发生变化，特别是如果暴露在贸易中的排放密集型行业没有得到充分保护，将无法承受来自没有实施类似排放惩罚的国家的竞争。

所有这些影响，如后面几节所述，将在澳大利亚的城市中体现出来，影响当地增长的模式和速度。

7.2.4 安全问题

可靠和负担得起的能源供应对经济和城市的运作至关重要。当灯不能打开时，当天然气供应中断时，当汽油加油车是空的时，经济活力就几乎停顿下来了。供应中断的原因可能包括自然灾害、系统故障、工业活动、恐怖主义行为、战争和经济边缘政策。可以理解的是，当局倾向于制订应急计划和实施预防或改善此类事件的政策。

7.2.4.1 石油产品供应安全

石油产品的供应链系统是相当多样化的，因此加油站、码头、炼油厂或油田的暂停运转往往没有多大影响，因为供应可以改道或从库存中提供，但更大的政策关切一直是地缘政治方面的：鉴于中东的政治不稳定和霍尔木兹海峡原油油轮的使用强度，及全球经济体从波斯湾采购原油的集中趋势，这些都会对原油定价产生影响，并使得供应存在短期中断的风险。IEA成员已同意维持90天的原油供应，包括建立战略库存，以防止出现重大石油供应危机，并承诺在发生这种紧急情况时共享可用的供应。

澳大利亚政府已承担起责任，为可预见的国家紧急情况准备应急计划，包括制订国家应对重大燃料短缺的行动计划。这一计划的目标是尽量减少紧急情况对社会的影响，包括维持必要的服务，尽量减少对经济的影响，以及确保尽可能公平地分配可用的补给。"液体燃料紧急状态法"赋予政府为这些目的准备和管理国家燃料紧急情况的一系列权力。重要的是，这一法案允许燃料价格上涨，并充当配给的主要工具。

7.2.4.2 天然气安全

澳大利亚的天然气供应曾因两次重大爆炸而严重中断：一次是1998年在维多利亚州埃索公司的朗福德天然气加工厂，另一次是10年后在西澳大利亚的瓦拉努斯岛工厂，后者的爆炸使该州的天然气供应减少了1/3，并严重影响了工业生产数月。早期的维多利亚州的爆炸切断了家庭和企业近2周的天然气供应。操作与维护程序及培训不足应对此负责。作为应对措施，各国政府制订了改进的应急计划，以管理此类紧急情况，并已采取行动，加强对相关操作标准的监督。

在更远的地方，由于天然气来源国俄罗斯与主要管道途经国乌克兰之间的商业分歧，2007年和2008年，俄罗斯对西欧的天然气供应中断了数周。俄罗斯提供了欧洲35%的天然气供给量，而且这个数字还会上升。这一中断给乌克兰和欧盟国家造成了困难，并对欧洲进一步增加燃气发电的计划提出了重大质疑。为缓解这一问题而采取的关键解决方案是发展更多来源的替代管道项目，这些项目来自更远的东部和南部，相关人士普遍认为这些事件为核电投资提供了动力。

一种观点认为，天然气供应中断可能是不可避免的，因此在努力确保供应系统尽可能稳定的同时，最好的应对方式是允许价格上涨，以确保可用天然气达到最高价值的应用。除了指定用于基本服务的供应外，澳大利亚和欧洲允许发生这种情况，因此中断的不利影响大大减少。一个相关的研究发现，天然气价格可以在供应安全方面有所区别。天然气可以弹性供应，例如，在可中断的基础上而不是固定的供应基础上，供应商可以出于任何原因中断供给，一年中最多可以中断指定的天数。差异化允许市场在紧急情况发生之前设计供应优先级，并应奖励供应商做出应急供应。

7.2.4.3　电力安全

在像澳大利亚国家电力市场（NEM）这样的电力池中，如果调度不需要通过监管干预，并且平均池价格在任何持续时间内都不超过新的进入者的价格，则可以说实现了电力安全。在NEM中，这意味着价格不会飙升到触发定向配给（指定为损失负荷值的最高价格）调度加权价格，例如其24个月的移动平均数，不超过燃气联合循环涡轮机（CCGT）的平均总成本。在没有干预的情况下，可以预期市场可以合理有效地匹配可用供应和需求。

只有在出现工厂停运或灾难性系统故障等极端情况下，暂停电力池市场和通过监管配给电力才是必要的。[①]通过对系统备用裕度进行例行审查以及通过签订诸如黑启动能力之类的辅助服务来减少这些可能性。

---

① 也就是说，如果几个主要的发电机组同时被迫离线，或停电是由于服务于多个站点的传输线故障造成的，那么这种情况就可能发生。

澳大利亚 NEM 的经验表明，电力池市场，特别是其与其他独立国家市场的综合互连，有助于增强供应安全。在系统中增加大量峰值容量（冒着资本风险的私营企业家），直接干预很少——只有在必要时允许池价格大幅上涨，这两种结果都是有可能的。

与此同时，很明显，澳大利亚电力供应系统的一些要素已经变得不那么可靠，特别是在城市配电网中。在悉尼，2008 年和 2009 年 CBD 部分地区的一系列停电是由于国有公用事业公司的疏忽和资金不足导致的。

7.2.4.4 管理风险

对于公共政策制定者和城市管理者来说，上述所有三个动机都解决了风险最小化问题：尽量减少能源投资不足或成本过高的风险；尽量减少变更风险和将不必要的资源投入到任务中的风险，特别是在其有效性受到质疑的情况下；以及如果几个主要的产能单位同时被迫离线，将能源供应中断和过度提供此类保险的风险降至最低。在其他情况下，如果停电是由于服务于多个站的传输线路的故障而发生的，则可能发生这种情况。

竞争性的能源企业的内在风险怎么夸大都不为过。对于投资者来说，勘探和建设风险高得离谱，运营风险可能非常高（特别是调峰发电机未能开机，以及基载站出现计划外停电时），产品价格风险也很大，特别是在无法覆盖交易头寸的情况下。风险管理至关重要。这不是政府机构历来履行得很好的一项职能，特别是在失败的情况下，当监管风险叠加时，利益冲突加剧了这一不足。

垄断网络行业的商业风险要温和得多，但这些企业的资产确实被搁置了——在这种情况下，如果资产归政府所有，那么正确的做法（核销）有时是令人不快的。澳大利亚经济顾问 Henry Ergas 博士（2009）简明扼要地提出了这个问题：

"支持以市场为基础的方法的假设是直截了当的：假设存在长期投资所需信心的监管框架，商业投资者是最适合承担和管理与决策时机和技术有关的风险的主体。现实的结果是，任何错误的代价都由私人股东而不是纳税人承担。"

Ergas 博士是一个让市场而不是政府机构来承担重任的倡导者，他认为如果有正当理由的话，政府可以通过对技术上不可知的和竞争中立的服务提供适当的、有针对性的补贴来让市场承担重任。政府的适当作用是建立和维持最重要的监管框架。在这一框架内，重要的是使风险尽可能透明，并将风险分配到它们所属的地方，也就是说，对这些风险负有责任的人（对允许暴露的决定）。这是一个正常运作的市场的本质。如果风险被恰当地分配，那些有能力改善风险的人可以通过暴露风险而获得奖励。

2008 年的全球金融危机以最赤裸裸的方式揭示了金融市场的非有效性。一些人很快指责"不受约束的自由市场的理念"——其中包含了一个真理的元素。然而，也有这样的情况，即错误的公共政策鼓励了粗心大意和不受约束的放贷，对信息披露的监管和商业监督是完全不充分的，允许在不考虑长期结果的情况下，将风险掩盖得无影无踪并支付费用。设计和维持所有重要的、高质量的监管框架，并让政府发挥其应有的作用，在能源领域不是简单的事情，就像在金融领域一样。

7.2.5　治理和融资

在城市能源系统的背景下，治理能确保充分和有效地供应能源，同时考虑到所有固有和强加的风险。在更深的层面上，治理涉及公司资本所有者（股东）和公司经理之间的风险、责任和回报的分配——对于政府管理的企业实体来说，这一区别是不透明的（Rushworth and Schluter，2008）。

分析人士想知道，当需要为包括能源基础设施在内的基础设施提供资金时，是否有资本可用（EEI，2009）。当政府拥有能源企业时，这个问题总是存在的（例如，在澳大利亚的几个州），政府有相互竞争的支出优先事项，并且对资金的需求日益增加，这使得人们对公私合营（PPP）产生了更大的兴趣。在正常情况下，经过商业验证的投资项目将很容易吸引所需的资本，但在全球金融危机之后，其中一些规范就不那么可靠了。世界能源理事会（WEC，2009，p.2）表达了对资金短缺的关注：

全球金融市场的流动性不足意味着公司更难获得资本，即使是高回报项目。这种资金短缺引起了人们对能源部门所需资本密集型投资的短期可行性的担忧。

国际能源署（IEA，2009，pp.3–5）建议：

不断下降的能源投资"可能对能源安全、气候变化和能源贫困产生严重影响",这些担忧将"为政府的行为辩护"。

像发电站和天然气管道这样新的重大投资,传统上都是由项目融资提供的。世界各地的银行组成的大型银团提供的无追索权债务资本,可能占到总投资的70%~90%,其余由供应商融资、夹层债务和股权提供。国际银行对项目债务的银团贷款基本上在全球金融危机之后立即枯竭,包括债务展期。在澳大利亚,当地银行一直不愿增加对风险控制多元化公约以外的个别项目的敞口,这是可以理解的。除非国际银行稳定它们的贷款账簿,并再次寻求全球多元化,否则能源基础设施的项目融资仍将很困难,可能需要寻找新的融资模式。

伴随着全球金融危机,一方面,针对网络业务(即能源行业的电线和管道)进行担保的债券发行也出现了停滞,原因是投资者对这类证券的市值进行了大幅减记。另一方面,储蓄仍然流向基金经理,因为需要进行有效和安全的投资,理论上说就是要提供投资者现在寻求的有保证的回报。

对于公共机构拥有的企业,PPP提供了一种可能的模式,尽管存在风险管理和代理成本的问题(见第3章和第4章)。

7.2.6 公共所有权

在澳大利亚,新南威尔士州和昆士兰州政府拥有发电站;在这些州和其他州,国家实体也拥有电力网络和零售企业。大多数行业专家,包括新南威尔士州政府聘请的专业人士(Owen,2007),都得出结论认为公有制是有害的——政府拥有的企业缺乏维持和升级所需的资本,因为提取了过多的股息;阻碍或扭曲了私人发电投资,因为这构成了不公平竞争风险,使政府资产(也包括居民和纳税人的财富)和国家的信用评级面临重大的商业风险。[1]在具有多样化和相互关联的能源系统的成熟经济体中,政府直接投资的基础非常薄弱。

---

① 在电力联营中,有争议的发电和零售企业往往无法避免面临非常重大的市场风险。会计准则AASB139要求所有衍生金融工具在财务报表中按其公允价值列报,公允价值采用远期合同的估计价格计算,反映了当前价格的远期价格波动性很大。

7.3　能源市场、资源与供应系统

从自上而下的角度来看，一个关键的观察结果是，能源需求始终与消费和产出（例如，在国家层面，包括国民总支出和国内生产总值）密切相关。一般来说，我们花费越多，我们消耗的能源就越多；我们生产越多，在这个过程中需要的能源就越多。城市能源需求也会表现出同样的相关性。但是齐头并进的紧密联系不再是一一对应的了：在 20 世纪 70 年代的石油危机之后，能源需求的增长，特别是对石油的需求增长速度慢于 GDP 增长速度；澳大利亚经济的能源强度，像大多数其他国家一样，一直在下降，直到 2000 年澳大利亚重新出现这种更紧密的齐头并进的联系。2008 年年中的油价飙升使这种结果重新出现，也是其随后被压制的一个原因。

经济体的能源强度下降有几个原因：第一个原因是能源效率的提高——完成一项普通任务所需的能源。第二个原因是从能源密集型活动中分离出来的经济活动的重组——以全球服务趋势为代表。第三个原因是用生命周期能量含量较低的燃料替代能量含量较高的燃料。这种替代机会是有特定应用的——最重要的例子是在诸如空间和水加热能源的应用中，用天然气替代电。

近几十年来，能源效率有了惊人的提高。例如，最新的家用冰箱的用电量不到 20 世纪 80 年代同等产品的三分之一；现代汽车 Biles 比早期的型号开得更远、更舒适、更安全；铝冶炼等电力密集型行业的最新设施比它们的前一代效率高得多：应用最新技术的发电站可以比仍在运行的老电站提高 50% 的能效。然而，这个工程意义上的能源效率——即完成特定任务所需的能量——受制于不变的物理定律，并且持续的改进将逐渐接近极限。持续改进的范围正在逐步缩小，改进的成本普遍在上升。提高能源效率是确保世界经济未来发展和遏制温室气体排放努力的关键组成部分，但它不是灵丹妙药。

另一个警告过度依赖能源效率不断提高的观察是新应用的创新率，特别是家庭、办公室和现代生活电器的形式。新产品的推出和额外家电的激增可能已经超过了传统家电能源效率提高所带来的节能贡献。

最后一点，有趣的是，能源强度下降的速度很少与产出的增长相匹配（GDP）。人口增长较快的国家往往表现出显著的能源需求增长，尽管澳大利亚的能源强度有所提高。人口增长与能源需求增长之间存在着非常密切的关系——这将是增长中经济体、增长区域和城市的典型特征。

7.3.1 城市能源需求

城市能源需求——或者说城市和城镇的能源使用——是能源分析师和规划者通常不会考虑的一个点，因此，也无法通过常规方式衡量。然而，它可以通过从总能源需求中扣除在确定的非城市活动中使用的能源，以可接受的精度得出。这些将包括：农业、渔业、林业、采矿、上游石油和天然气；非城市工业设施，包括大多数主要发电站；以及国际、区域和城市间交通。确定主要的非城市工业设施及其能源使用是一项更困难的工作——但也有间接的数据来源。[①]

在"2008年世界能源展望"（IEA，2008）中，IEA首次尝试描述和量化城市的能源使用情况，因为发达国家的城市人口比例很高，亚洲和非洲也在快速城市化（如第1章所述，目前世界人口的50%生活在城市，这一比例预计还会增加）。IEA估计（考虑到目前的温室气体排放缓解），到2030年，城市能源使用量可能比2006年高出57%[②]，占世界总能源使用量的73%。预计其中约81%的增长将来自非经合组织国家的城市（尽管到2030年，87%的美国能源需求将来自城市——高于2006年的80%，欧盟和澳大利亚能源需求的75%和80%将来自城市——高于2006年的69%和78%）。

表7-1总结了IEA对2006年城市和世界的原始能源消耗的估计，参考案例预测到2030年全球约2/3的能源消耗在城市，那里的居民平均消费更多的煤炭、更多的天然气和更多的电力，但石油略少，生物质和废物更少。农村和城市人均能源使用之间的差距预计在未来将会缩小，但日益增长的城市化意味着

---

① 例如，国家温室气体清单、气候变化与能源效率部(年度)和国家污染物清单，以及即将建立的国家温室气体和能源报告制度。

② 这是国际能源机构的"参考情景"，不解释额外的温室气体减排行动。

城市能源消耗量超过总能源消耗量的趋势继续存在（见图7-1）。

表7-1 　　　　　2006年和2030年按燃料分列的世界城市能源需求

	2006		2030		2006—2030
	百万吨油当量	%城市消耗	百万吨油当量	%城市消耗	%平均年增长量
煤炭	2 330	76	3 964	81	2.2
石油	2 519	63	3 394	66	1.2
天然气	1 984	82	3 176	87	2.0
原子能	551	76	726	81	1.2
烃	195	75	330	79	2.2
生物质和废物	280	24	520	31	2.6
其余可再生能源	48	72	264	75	7.4
总和	7 907	67	12 374	73	1.9
电	1 019	76	1 945	79	2.7

Note:An Mtoe （million tonnes of oil equivalent） equals 41. 868PJ.

Source： *World Energy Outlook*，©OECD/IEA，2008，Table 8.2： World energy demand in cities by fuel in Reference Scenario，p. 183.

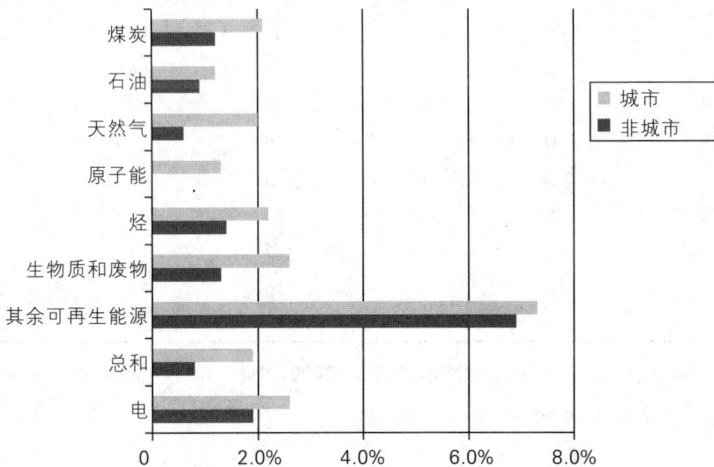

图7-1 2006—2030年城市与非城市地区燃料需求增长预测

Source： *World Energy Outlook*，©OECD/IEA，2008，Table 8.2： World energy demand in cities by fuel in Reference Scenario，p. 183.

原始能源直接消耗（或经过最小的加工处理）作为最终能源，这包括用于炼钢高炉、水泥厂和其他工业应用的黑煤。供应的原始能源超过半数转化为二级能源，这包括将化石燃料（和铀）转换为电力、将原油和天然气液体转化为精炼石油产品，以及将天然气转化为液化天然气。

请注意，在 IEA 方案下，煤炭将继续是最重要的城市燃料来源（主要用于发电），占 2030 年城市原始能源使用量的 32%，而可再生能源总量，尽管年平均增长率最快，将仅占 2030 年使用量的 9%。随着更严格的减少温室气体排放行动的实施，能源组合中的煤炭将有所减少，而可再生能源（和天然气）将有所增加。

表 7-2 描述了澳大利亚城市与澳大利亚区域总量相比的数据。这些预测表明整体而言增长较为温和，特别是煤炭使用量。城市用电量预计将上升到澳大利亚总用电量的 84%（2006 年为 80%），城市天然气使用量占总量的比例不低于 97%。

表 7-2　　2006 年和 2030 年按燃料分列的澳大利亚城市能源需求

	2006		2030		2006—2030
	百万吨油当量	%城市消耗	百万吨油当量	%城市消耗	%平均年增长量
煤炭	45	76	47	81	0.2
石油	30	63	35	66	0.7
天然气	25	82	34	87	1.3
原子能	0	76	0	81	0.0
烃	3	75	3	79	0.8
生物质和废物	5	24	10	31	3.5
其余可再生能源	2	72	7	75	5.9
总和	110	67	136	73	0.9
电	17	76	24	79	1.4

Source：*World Energy Outlook*，©OECD/IEA，2008，Table 8.5：Australasian energy demand in cities by fuel in Reference Scenario，p. 183.

7.4　澳大利亚：原始能源资源与供应

澳大利亚拥有丰富的原始能源资源，拥有世界上最大的铀储量——约占全世界资源储量的40%，非常大的黑煤和褐煤矿床，大量的天然气和煤层气以及丰富的太阳能。原油储量（和产量）一直在下降，尽管液体燃料的产量也一直在下降，但可以通过增加从天然气储层中生产的NGLs（天然气液体）来维持产量。

澳大利亚的低成本铀和黑色煤炭资源使该国成为世界上最大的这些商品的出口国，不久之后，澳大利亚有望成为世界三大液化天然气（LNG）出口国之一。澳大利亚的能源资源开发和开采是由私营采矿和石油及天然气公司承担的，这类活动资本要求很高，特别是在石油行业，该部门提议开发高达500亿美元的液化天然气。在这个行业中，合资企业通常是世界上几家最大的公司之间的合资企业，这是由分散巨大风险的必要性所决定的。

虽然澳大利亚是一个大的能源净出口国，但它也越来越依赖进口来满足石油产品需求。如果像气化和不可开采煤炭的液化这样的新兴技术被证明是成功的，那么这种前景可能会改变。澳大利亚也是一个干旱的大陆，水电资源有限，大多数都已经开发了，所以随着电力需求的增长，水电的份额将不可避免地下降。

能源资源需要转移到港口出口给直接用户，如钢厂，或转换设施，如炼油厂、液化天然气设施和电站。煤炭通常通过铁路从矿井运到偏远的发电站或港口，或通过传送带或专用道路运到邻近的发电站。石油和天然气通过管道或轮船（或两者的组合）运往澳大利亚和海外的炼油厂；国内消费的天然气通过管道运输。

煤炭开采对城市发展有直接的空间影响。发展露天矿山要求搬迁城镇、公路和河流。更常见的相互作用出现在地下煤炭开采方面，因为地表沉降和岩石坠落——是经常发生的后果——与城市发展不相容。采矿和城市土地利用应该分开，最好不要忽略（疏远）宝贵的地下资源。

澳大利亚有七家主要炼油厂，都位于首都和区域城市内或周边。这些设备的合计产能为46.3GL pa（澳大利亚石油研究所，2011）。还有几家小型炼油厂加工当地原油和再加工废油或再生油。有些炼油厂比其他炼油厂更多地嵌入到城市结构中。第八家大型炼油厂——位于南澳大利亚州——于2004年关闭，壳牌在新南威尔士州的克莱德炼油厂也计划关闭。阿德莱德现在依赖轮船、铁路和公路进口的石油产品——对该州供应安全的敏感性是显而易见的。然而，阿德莱德不会是最后一个没有炼油厂的澳大利亚首府。与亚洲竞争对手相比，所有这些都是小规模和老化的，如果澳大利亚炼油厂在其海外竞争对手面临类似管制之前承担温室气体排放成本，这一劣势将会更加突出。

输送原油的管道通常铺设在城市街道下面。炼油厂产品——汽油（汽油和航空汽油）、蒸馏物（汽车和工业柴油）、煤油（主要是喷气燃料）——由终端和/或分销商通过轮船、铁路、公路和管道分发给零售点和最终用户。海运用于向首都和区域中心的大型沿海码头进行散装运输和出口。城市内的大多数石油是通过公路油罐车分配到加油站和工业场所的，主要例外是机场，它们通常通过管道供应喷气燃料。铁路和公路运输将燃料输送到内陆地区中心。石油工业拥有固定的基础设施（油库和管道），通常是联合安排的，并将燃料运输外包出去。

在城市中运输燃料是一项重要的事业，并提出了交通拥堵和公共安全的问题。澳大利亚城市的零售点数量大大减少，但汽油零售业仍然是一个主要的雇主，为居民提供重要的服务。

天然气仅占澳大利亚原始能源需求的17%左右，因为煤炭在发电中占非常重要的地位。天然气通过高压地下管道输送到城市和其他需求中心。城市地区的主要工业用户和发电机需要获得高压天然气，因此这些管道也在大都市区内联网。商业和住宅的需求通过低得多的压力网状系统来满足，通常铺设在街道上。

在澳大利亚，液化石油气（LPG）用于满足专业的工业、商业和住宅需求，并用于汽车燃料。[1]LPG储存在炼油厂和石油码头，在悉尼，LPG储存在植物园的地下岩室中，通过散装公路油罐车或压力容器分发给用户和零售点。

7.5　澳大利亚：二级能源供应与零售

发电、输配电、天然气分配和能源零售占澳大利亚国内生产总值的约1.5%，雇佣约49 000人（ESAA和ENA网站）。

---

① 液化石油气在澳大利亚是优先征税的，并被出租车和其他高里程城市车辆所青睐。

7.5.1　电力

澳大利亚电力部门包括 NEM、西澳大利亚州的孤立西南互连系统[①]、Northern Territory 系统和一批移动网络。NEM 提供了澳大利亚东部各州和 ACT 之间的互连——并且可能是世界上最长的互连系统。

NEM 是一个集合了 5 个相互关联的区域的集合市场。除非互连受到"限制"（即在其容量限制下运行），每个市场中的批发价格都是相等的，除了用于将区域中心价格转换到每个发电站的特定位置的损耗因子。NEM 是一个"总池"，其意思是所有发电（除了嵌入配电网中的非常小的——<30 MW——发电站）都必须通过池出售。[②]根据按照报价升序调度电力的算法，在中央系统运营商（澳大利亚能源市场运营商，AEMO）的唯一方向上从每个电站调度电力。NEM 中每个发电站的每个单元（所有 5 个地区约 260U）有机会投标（报价）多达 10 级的价格/数量组合，覆盖其连续 24 小时周期的每 1/2 小时的容量。这些投标通过算法进行堆叠，并与需求相匹配，以实时最小化成本，每 5 分钟确定一次调度价格。这是一种单边拍卖，因为需求的数量只取决于"有多少人打开了灯"（也就是说，不存在需求曲线的构造）。然而，需求方也可能投标，例如，可以支付铝冶炼厂短期关闭（或关闭）的费用——使其在商业上等同于即时启动调峰发电机，各种辅助服务也是竞争性投标。

如上所述的实物（池）市场是由金融对冲合约中的平行（纸）市场补充的。这些合同将池中发现的价格作为独立于池协商的单向和双向套期保值的参考价格。如果交易双方都提出要求，系统运营商可以为金融合同参与者之间的支付提供便利。这种双重市场结构如图 7-2 所示，图 7-2 标明了两边的发电商和消费者（零售商），它们通过系统运营商管理的物理市场中的传输和分配网络连接在一起，并辅之以金融合同市场。

---

① 西澳大利亚州的批发电力市场，连同 2004 年的《电力工业法》及相关规章制度，由独立市场运营商（IMO）管理，并由经济监管局监管。与 NEM 不同，WA 池是一个网络池。

② 在美国（和华盛顿州），另一种模式是"净电力池"，通过通知输送公司合同电力，未经合同允许的电力通过该网络池会被清除。

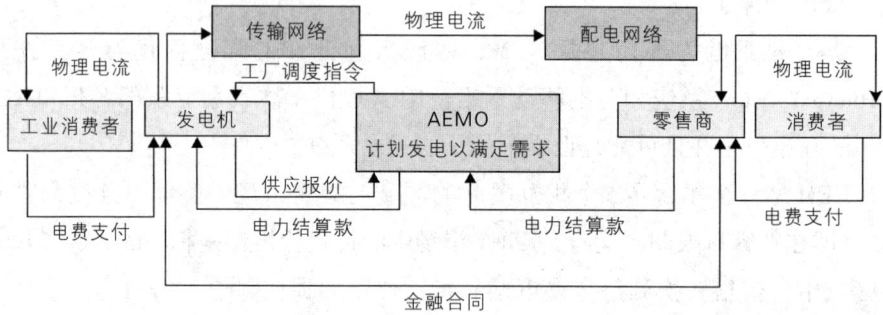

图 7-2　国家电力市场结构

Source：Australian Bureau of Agricultural and Resource Economics and Sciences，2011. *Energy in Australia 2011*，Market structure，p. 19.

澳大利亚能源监管机构（AER）对市场进行监控，以确保参与者遵守国家电法和国家电力规则。

NEM 自 1998 年开始运营，在运营的前 5 年或 6 年，它提供的平均池价低于新进入者的价格水平（CCGT 的顺序为 40～45 美元/兆瓦时），因此披露的价格不足以证明新的发电投资是合理的——见图 7-3。在许多方面，这反映了创建 NEM 的目的，即利用过剩发电容量中现有的效率，以及部分地通过互连可获得的效率。5 个在很大程度上孤立的系统（或对最大化当地发电感兴趣由当局独立管理的系统）中所需的备用容量远远大于共享的备用容量。尽管出现了规定的限值上的急剧的价格飙升[①]——高达 12 500 美元/兆瓦时，NEM 工作得非常好，首先调度最低成本（基准负载）的发电机，通过中间和调峰发电机进行合理的调度，并有效地利用了可用的区域间互连。

---

①　国家电力公司规定的最高批发价格被称为 Voll（损失负荷值）。如果池价格达到 Voll，系统运营商有义务进行干预，通常实施配给计划（渐进式褐化），以确保需求与可用电力匹配。除了最高（Voll）价格为 12 500 美元/兆瓦时外，规定最低价格为减 1 000 美元/兆瓦时。

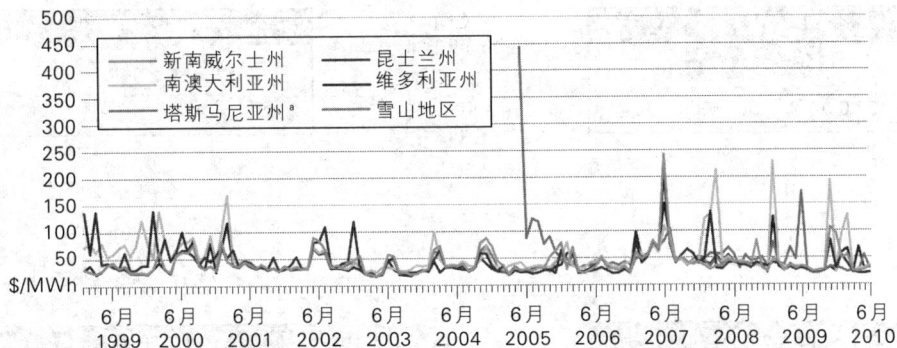

a 塔斯马尼亚州于2005年加入了国家电力市场.

图7-3　全国电力市场现货市场价格（月平均批发价）

Source：Australian Bureau of Agricultural and Resource Economics，2011. *Energy in Australia 2011*，Spot market prices in the national electricity market，p. 28.

除了少数例外，澳大利亚的互连器都是受监管的设施。这意味着他们在成本加成的基础上（竞争非常有限）从联营客户（大体上是电力零售商）那里获得了规范的回报。互连器的管理是NEM中最有争议和最令人不满意的方面——确认任何网络区域的不可竞争元素都存在持续的政策问题（如果有要求的话）。

图7-4总结了2009年至2010年区域发电量（以太瓦时为单位的输出和以兆瓦为单位的容量）平均价格[①]，以及跨NEM和两个孤立系统的平均互连流量（以兆瓦为单位），平均互连流量掩盖了发生在与特定时间相反方向流动的事实（例如，Basslink流量在高峰时期向北向维多利亚州流动）。

7.5.1.1　发电

发电是电力价值链中可竞争的部分，因为在网络或电网创建的批发市场中，独立拥有或控制的发电站对市场份额和利润是相互竞争的。有一个问题是，真正的竞争需要多少台独立控制的发电机。这一数字似乎很小，可能只有4台或5台，尽管在某些情况下——尤其是当需求接近峰值水平或主要发电机

[①] 雪山地区-新南威尔士州的一个水力发电计划现已纳入新南威尔士州和维多利亚州地区。

昆士兰州			QNI		新南威尔士州	
34美元/兆瓦时			561		39美元/兆瓦时	
53.0太瓦时	58.8太瓦时				77.5太瓦时	79.4太瓦时

Directlink
88

239
维多利亚州–新南威尔士州

南澳大利亚州			Heywood		维多利亚州	
51美元/兆瓦时			92		42美元/兆瓦时	
13.4太瓦时	12.8太瓦时				51.0太瓦时	55.0太瓦时

Murraylink
21

Basslink
129

■ 地点
■ 加权年平均价格（美元/兆瓦时）
■ 年总需求（太瓦时）
■ 总用量（太瓦时）
➡ 平均年流量（兆瓦）

塔斯马尼亚州ª	
59美元/兆瓦时	
10.0太瓦时	8.9太瓦时

Outside the national electricity market

西澳大利亚州	
na	
16.9太瓦时	18.0太瓦时

北领地	
na	
1.9太瓦时ᵉ	1.9太瓦时

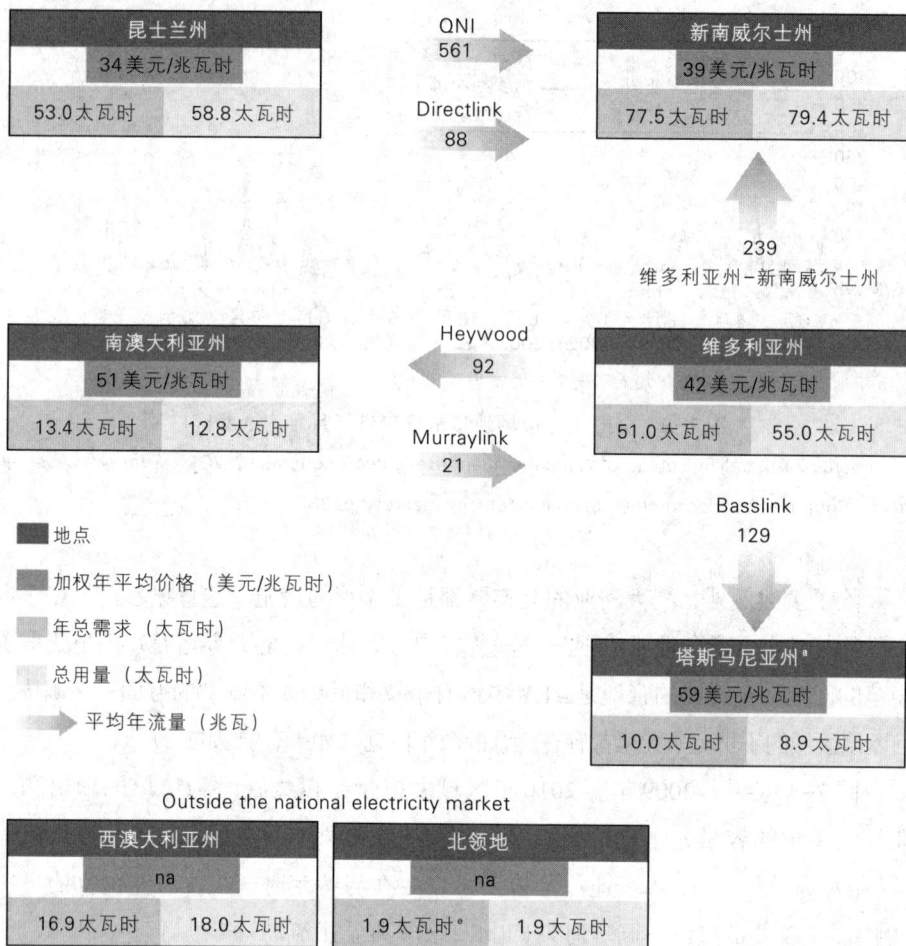

a 2006年5月正式与国家电力市场连接.
e 澳大利亚农业、资源及科技局估计数.
na 无

图7-4　2009—2010年澳大利亚的发电和净互连线流量

Source：Australian Bureau of Agricultural and Resource Economics and Sciences，2011. *Energy in Australia 2011*，Summary of Australia's national electricity market，2009-2010，p. 20.

组下线时——寡头垄断行为很明显，价格保持在所需总容量的边际成本之上。

在20世纪90年代竞争改革之前，澳大利亚的发电是由地区性国有企业垄断的，这些企业也与输配电部门垂直整合。各地区之间存在联系，但它们的目的在很大程度上仅限于提供后备能力，因此州际公用事业之间的竞争可以忽略不计。导致创建 NEM 的改革首先旨在将国有公用事业分解为各个组成部分——发电、输电、配电（网络）和零售——并将可竞争的部分、发电和零售划分为每个地区的几个相互竞争的公司。[①]在维多利亚州，所有元素——曾经是庞大的国家电力委员会的一部分——都被公司化，然后以竞争性贸易销售的方式出售给不同的私人财团，主要来自海外。这项工作为国家筹集了大量资金，消除了国家债务（以及向该行业投入更多资本的义务），并被誉为澳大利亚创建竞争性电力市场的关键。

其他澳大利亚州并行地拆分和公司化了它们的电力公用事业（实际上塔斯马尼亚州、西澳大利亚州和北部地区都落后了几年），但它们没有立即进行私有化，有一两个州可能永远不会这样做。[②]在维多利亚州之后，南澳大利亚州率先进行了私有化，尽管它们的模式涉及非常长期的设施和企业租赁，而不是直接出售。

2009年年中，昆士兰州政府宣布了出售其发电和其他电力企业的计划，尽管这些计划是在昆士兰州财政拮据而不是为通过私有化来促进竞争的特定承诺的情况下决定的。

在2011年选举中落败的新南威尔士州工党政府，很难说服关键成员相信私有化的好处，但确实寻求了一种妥协，即持有交易发电商调度能力的合同权的新交易实体将被出售给最高利益集团。三台主要发电机中两台的 GenTraders 在选举前被出售，进一步的撤资虽然不可避免，但仍需等待政治发展。

---

① 配电网也按非重叠（地理）划分，以便将其性能与同行进行比较，并通过这些比较产生"竞争"。
② 在2006—2007年，工业委员会监测了电力行业的23家政府贸易企业。其中，12家只涉及一项主要活动（发电、输电、配电或零售），8家只涉及发电，3家只涉及输电，1家只提供零售服务。其余11家执行了一项以上的主要活动，其中2家（在华盛顿和NT）是完全集成的公用事业企业。在2006—2007年，5家电力GTE也提供天然气，其中两家也提供水。Source: Productivity Commission, Financial Performance of Government Trading Enterprises 2004–2005 to 2006–2007, Productivity Commission Research Paper, July 2008.

应该注意，新南威尔士州和昆士兰州都鼓励私人开发商建造新的发电站，这一政策显然是支持竞争的。

澳大利亚首都地区政府同意通过两个伙伴关系——ActewAGL分销和ActewAGL零售，将其电力和水分配及零售公用事业ACTEW与私营能源零售商AGL合作。后者是一个向零售客户提供电力、天然气、水和废水服务的多产品企业。

20世纪90年代改革是以竞争的可取性为前提的，无论在何处促进竞争，相应地就能促进竞争中立。这旨在使GTE面临与私营企业相同的激励、惩罚和监管（例如支付股息，向州政府所有者支付相当于其GTE身份的任何豁免的税收金额，以及支付类似的债务溢价和担保费用）。竞争中立是公司化的一项基本原则，但确实需要对其遵守情况进行独立监测。生产力委员会注意到有收入增加没有反映在等价税支出中的情况（生产力委员会，2008年）。

NEM的主要发电站，其中大部分是在竞争企业拥有的投资组合中安排的，代表了约38GW的容量，2008年价值约为1 000亿澳元，按批发价计算，生产了约230TWh的电力，价值超过120亿澳元。2008年澳大利亚的发电容量包括约44.9GW并网容量和5.2GW嵌入配电系统的容量。

2008—2009年澳大利亚发电中的总燃料份额是黑煤54.9%、褐煤21.8%、天然气15.0%、水力4.7%、石油1.0%、风能1.5%以及其他（生物质、沼气和太阳能）1.2%。煤炭和水力发电的份额预计未来会下降，天然气份额将上升到22%左右，其他会有所不同。2005年澳大利亚发电产生的温室气体排放量总计1.94亿吨当量二氧化碳。

7.5.1.2 发电经济性

发电的经济性受到电力需求模式的支配，这种模式表现出广泛的日变化范围，一周中的几天之间存在显著差异，通常情况下，季节差异也很大。[1]因此

---

① 在澳大利亚城市中,高峰负荷出现在夏季和冬季,夏季(空调)负荷主要集中在墨尔本、珀斯、阿德莱德、布里斯班和达尔文,冬季负荷堪培拉占主导地位,两者在悉尼大致平衡。

建议分类为：基本负荷功率——隔夜负荷，全天持续——峰值功率——最大负荷——和中间功率，用于介于两者之间的肩部时段。通常是来自城市地区的需求定义了这些负荷模式。

供应基本负荷的电力所需的最低成本是由具有最低平均单位成本的电站决定的，并且到目前为止，这些电站一直是具有低可变成本的大型装置（高沉没成本）。燃煤蒸汽轮机和核电技术的固定成本与可变成本的比率超过 2∶1。

迄今为止，化石燃料站的可变成本已经完全由燃料成本主导，其他可变运营成本只是一个非常小的组成部分。未来，随着排放成本成为一个重要项目，燃料成本将变得相对不那么占主导地位，尽管燃料加上排放成本（两者密切相关）将继续占据几乎所有的可变成本。

在满足峰值负荷时，将沉没成本降至最低是很重要的，因为回收它们的机会非常有限。许多经典的调峰站运行的时间不到 1%。因此，如果全年需要维修的成本较低，则供应高峰需求支付昂贵燃料（仅在电站运行时使用）的成本可能会便宜得多。如果能节省工厂的成本，以相对较低的能源效率运行也更便宜——并且与这种方法一致。

和世界上许多地方一样，澳大利亚最重要的调峰站是水电站。这些公司的资本（沉没）成本很高，运营成本几乎为零。然而，如果从机会成本的角度来看待它们的运营，那么在今天任何时候使用蓄水的商业智慧都必须考虑到明天或者几个月后电价预计会更高的另一种选择（假设水库没有溢出）。在这种情况下，水电站的可变成本可能非常高。

中间需求可以通过基本负荷站和调峰站的组合来满足，其中基本负荷站以相对较低的容量利用率运行，而调峰站以相对较高的速率运行。然而，专门的中间负荷站可以更经济地发挥这一作用。与英国和其他地方一样，澳大利亚的中间负荷站往往要么是单位资本成本低于煤炭和核电站的现代 CCGT，但燃料成本更高，要么是价值被大幅减记的旧基本负荷站。此外，除了成本最低的基本负荷站外，电网上的所有站都越来越多地实行负荷跟踪，以实现净收益最大化。

非水力可再生能源大多嵌入分配系统中，反映出需求的减少。澳大利亚的例外是少数以甘蔗渣（甘蔗废料）为燃料的重要站点作为季节性基本负荷运行

（池中的价格接受者）。由于它们是间歇性操作，因而都是市场中的有效价格接受者。它们有时会在半夜退出基本负荷能力，但通常会取代中间或峰值能力，填补需求。

在池市场中，可变成本相关性决定了调度的顺序，因为对于每个发电机来说，在任何1/2小时内以可变成本提供其合同容量的负荷在战略上是最优的。①因此，首先调度向池提供最低价格（其互换合同数量的短期边际成本）的基本负荷站，然后是提供更高价格的有更高可变成本的中间站，以及提供与金融市场中出售给零售商的上限相对应的价格的调峰站。系统操作员将调度尽可能多的容量，以匹配显示的需求。

该系统有助于确保发电的高效运行和优化。这些收益已经以更低的电价和更可靠的供应形式转移给了消费者。很少有价格达到监管限制并需要干预的情况。

这种关于效率和最优化的观察是一个广义的结论，而不是具体的结论，因为在供应突然紧张的情况下，不时会引起对剥削性发电机定价行为的关注。现实情况是，池市场需要不时登记非常高的价格，以便为投资峰值容量提供商业理由，否则会发生更多的系统故障。面对的挑战是确保系统提供足够的容量来满足预期的需求，加上适当的应急裕度，而不是更多。到目前为止，在NEM中的证据是挑战基本已经得到满足。

7.5.1.3　排放收费与强制性可再生能源

虽然这种对池市场的描述在未来不会从根本上改变，但基本负荷站、中间负荷站和调峰站的组成很可能会发生变化——尤其是排放成本被包括在内和上升时。在关键阈值下，燃煤发电的可变成本（燃料成本加排放成本加其他可变成本）将超过燃气发电的可比可变成本，这将颠覆传统的澳大利亚的绩效顺序，燃气CCGT取代燃煤电站作为基本负荷站（但也努力巩固核能作为成本最

---

① 在像澳大利亚国家电力市场这样的总量池中，出售所有电力的实物池市场由金融市场补充，金融市场包括"掉期"和"上限"（和组合）交易，后者是池市场价格结果的合约衍生品。基本负荷的发电机通常寻求合同75%～80%的预期调度，通过互换，发电机的价格是由零售商支付的合同金额，这为双方提供必要的确定性。

低的能源的替代方案）。

如今，大型燃煤电站（就像核电站一样）被故意设在城市以外的地方，通常（对于燃煤电站）位于煤矿口，虽然高压交流电[①]输电线路的低损耗减轻了距离客户较远的发电站的定位问题，但这些客户大多在城市。遥远的地方通常提供成本较低的土地和获得冷却水的途径，也更接近燃料供应点。由于颗粒物排放、噪声、煤尘和视觉舒适性，燃煤站往往是遭人口密集地区反感的；而且，它们的员工和承包商往往住在城镇，不喜欢走得太远去工作。相比之下，燃气站往往更适合建在城市区域内或城市边缘的位置。它的排放通常是无微粒的，也没有灰尘问题，虽然加油站的NOx排放会导致与运输排放相关的棕色雾霾。水电站、风电场、波浪和地热能都倾向于位于资源所在的地方，很少出现在城市中。

不断上升的排放成本和更多嵌入配电系统的微型发电机组，将降低大型发电厂和相关传输系统的重要性及对其的依赖——然而，考虑到池市场的竞争力（商业驱动因素将继续运营，直到可变成本超过收入），转型的速度可能不会像许多人预期得那么快。然而，澳大利亚政府的强制可再生能源目标计划[②]和其他促进太阳能的倡议（特别是联邦政府对大型太阳能项目的赠款，对家庭光伏系统的太阳能信贷补贴，以及州和地区政府的接入电价，这些都有其他客户交叉补贴小型太阳能光伏）可能会确保可再生能源在总发电量中的比例大幅上升（到2020年可能达到20%的目标）。这将减缓对传统发电的投资，但也会倾向于将燃气发电挤出中间负荷。

7.5.1.4 输电和配电

澳大利亚的能源网络企业通过80万千米的电力线向全国1 200万户家庭和企业输送电力，价值约200亿美元。

---

① 交流电。安装在越来越长距离上的直流(DC)电缆的传输损耗要低得多，但价格要贵得多。

② 澳大利亚政府的《2000年可再生能源(电力)法》要求电力批发商(零售商和直接承购商)在2010年前按比例为每年新增9 500千兆瓦的可再生能源发电做出贡献，这项政策是通过向可再生能源发电机颁发可再生能源证书(rec)来实施的，同时要求零售商获得其销售可再生能源的规定部分。2008年，该计划取得了实质性进展，以便在2020年前为即将上任的工党政府提供20%的可再生能源。

澳大利亚的主要输电线路将高达500kV的电力输送到郊区和城镇以及主要工业设施的变电站。变电站将高压电力转换为较低电压,通常是将输电与配电区分开,配电系统通过沿道路和街道(地面和地下)运行的电力线向零售客户传输低压电力。

自20世纪90年代初以来,许多单纯经营电力线业务的企业或综合电力公司,都转变为能源(电力和天然气)或多网络企业。虽然澳大利亚现在有几家综合网络企业,但在维多利亚州,当企业私有化时,传输(包括电力和天然气)和分输电和配电之间的分离,仍然是大多数支持竞争的监管机构和分析师的首选。

输电和配电网络业务通常有资费明细表,区分大用户和小用户,以及接入(需求)费用和使用费——在某种程度上,这反映了资本或固定成本与运营成本之间的差异。政策目的通常是使费用与成本一致,尽管完全调整会涉及高昂费用(作为需求费用),而且配电网中的较大用户一直习惯于交叉补贴较小的用户。在输电行业,客户是主要的电力用户和零售商,这种交叉补贴是不可能的。

通常情况下,电力和燃气分销企业作为垄断企业运营,从而邀请独立的经济监管机构发挥作用,类似于适用其他公用事业部门的监管。在澳大利亚,州和地区监管机构过去承担了这一职能,但现在这是能源网络的新的国家经济监管机构AER的职能。监管机构的主要职能是确定网络费率(批发级别[①]),批准资本投资提案(扩展和升级),或确认哪些资产可以包括在网络的费率基础中,从而赚取接受监管的回报率。这是一项历来都令人不满意的责任,充满了信息不对称和其他困难,但更好的模型还有待确定。地理上分散的网络业务的表现可以使用各种指标进行比较,这有助于监管机构(和公众)评估拟议的投资或定价变化是否合理。

竞争中立原则适用于网络(和零售)行业。然而,更常见的困难不是政府对网络GTE的不公平支持,而是政府强加的服务要求超出了商业提供的服务

---

① 零售价格上限将继续由州政府管理,直到评估确定有效的零售竞争并取消价格上限。

要求。这些社区服务义务（CSO）需要透明，理想情况下可以从政府收入而不是从其他网络客户那里收回（即直接补贴而不是交叉补贴）。确定和量化每个CSO的范围也已成为一项监管责任。

目前强调清洁能源的政策加大了将更多可再生能源纳入电网的压力。澳大利亚政府的气候变化和可再生能源承诺就是这些政策的表现。政府的可再生能源目标对网络运营商和监管机构提出了挑战，要求它们找到可行的方法，在不损害系统安全的情况下，将大量的可再生发电（通常是间歇性的和远程的）带入电网。

可预计的一个结果将是嵌入式发电机（EG）显著增加。这是在城市配电网络内连接的发电机，与通常位于一定距离之外的较大发电厂形成对比。EG通常涉及微型小容量单元（从小于1千瓦到几十兆瓦）、多种技术以及不同的运行特性和连接要求。EG还服务于一系列不同目的，包括供应可再生能源、降低峰值负荷和支持网络稳定性。EG安装包括：微型和大型光伏系统、小型至大型风力发电机、混合可再生能源和柴油系统、热力和发电联合发电机、微型至大型燃气轮机（通常由零售商拥有）。

要实现输电网络安全和更广泛的能源政策目标，需要解决许多监管、合同和技术问题。输送网络行业及其行业机构正在开展一场活跃而持续的运动，以确保嵌入式发电机连接没有电力网络的补贴，确保在不同州管辖范围内协调小型嵌入式发电机连接的技术要求、合同安排、操作协议和程序，确保输送网络不会因将EG连接到电网而受到影响。

输电线路，加上它们的变电站，需要大量的空间和宽阔的走道——通常从几个方向进入一个大都市，以保证系统安全。提供这些能源走道是城市规划的基本要求。

7.5.2 天然气市场

以下评论重点放在澳大利亚东部的天然气电网上。

澳大利亚东部的国家管道网络最初是两个更大的管道的集合，这些管道已经逐渐连接成一个更具凝聚力的传输网络。该系统的各个组成部分由独立的私营实体拥有，其中一些实体也是输配电资产的所有者。它们在技术和商业事项方面受"天然气法"和"天然气规则"的监管，这两项文书都是在国家、州和区域司法管辖区之间合作产生的。大多数管道都由 AER 监管，但其他管道若被发现是可竞争的管道，就不受定价、准入和容量监管。

理论上，连接到传输网络中任意点的天然气供应商应该能够向其他任何地方的客户销售（和运输）天然气，前提是实际（净）运输成本得到覆盖并退还给相关管道所有者。市场还没有发展到这个高级阶段——由于商业障碍（以及迄今为止只能向一个方向输送"湿"气体）——但最终它会这样做，有效地允许东部网络上任何地方的注采定价。

与输电线路一样，干线燃气管道往往具有很强的垄断性。尽管随着城市通过第二条和第三条管道连接到第二个和第三个供应源（以及来自风能和煤炭等其他能源的竞争加剧），这种特征被削弱了。在这种情况下，监管最好是从轻处理，并定期进行审查。尽管如此——并不一定与此相冲突——监管机构已习惯于确保新的或不断扩大的供应商和客户不会受到歧视，从而损害了经济效率（第三方准入）。澳大利亚天然气分配网络的调整在 AER 的主持下与电力网络的监管相结合。

主干天然气管道通常在大都市区外的城门处连接到城市的配电系统，并且在很大程度上是看不见的。配电网络也可以这样说，它包括高压和低压元件。必须小心确保高压管道不受地面活动的干扰，此类警告确保基本不会产生无法克服的问题。当涉及对城市的不利物理和环境影响时，澳大利亚的天然气分销商通过超过 75 000 千米的低压网络向 340 万户家庭、10.5 万个商业和工业客户供应天然气。澳大利亚住宅和商业客户仅占天然气总使用量的 15%，发电占 35%，工业用途（包括采矿）占 47%。

节能和减少温室气体排放的环境政策目标将有利于增加天然气的使用。这在从发电到家用热水的应用中都有，前者在取代燃煤发电时，可节省一半至 2/3 的排放，而后者在取代电热水时，可节省所需能源的 2/3 或更多（以及类似比例的排放）。如果成本具有可比性，这些好处将保证政府会采取强有力的措施来鼓励推广天然气，但能源系统要复杂得多。如前所述，用于发电的天燃气使用量往往会被风力所取代——这也有利于环境保护——从电力需求剖面中移除电热水器会加剧峰值需求，促进低效率调峰发电机的使用（并提高平均电价）。正确的经济设计——包括排放定价——无疑是最好的"方法"。

7.5.3　能源零售

能源零售与发电一样，也是价值链中可竞争的一部分——传统观点认为，零售商之间的竞争将推动创新和效率，从而造福消费者。

能源零售的商业模式正日益演变为多产品零售商，无论是将汽油销售给便利店和杂货店，还是将网络提供的服务——电力、天燃气、水和电信——结合起来。这种模式在零售能源服务方面的优势是可以从共同的行政支持、客户关系和销售以及抄表和网络检查活动中获得节约和协同效应。

能源零售商在批发层面上竞争性地购买电力和天然气，并在包含网络费用的基础上向大多数零售客户销售。在澳大利亚，所有工业和商业电力及天燃气用户现在都是可竞争的，可以从任何能够协商接入网络的零售商那里购买能源。许多住宅消费者也是可竞争的，因为他们自愿选择转换到新的零售商，或者他们生活在一个已经转向零售完全可竞争的州。[①]保持不可竞争的住宅消费者享有监管的保护（而监管制度的设计是为了确保零售商不会因为为这些客户提供服务而处于不利地位）。可竞争性是一个过渡性问题，在适当的时候，所有的消费者都将是可竞争的。

零售商已经打破了完全拆分价值链的哲学模型，有些人故意或受环境的影响，与能源生产和/或发电企业进行共同控制或购买，从而将供应链的两个可竞争的部分结合在一起。从来没有人认真地认为这是在任何一个细分市场上竞争的障碍（Willet，2005）。然而，一些零售商已经与能源分销业务结合在一起。令人担忧的是，有人认为分销商可能会在准入或优先权问题上偏袒其相关零售商，而牺牲竞争对手的零售商的利益。到目前为止，这些可能性在澳大利亚还没有引起太大的关注，尽管它们显然使监管机构的任务更具挑战性。

澳大利亚和其他地方的一项重要技术进步是智能电表的使用。这些电表按

---

① 澳大利亚各州和地区根据政府间电力和天然气"准入协议"承诺,致力于尽快实施全面的零售可竞争性。

时间实时显示和记录消费，并提高了消费者对通过分散负荷或在高峰时段减少消费的认识。能源零售商在政府补贴的支持下，正在为新连接用户安装智能电表，并在需要升级计量工具时安装智能电表。智能电表有望缓解电力需求高峰的出现，并可能产生一些节能红利。

澳大利亚几乎一半的电力是由居民和商业用户消费的，而金属冶炼到目前为止占比约为30%。

7.5.4　节能与需求管理

能源节约实现了能源安全和减排的总体政策目标，包括市政府在内的许多政府司法管辖区都在自己的活动和服务领域促进节能方案。如果液体燃料的消耗能够在不影响产量或享受性的情况下减少，那么能源安全就会得到加强。温室气体排放目标也能达成，因为减排通常与燃料的使用成正比。

追求节能的第一步是定期测量和监控燃料的使用情况。对于大多数企业来说，除了铝冶炼以外，能源成本只占总支出的一小部分，通常低于当前（非资本）成本的3%。因此，能效并不是高级管理人员的优先考虑事项，这让能源专业人士特别是政府部门非常沮丧。许多政府现在要求能源用户（或至少是大型用户）定期报告它们的能源消耗情况，并解释增加的原因。2008年，澳大利亚政府通过了"国家温室和能源报告法"，要求大型能源用户和温室气体排放者每年提交报告，并让审计人员在这些报告上签字。

现在广泛进行的能源审计，经常以惊人的短回收期揭示节省的空间。有时，这种审计的范围没有考虑到其他目标或投资资本限制——这是建议不总是被采纳的核心原因。这是一个有争议的问题，绿色环保人士辩称，企业有义务实施已确定的措施。这些都经过了生产力委员会的调查（生产力委员会，2004）。

围绕能源标准的问题也有类似的争论——这些标准被写成适用于汽车、工商业设备、家用电器和包括住宅在内的建筑物。国际标准已被制造商和建筑商广泛采用，作为其产品质量的一个重要特征。大多数政府都颁布了法律，要求新的电器、车辆和房屋必须贴上标明其能效等级的标签。在一些司法管辖区，不符合最低能效标准的产品不能销售。标签和标准提高了消费者的能源成本意识，但必须谨慎应用强制性最低标准，因为某些产品可能会给消费者造成损害。

用相同功能的新设备替换使用旧能源的设备一般都会降低能耗（单位活动）。资本存量的更换频率可能是最重要和最普遍的能源效率决定因素。它还突显了保护与过早注销资产之间不可避免的权衡。节约能源是要付出一些代价的——尽管累积的节约可能会保证这一成本（以一定的折现率计算）。

在家庭层面也是如此，但可用的资本约束可能更具限制性：如果一个家庭没有现金投资于绝缘、双层玻璃，新的和更高效的空间及水暖，或者更换旧设备——或者如果其他竞争性支出具有优先权——那么就不会进行这些节能投资。这促使政府颁布了许多旨在克服障碍的计划——提供"胡萝卜"，如现金补贴和低成本贷款（通常与能源零售商合作，以便将来在每月账单中明言可以偿还欠款），或者作为"棍棒"，限制转售不合格的车辆和房屋。政府支出计划有一种管理不善和滥用的倾向。澳大利亚政府终止的房屋隔热计划是一次灾难性的执行失败，突显了政府在这类问题上采取行动所固有的风险。

经典的市场失灵经常被用来证明当局的干预是合理的，当安装和经常性购买诸如隔热材料、玻璃和家电等项目的责任由不承担经常性能源成本的建筑物所有者承担时，公寓的租户和业主之间的关系就会出现脱节（代理/租户二分法）。这种情况可能导致次优的能源使用。解决方案与标准有关，尽管强制执行这些标准可能不符合承租人（或业主）的利益。其他创新的（和自愿的）解决方案，有时可以在建筑开发商、能源公用事业和规划当局之间的合作中找到。

在广泛的节能背景下，更重要的是将城市土地使用与高效的交通系统（包括公共交通、自行车道和城市道路系统）相结合。关于运输的第8章和关于基础设施协调的第9章将详细介绍这一点。

建筑环境被广泛认为是实现节能的最大机会。如上所述，资本存量替换——与城市更新——在老的、成熟的城市中是关键，在设计创新、新材料、新的建筑供暖和制冷系统应用方面有潜力，而不仅仅是用新的建筑简单地替换旧建筑。存在着现场发电与建筑能源服务热回收相结合的机会，以及使用屋顶安装板（传统）或将光伏收集器整合到建筑包层和玻璃中的用太阳能发电的机会（正在开发中）。同样的机会也出现在新的和快速扩张的城市中，通常实际的困难很少（如邻近的建筑物和成熟的服务）。令人欣慰的是，观察中国和亚洲其他几个国家的建筑发展，创新的节能建筑似乎赢得了当局和投资者的支持。

建筑环境的能源负荷和节能潜力的一个重要因素是照明。现在普遍认为白炽灯的使用极其浪费能源，它的销售在澳大利亚正逐步停止，其他国家也在跟进。人们对直接替代产品、紧凑型荧光灯（担忧其制造过程中对环境的影响和危害）的光质不满意，但它们的电耗要低得多。LED照明技术正在飞速发展，其既能提高光质，又能节约能源。

智能电表的推广使用促进了消费者的节约意识和自动化控制，也有望支持节能。

7.6 未来的能源系统

支撑未来城市能源系统的技术已经在前面的章节中介绍。它们的发展受到一系列目标的推动：更清洁的空气、更少的温室气体排放、控制能源成本以及（相关的）能源供应更安全。这些都是私人动力以及国家、地区和地方政府的目标，提高能效符合所有的这些目标。

更清洁的城市空气目标主要与颗粒物和城市雾霾有关，这意味着更多地使用（远程产生的）电力，而不是在城市地区燃烧化石燃料（这包括将发电站移离城市），减少木柴和生物质的燃烧，减少城市地区的能源消耗，增加公共交通的使用，用天然气和液化石油气取代液体石油燃料，改善车辆和其他设备中内燃机的性能。在更远的未来，氢能系统可以带来清洁的空气——如果氢来自化石燃料，那么对温室气体排放就必然会有不利的影响。事实上，这些可能性中的许多都带有与其他目标不一致的含义。

减少温室气体排放意味着减少化石燃料（尤其是燃煤）的发电，除非碳捕获和封存（CCS）技术——它本身就是高度能源密集型的——能够被证明是具有成本效益的。鉴于煤炭在澳大利亚国内能源结构和出口中对澳大利亚经济的重要性，证明 CCS 的有效性对澳大利亚尤为重要，但如果要在实现温室气体排放大幅削减的同时满足世界预期的能源需求，这在全球也是至关重要的。为了推动 CCS 的部署需要对碳排放进行定价，这将极大地改变电力供应的经济性。

以下部分描述了传统的大型集中式能源供应系统与未来可能性较小的城市分散式替代能源系统之间的紧张关系。

7.6.1　未来集中式能源供应技术

一个多世纪以来电气化一直是提高生活水平和城市发展的代名词，没有理由期待这种情况会改变。虽然效率的阶段性改进在一些应用中会发生，但大多数效率的提高将是渐进的，并且它一如既往地无法与日益扩大的能源服务需求相匹配。正如国际能源署经常指出的那样，电力需求将继续以至少与人口一样快的速度增长——而且发展中国家的增长速度更快。

可以想象，未来的需求将通过消费点或附近产生的电力来满足。然而，考虑到大型集中式发电站的规模经济，这种分散的电力系统更有可能发展缓慢。

这里的基准是核电，这是一项已知成本的成熟技术（30 年来满足了法国和比利时约 80% 的电力需求，满足了韩国、英国、德国、加拿大和日本超过 20% 的电力需求）。在经历了切尔诺贝利核事故后 20 年的低谷之后，21 世纪初核电开始复兴，在建的发电站数量迅速增加（Blees，2008；Cravens，2007）；然而，2011 年地震和海啸对福岛核电站的破坏严重抑制了这一前景。

抑制核能发挥更大作用是需要面对替代能源的成本和准备情况的。相比之下，所有可再生能源都贵得令人望而却步（最便宜的可再生能源风能的批发成本要高出 2 ~ 3 倍——即使不考虑有效比较所需的能源存储）。技术正在提供越来越安全、效率更高的反应堆，并即将交付工厂（特别是集中的快速反应堆）。这些工厂大大减少了危险核废料的产量，几乎没有（如果有的话）可以转用到武器上的燃料。除非发生更多重大事故，预计核电将在那些迫在眉睫需要减少温室气体排放的国家的能源组合中占越来越大的比例。

燃煤发电在煤矿周边的任何地方以及任何可以卸煤船的地方都与核能竞争。当发电站被迫承担温室气体排放的成本（至少是监管成本）时，这种情况将发生变化。现代燃煤电站不太可能被迫关闭，因为关闭的成本太高，而唯一可以承受成本的非核替代方案——燃气蒸汽联合循环（CCGT）——充其量是一种过渡解决方案，因为如果发电系统在长期内严重依赖这种技术，天然气价格将大幅上涨。大型燃煤电站的特征使其至少在 40 年内，也就是新电厂的生命周期内，将继续作为能源供应系统。如果 CCS 技术成功，煤炭的未来将更有保障，尽管使用 CCS 的煤炭发电将比核能贵得多。使用 CCS 的燃气发电至少与其煤炭竞争对手一样可行，但考虑到使用 CCS 的煤炭发电更便宜，这不太可能在商业上有意义。但是，商业考虑往往屈从于政治需要，不应忽视使用 CCS 的 CCGT 的前景。

目前的政策方向表明，所有可再生能源技术都将得到支持——包括不考虑成本强制实施的。在这些迫切需要持续存在的同时，风能、地热能、波浪和潮汐能等都将得到支持，并将侵蚀集中式电力设施的主导地位。然而，对于城市来说，许多方式是相同的，因为这些可再生能源供应将通过与传统电厂输送电力相同的电力线输送到城市地区。

因此，通常远离城市中心的大型集中式发电系统，即使不像现在这样突出，也会留在这里。它们的灭亡要求分散化系统的经济状况得到显著改善——这是很有可能的，但如果它们也是温室气体排放者并被要求承担成本，这种可能性就不那么大了。集中化的、通常距离遥远的未来电力供应，将涉及与熟悉的系统大致相当的城市地区及其周围的输电和配电系统。然而，地下直流系统可能因美观、空间和能源节约等全新概念而变得更加常见。

新概念如氢经济可能也涉及大型集中式设施，最好也远离城市地区。氢气最有可能通过天然气或甲醇（通过重整）生产，但也有可能从燃煤中生产，或许在一个综合气化联合循环电站内，或许也——更具未来主义色彩——来自一些广泛集成的制造和能源综合体。它们能生产金属、建材、石化、燃料、电力和氢气。所有这些过程只有在气体被捕获和储存的情况下才能实现零二氧化碳排放，无论是以化学方式作为岩石化合物还是通过管道进入地下储存。在这些技术中可以获得相对纯净的二氧化碳，因此捕获成本可能低于传统电站的 CCS。

理想化的氢经济通过电解将氢从水中分离出来，使用可再生能源或常规核电。该系统将实现零排放，但使用电力来制造氢气是为了制造电力的理由还不清楚。高温（热化学）电解更有意义，利用下一代极高温反应堆的热量——美国能源部的核氢倡议的重点（美国环境部，2003年）。

7.6.2 分散的系统

分布式发电系统是与集中式发电及其相关交互网络相反的。最终用户托管发电（和其他能源转换过程）的第一个优点是可以消除对传输和配电基础设施的需要。通常，这种优势是有问题的，特别是如果需要全天候供电的话。尽管如此，从整体系统的角度来看，如果消费者提供自己所需的大部分电力，那么所需的传输容量应该降低。

显而易见的是（当然在澳大利亚），位于家庭内部的家庭能源发电系统已经获得了青睐——通常是由于大量的激励措施，包括来自其他消费者的交叉补贴。澳大利亚政府的可再生能源计划和其他太阳能计划，以及州政府立法的额外激励措施，促使部分家庭在屋顶上安装太阳能热水系统和（通常）1~3kW光伏微型发电机。正如选民和政府已经开始意识到的那样，它们的成本是昂贵的，但如果这些计划受到那些能够受益的人的欢迎，当提供了慷慨的激励时，他们参与的热情仍会持续。

未来，燃料电池的前景越来越明朗，它可以从一系列燃料来源中产生电力。燃料电池非常适合家庭与工业的缩小规模和扩大规模（Sorenson，2005）。燃料电池的能源效率——以及它们的排放——远远好于燃烧发电，这可能是一个明显的优势，特别是在高排放成本的情况下。在制定更长期的展望时，明智的做法是看到燃料电池在电力市场上取得重大进步，特别是在商业和住宅层面。另一个后果是批发电力市场明显的峰值稀释（因为峰值大部分可归因于商业和住宅负荷），具有讽刺意味的是，这将使池中的基本负荷技术具有更大的优势。

使用氢气的燃料电池可能是我们虔诚的追求目标——特别是如果使用可再生能源或其他零排放能源来分离氢气的话。这将是一个清洁能源，零排放系统，仅为城市家庭和办公室生产水蒸气并提供现有电力。燃料电池并不一定局限于固定的发电机组——它们有可能安装在轮船、火车和包括汽车在内的小型车辆上。①

这一具有远见的未来将涉及一个新的分配系统。氢气是一种非常低能量的燃料，必要的管道、仓库和移动设备中的储罐的规模比天然气或石油产品的规模大得多（尽管以其他形式储存氢气是可能的）。这就是为什么现有的天然气网络可以为未来的氢经济提供途径，对天然气的改革将在多个分散的地点进行。

在美国，前总统乔治·W.布什（George W. Bush）在2003年的国情咨文中启动了他的氢倡议，设想到2020年氢燃料和氢燃料汽车的竞争性使用，但像美国物理学会公共事务小组（2004）这样的专家仍然持怀疑态度。澳大利亚政府于2003年委托编写了一份关于氢经济前景的报告（澳大利亚联邦，2003）。它对氢燃料的最终未来持乐观态度，但对近期的进展持谨慎态度。

看起来电动汽车似乎很快会普及来，并尽快建立城市网络。电动汽车已经上市了，在家里、办公室和超市停车场充电几乎没有问题（尽管这类服务的商业模式还处于初级阶段），在几十年内（电池供电）电动汽车在大多数城市将变得司空见惯，这似乎是不可避免的。电池将继续改进，充电时间减少，充电之间的时间距离增加。

电动汽车的普及可能伴随着分散发电的广泛部署——最有前景的是使用燃料电池。然而，不管怎么说，最初更安全的部署是，电力将按常规从大型集中式发电站供应。随着时间的推移，情况可能会发生变化，家庭总负荷——包括充电电动汽车——很可能会给小型家用燃料电池的部署带来额外的动力，这些燃料电池可能由氢气管道供应。这是非常具有投机性的，完全不同的技术可能会改变氢经济的未来。

---

① 近年来，人们认为硼-—氧化碳-过氧化氢燃料电池在这些领域有着很好的应用前景。一般来说，竞争者包括质子交换膜、碱性燃料电池、固体氧化物燃料电池和熔融碳酸盐燃料电池。美国政府的自由汽车项目正在评估新型内燃机的应用以及新型燃料电池。

7.7　结论

城市的演变及其定期更新反映了支持城市经济的能源系统的变化，两者都需要一定程度的政府监督和指导。政策干预的动机涉及效率（有利于竞争的改革）、环境保护（特别是减缓气候变化）和能源安全（稳定、可靠的供应和负担得起的价格）。

能源部门的有利于竞争的监管侧重于电力和天然气网络的价格、容量和接入问题。目标是提高效率，通过尽可能地模仿可竞争的市场来实现。但监管任务是有问题的，应该寻求和培养机会来创造或拆分竞争细分市场。

避免危险的人为气候变化需要改变能源的生产和使用方式，需要创新的政策来引发这些变化，包括大幅增加研发投资，建立适当的监管框架以及迅速发展全球碳市场。

碳排放定价将在能源领域产生强大的影响，直接影响相关的成本结构。发电经济将发生变化，可能会彻底改变；各国经济的结构和相对繁荣也将发生变化，特别是如果暴露在贸易中的排放密集型行业没有得到充分保护，那么将无法抗衡来自没有实施类似排放惩罚的国家的竞争。

能源供应的安全问题是根据合作国际协定、战略储备和应急计划以及旨在增加本土能源生产和让市场运作的政策来解决的。对供应中断的有利反应是允许在更全面的应急计划内通过价格上涨来实现配给，并鼓励供应合同提前定价。

能源政策是关于风险管理的：将能源投资不足或成本过高的风险降至最低；最小化气候变化风险和将不必要的资源投入到任务中的风险；将能源供应中断和过度提供此类保险的风险降至最低。运转良好的能源系统在更有透明度以及准确、公平分配风险和成本的监管框架内运作。与能源投资和合同相关的金融与监管风险往往比人们普遍认识到的更为严重，代价高昂的错误最终由居民和纳税人承担。

治理挑战，也是一个正常运作的市场的本质，确保风险和回报是相对应的。必须尽可能使风险变得透明，并将风险分配到它们所属的地方——那些负责风险暴露决策的人，以及那些将得到奖励的人。这需要健全的治理安排和维护高质量的监管，所以不是一件简单的事情。

全球金融危机后可用于能源基础设施的资本——特别是项目融资——已经大大减少，这促使人们重新对债券、资产负债表贷款和PPP感兴趣。尽管暂时中断，但似乎受监管的能源基础设施确实提供了保守投资者所寻求的那种投资安全性，因此，目前尚不清楚为什么需要政府资金。

有争议的能源业务本身就是有风险的。其勘探和建设风险高得离谱，操作风险可能也非常高，合同头寸很难对冲。风险管理不是政府机构擅长的职能，特别是在失败以及政府方面的利益冲突加剧了监管风险的情况下。除了研发，政府在能源领域投资没有明显的经济理由。

相关网站

General

[1] Centre for the Study of Regulated Industries（UK）：www.bath.ac.uk/cri

[2] Centre for Governance and Regulation（UK）：www.bath.ac.uk/cgr

[3] Centre for Competition and Regulation（UK）：www.uea.ac.uk/

[4] The Relationships Foundation（UK）：www.relationshipsfoundation.org

[5] International Energy Agency：www.iea.org

[6] US Energy Information Administration：www.eia.doe.gov

[7] Stern Business School，New York（USA）：www.stern.nyu.edu/networks/site.html

Australia

[1] Australian Bureau of Agricultural and Resource Economics：www.abareconomics.com

[2] Australian Bureau of Statistics：www.abs.gov.au

[3] Australian Coal Association：www.australiancoal.com.au

［4］ Australian Energy Market Commission：www.aemc.gov.au

［5］ Australian Energy Market Operator：www.aemo.com.au

［6］ Australian Energy Regulator：www.aer.gov.au

［7］ Australian Financial Markets Association：www.afma.com.au

［8］ Australian Institute of Petroleum：www.aip.com.au

［9］ Australian Petroleum Production and Exploration Association：www.appea. com.au

［10］ Department of Climate Change and Energy Efficiency：www. climat-echange.gov.au

［11］ Department of Resources，Energy and Tourism：www.ret.gov.au

［12］ Energy Networks Association：www.ena.asn.au

［13］ Energy Supply Association of Australia：www.esaa.com.au

［14］ Geoscience Australia：www.ga.gov.au

［15］ Productivity Commission；www.pc.gov.au

［16］ National Generators' Forum：www.ngf.com.au

［17］ Uranium Information Centre：www.uic.com.au

参考文献

American Physical Society's Panel on Public Affairs, 2004. *Report on Hydrogen Initiative*, March 2004. www.aps.ord/publicaffairs/index.cfm

Australian Bureau of Agricultural and Resource Economics, 2008. *Energy in Australia 2008*. Canberra: Commonwealth of Australia, February 2008.

Australian Institute of Petroleum, 2011. *Downstream Petroleum 2011*. Available at: www. aip.com.au

BP Statistical Review of World Energy. Annual series. Available at: www.bp.com Baumol, W.J., Panzar, J.C., and Wilig, R.D., 1982. *Contestable Markets and the Theory of Industry Structure*. New York: Harcourt Brace Jonanovich Inc.

Blees, T., 2008. *Prescription for the Planet: The Painless Remedy for our Energy and Environmental Crises*. North Charleston, SC: Booksurge an Amazon.com company . Available to order at: www.prescriptionfortheplanet.com

Carmody, G., 2009. *Consumption-Based Emissions Policy: A Vaccine for the CPRS 'trade flu'*, Committee for Economic Development Australia (CEDA) , Occasional Papers, July 2009. Melbourne: CEDA. Available at: ceda.com.au/research-andpolicy/research/2009/11/climate-policy/modelling

Coase, R., 1960. The problem of social cost, *Journal of Law and Economics*, 3, 1-44.

Commonwealth of Australia, 2003. *National Hydrogen Study*, Canberra: Commonwealth of Australia.

Commonwealth of Australia, 2008. *Carbon Pollution Reduction Scheme: White Paper*, Canberra: Commonwealth of Australia, December 2008.

Cravens, G., 2007. *Power to Save the World and Truth about Nuclear Energy*, Knoph, New York.

Edison Electric Institute, 2009. *The Financial Crisis and Its Impact on the Electric Utility Industry*. Washington, DC: EEI, February 2009.

Ergas, H., 2009. Fix the regulatory framework and let the private sector do the rest. *The Australian*, 16 April 2009, Opinion page.

Garnaut, R., 2008. *The Garnaut Climate Change Review* (Final Report) , Cambridge: September 2008, www.garnautreview.org.au

Giulietti, M. and Waddams Price, C., 2005. Incentive regulation and efficient pricing, *Annals of Public & Co-operative Economics*, 76(1), 121-149, March 2005.

Green, R. and Newberry, D.M., 1998. The electricity industry in England and Wales, in competition in regulated industries, in Helm, D. and Jenkinson, T. (eds.) , *Competition in Regulated Industries*. Oxford University Press, Oxford.

Hotelling, H., 1931. Economics of exhaustible resources, *Journal of Political Economy*, 39, 137-175.

International Energy Agency, 2008. *World Energy Outlook 2008*. Paris: OECD/IEA.

International Energy Agency, 2009. *The Impact of the Financial and Economic Crisis on Global Energy Investment*. Paris: OECD/IEA, May 2009.

Kostof, S., 1999. *The City Shaped, Urban Patterns and Meanings through History*. London： Thames & Hudson(paperback).

Littlechild, S., 2009. *Regulation, Over-Regulation and Deregulation*. Bath：CRI, University of Bath, January 2009.

Lynch, K., 1981. *A Theory of Good City Form*. Cambridge, MA：MIT Press.

Nordhaus, W., 2006. After Kyoto：Alternative mechanisms to control global warming, *American Economic Review*, 96(2), 31-34.

Nordhaus, W., 2007. To tax or not to tax：Alternative approaches to slowing global warming, *Review of Environmental Economics and Policy*, 1, 26-44, winter 2007.

Orchison, K., 2009. The energy challenge, *The Australian Newspaper*, 18 June 2009.

Owen, T., 2007. *Inquiry into NSW Energy Supply*. Report to the New South Wales Government.

Productivity Commission, 2004. *Review of the Gas Access Regime*, Productivity Commission Inquiry Report No. 31, Melbourne：Commonwealth of Australia, June 2004.

Productivity Commission, 2008. *Financial Performance of Government Trading Enterprises 2004-05 to 2006-07*, Productivity Commission Research Paper, Canberra： Commonwealth of Australia, July 2008.

Rushworth, J. and Schluter, M., 2008. *The Relational Company：Exploring a New Business Vehicle*, Relationships Foundation, (Interim Report), June 2008.

Sorenson, B., 2005. *Hydrogen and Fuel Cells：Emerging Technologies and Applications*, Burlington. San Diego, CA and London：Elsevier Academic Press.

U.S. Department of the Environment, 2003. *Hydrogen Initiative, 2003*, www.ne.doe. gov/nhi

Willet, E., 2005. Mergers and acquisitions in the energy sector, Paper presented at the *Energy Supply Association of Australia Law Conference*. Melbourne, 25 May 2005.

World Energy Council, 2009. *Building the New World Energy Order*, WEC Statement. London：WEC.

第 8 章　城市交通的融资与管理

Cameron Gordon

引言

　　本章研究了澳大利亚城市地区的交通融资与管理。根据定义，交通运输跨越了许多分析学科，涉及许多不同的政策元素。它是一项无处不在的活动，对社会、经济、物理和环境系统产生了巨大影响。

　　本章的讨论以现代交通的核心方面——商品、服务和人们从一个点移动到另一个点所跨越的物理空间——为起点。澳大利亚是独特的，因为虽然它的国土面积很大，人口却大多集中在少数几个城市里，而且这些城市也相距甚远。本章详尽地描述了这一独特背景，为之后讨论澳大利亚城市面临的运输挑战奠定基础。在这些挑战中，有些是所有城市地区共有的，有些是由澳大利亚不同寻常的城市网络决定的。我们通过对一些相关的城市经济学、规划和中心地理论的简要回顾，对其进行分析。

　　接下来讨论的是运输基础设施。在澳大利亚，大部分的基础设施是人工的，比如公路和铁路（内陆河道之类的自然道路往往不可靠），并受到该国广袤的地理和相对孤立的人类聚居地模式特征的推动。这种基础设施需要大量资金用于初始投资、运营和维护。地理、地形和基础设施反过来有助于推动人们选择出行方式，包括汽车、飞机、火车及其他交通工具。像许多发达国家一样，澳大利亚人偏爱以公路为基础的方式来运送货物和人员，这是一个具有重大影响的选择，尤其是在城市地区。模式选择和系统投资是私人和公共决策的结果，后者往往推动前者。因此，本章转而考察澳大利亚的交通政策。

在这方面，各级政府间的考虑非常重要，因为州政府提供或推动大部分主要基础设施投资和管理，而澳大利亚政府则提供战略性的国家指导。由于澳大利亚的城市化程度很高，大部分的交通系统都集中在城市交通上。城市地区在提供交通方面面临着独特的和相互关联的挑战，特别是拥堵、污染（交通拥堵使它雪上加霜，并且由于城市人口密度大，污染对人类的影响更大）和社会公平问题。此外，相对独立的市政当局建立了一个城际网络。在这个网络里，乘客几乎完全是基于航空旅行的，而人口较稠密的州缺乏一些城市间的协同作用。由于保障道路通行权的费用和在密集地区设计高容量系统的复杂性，城市交通投资通常是高度资源密集型的。

如下所述，私有化在澳大利亚城市中得到了广泛的应用，尽管其形式多种多样，且其应用水平在全国范围内参差不齐。如墨尔本之类的一些城市相比悉尼等其他城市，更多地采用私有化方法。但私有化也不是灵丹妙药，本章描述了它的一些弊端，如垄断问题等。无论城市交通基础设施如何融资，它都需要大量投资以维持现有系统并提供新的运输能力，尤其是需要扩大公共交通系统，以改善主要由汽车旅行造成的交通堵塞和环境恶化问题。鼓励交通用户改变交通出行方式并不是件容易的事，需要大量的政策和财政承诺。

8.1 城市交通的有关理论

对城市交通的理解始于一个基本问题：城市为什么存在？这就引出了第二个问题：交通在其中扮演了什么角色？

经济理论是试图回答这个问题的众多思想流派中的一个。生产、消费、交换活动是由理性、自利的个体代理人进行实施的，这构成传统经济学的核心。

经济地理学为这个系列加入了物理空间的维度。物理空间产生了需要克服的摩擦，这意味着要在代理人的经济决策中考虑额外的成本。

由于克服摩擦的代价高昂，无论经济代理人是生产者还是消费者，他们都会着手最大限度地减少与这种摩擦相关的成本。最明显的两种降低成本的方法是：尽量减少摩擦本身，即限制必须覆盖的距离；最大限度地降低与克服摩擦相关的成本，例如通过运输革新或建立高效的运输网络来降低运输成本。

第一个降低成本的策略——限制空间分散——导致了物理空间的经济"中心"的形成，"中心"周围则是经济"边缘"。实际上，某一特定区域的不同部分专门行使它们的各种不同的经济职能，把更密集的和一般高阶的功能放置于中心，服务于外圈中的低阶区域。这就是中心地理论的精髓，该理论为城市的存在提供了经济学基础（Mulligan，1984）。

这一动态过程比较简单。首先，代理人通过将活动集中在最靠近这些活动受益者的地方（由此只需要用最少的出行来获得他们所需要的商品和服务）或在产出所需的投入最接近的地方来节约摩擦及其相关成本，或者以组合方式综合运用这两种方法。这是经济地理学家赋予城市存在的核心理论基础，即消费者和生产者集中在一个地方能限制距离摩擦及其相关成本。

另外还有规模经济效应，它是指由于生产规模的扩大而使成本得以下降。这对经济代理人而言，通常是"内部"的；这种活动的物理集中是隐性的，因为很难想象经济体在一个点上会没有生产活动。集聚经济则是经济代理人的"外部"，它与物理空间更直接相关，指由一个地方的独立生产者、消费者和（或）投入的资源集中而产生的经济协同效应。

随着集聚经济的发展，生产者和消费者之间如此接近，以至于信息及服务以最小的搜索、交通及其他交易成本进行自由流动，从而促使所有生产者的单位成本下降。这些都进一步推动了城市形式的活动集中，而不是变得更分散。

当然，有人可能会问，为什么城市会变得完全不同？为什么不是一个简单的平面？也许是受限于自然或政治障碍，它的单一中心会慢慢地融入越来越低的人口密度和活动密度中。原因是，虽然规模经济和集聚经济"创建"了城市，但同样规模的不经济也限制了它们。一个单一的巨型城市会因为过于笨重而难以高效运作；规模适当的多个城市至少在理论上能从贸易、集中化和专业化中获得最优收益。

集聚经济和规模经济不但发生在单个城市内，也发生在不同城市之间。也就是说，一个城市可能成为高级金融中心，而另一个城市可能成为钟表制造中心，因为只要两地相互发生贸易行为，各地专做各事就会更有效率。这一动态活动就是城市层次理论的基本要点，该理论旨在解释多城市网络的特征（Krugman，1996）。

到目前为止，讨论集中在作为限制物理空间摩擦成本方式之一的聚居形态上，但运输当然也是实现这一目标的另一种关键方式。即使在一个非常密集的小城市里，也需要运输货物、服务和人。移动方式的改善使城市向两个方向发展：（1）城市及其周边地区会变得更大，即随着跨越一段给定距离所需的单位行程时间的减少，等量"摩擦"的地域面积会扩大；（2）城市会更加专业化，并维持在较小的地域范围内，因为运输时间的节省使不同经济中心之间的物资和人口能以更大的流量和更低廉的成本进行流动。

其他的城市形态理论则侧重于非经济因素。"嵌套城市"理论是其中一个有影响力的思想学派，它认为城市发展层次是由空间、经济和制度因素共同推动的。这一推理论证了人类和制度因素作为城市发展的因果驱动力的重要性（Hill and Fujita，2003）。与之相关的一种独立哲学是国家发展理论，它强调以国家为中心的理性规划在指导城市发展方面的重要性。这在欧洲和亚洲的部分地区是尤为重要的（Newmanand Thornley，2005）。

对于什么样的城市规模、城市数量是最优的，或者怎样的交通投资是最理想的此类问题，是没有预先确定的理论上的答案的。这些都取决于所研究地区的具体特征。当然，因果关系是双向的：城市发展的方式推动了交通网络的发展方式，反之亦然，而这些反过来又取决于许多因素，包括经济因素和其他因素。在澳大利亚的具体情境下考察这些因素的相互作用问题将是下列各节的主题。

8.2 澳大利亚的交通运输流

正如一个积水区是指一条河流及其支流排出的整个地理区域，一个交通运输流，就可以笼统地指为了从事社会和经济活动而将人、货物和服务从一个地方移动到另一个地方的整个地理区域，运输分析也通常将这些运输划分成客运和货运。

在澳大利亚，交通运输流有两个关键方面：一是广泛性，即澳大利亚大陆面积大约是美国大陆面积的80%。二是集约化，2011年，较之美国超3亿的人口数，澳大利亚人口只有约2 200万。由于澳大利亚内陆的恶劣气候，大多数民众生活在沿海的城市化地区，这使澳大利亚成为世界上城市社区众多的国家之一，同时也是人口密度极低的国家之一。

因此，澳大利亚交通运输活动主要分为两个方面，即从相隔很远距离的地点进行的长途运输和在普遍拥堵的城市群内进行的短途运输。

从国际上说，澳大利亚与其他重要的大陆相距甚远。新西兰是距离该国东海岸最近的大型经济体，而从悉尼到奥克兰则需要约3.5小时的飞行航程。从澳大利亚北部海岸的大部分地方飞到印度尼西亚大约需4小时，等同于从西海岸的珀斯到新加坡需要的飞行时间。从澳大利亚到其他很多国家则要远得多。因此，从定义上看，往返于澳大利亚的国际客运和货运都是长途运输。

澳大利亚的城际货运和客运也同属于长途运输，这主要是因为人口和经济活动集中在分散且相对独立的城市/郊区聚集区。89%的人口生活在这些聚集区（澳大利亚统计局，2006）。墨尔本和悉尼这两个大城市相距863千米，而这一距离相对而言还是比较近的。珀斯到悉尼之间的距离几乎是它的5倍，达到3 965千米。珀斯恰好是这个地球上最与世隔绝的大城市。

应当注意的是，有些重要的区域性运输并不在内陆的单个城市或城市间进行地点的移动。例如，有大量的矿石和农产品经过长途运输运往沿海地区以供国内消费或出口。在连接城市核心的主干道上，例如澳大利亚重要的长途公路Hume高速公路，许多往来车辆是在高速公路沿线的中心之间进行短途运输的。尽管如此，出行距离仍是澳大利亚交通运输的一个主要特征，城市中心内和城市中心之间的移动则是一个关键方面。

尽管距离是在澳大利亚城市之间移动的巨大障碍，但拥挤和随意扩展是在这些城市形态内移动的主要障碍。正如下面的章节所描述的，这里的绝大多数交通，无论是客运还是货运，都是通过机械化运输方式（主要是卡车和汽车）进行的。

8.3　澳大利亚的交通基础设施

现代运输需要投入大量资金来支持载运乘客和货物的车辆。

澳大利亚交通网络中覆盖范围最广的是公路网络。虽然官方统计数据显示，自 1971 年以来，公路网络的总长度略有缩小，从 1971 年的 884 150 千米减少到 2009 年的 817 081 千米（基础设施、运输和区域经济局，2011），但是，这种缩小在某种程度上可能是一个统计异常，它是由分类定义的改变或完整数据的无法收集造成的。

公路网络的质量也得到了显著的改善。在 1971 年，21.79% 的澳大利亚公路是沥青或混凝土路面的。到了 2009 年，这一比例已上升到了 43.45%（基础设施、运输和区域经济局，2011）。

质量的改善提高了节点间的通行速度，从而增强了公路交通的吸引力。但值得注意的是，无论是从更多地使用汽车和卡车造成环境污染加重，还是从可渗透地表的减少（可能导致当地生态系统恶化）来说，这些进步都付出了环境代价。另外，如果改进的道路是人们不愿去的地方（例如"无果之路"），那么这些改进也不一定具有经济价值。

公路网络的修建与维护费用也并不低廉。1985—1986 年间，各级政府在公路建设上投入了 117 亿澳元（以真实货币计量）；2008—2009 年间的相应支出大约为 158 亿澳元（基础设施、运输和区域经济局，2011，表 1.2d）。其中 2009 年大约有 49 亿澳元来自联邦政府，其余部分由州与地方政府承担（基础设施、运输和区域经济局，2011，表 1.2a 至 d）。

另一个主要的延伸网络则为铁路。该网络大部分由澳大利亚铁路轨道公司（ARTC）管理。ARTC成立于1997年，是一家为澳大利亚政府所有的公司，它拥有、租赁、维护和控制着大部分的主要干线标准轨距铁路线。据估计，这一网络涵盖了33 819千米的轨道。2008年，ARTC的维护支出费用约为2.07亿澳元（澳大利亚铁路轨道公司，2009）。ARTC网络主要是一个以货运为导向的网络，而澳大利亚的大部分客运，特别是长途客运，通过航空或公路进行。此外，还有一个庞大的封闭的私营铁路网络，它为西澳大利亚州的采矿活动及昆士兰州和新南威尔士州（NSW）的煤炭和农产品运输所需的其他私营货运网络提供服务。

沿海航运和国内外航空网络则显然不是沿船只和航空运输线路来建造的，但港口和机场设施确实仍然需要大量的投资。机场设施大都位于大城市附近。海港的位置则较为多样，有一些在市区附近，而另一些则会更偏远，以便服务于矿产和其他初级产品的生产和配送活动。

8.4 澳大利亚的交通运输方式

交通运输的一个重要方面就是运输方式的选择，在这种情形下，运输方式指的是出行方式。三种架构分别是空中、地面和水上运输。由于澳大利亚的国土面积很大，并且由于其几乎完全缺乏通航的河流，国内的长途运输几乎全部通过空中和地面进行。一些沿海航运活动发生在东海岸城市之间，途经海洋，主要运输大宗散装货物，如矿石、化学品和石油等。国际货运和客运则显然完全是基于海洋和空中的。塔斯马尼亚岛的运输系统特别值得一提，因为该岛是一个独立于澳大利亚大陆的岛屿，更依赖于州际非散装运输的海运（而不是公路或铁路）。

国内长途货运主要通过卡车的地面运输方式来进行，另外根据货物重量，少量采取铁路运输。在考虑货物价值时，航空运输也很重要。这种方式与短途移动的运输方式非常相似，虽然就世界范围而言，卡车在这方面更占优势。长途客运主要靠空中运输方式。短途客运则可以大量通过汽车或公共交通工具

（如城际巴士、通勤铁路或公共汽车和轨道交通等）方式进行。

　　表8-1显示了基于公路模式的重要性的衡量，即各种活动对国内生产总值（GDP）的增加值。公路运输活动对国内生产总值的增加值的贡献比航空和太空，铁路、管道及其他运输方式（水路除外）的总和更大。只有为交通运输部门本身提供的服务，包括仓储业（主要指仓储和配送）才超过了这个份额。

表8-1　　　　　　　　　　　　澳大利亚运输及仓储业增加值

指标（百万澳元）	2005—2006	2006—2007	2007—2008	2008—2009	2009—2010
运输、邮政、仓储的总增加值	54 318	57 457	60 608	59 876	61 298
公路	18 081	19 958	21 200	19 754	20 493
航空和太空	4 613	5 014	5 177	4 947	4 882
铁路、管道及其他运输	8 214	8 198	8 793	8 953	9 002
运输、邮政及储存服务，以及仓储ᵃ	23 331	24 282	25 506	26 222	26 921
运输业 GDP 占比（%）	4.7	4.8	4.9	4.8	4.8

　　注：按2008—2009年环比物量计算的参考年份。

　　a. 运输服务和储存包括水路运输。

　　Source：Bureau of Infrastructure，Transport and Regional Economics，Infrastructure statistics yearbook，2011，Table 11.1b，Canberra，Australian Capital Territory，Australia.

　　这些经济数据表明，客运和货运部门的整体运输需求呈强劲增长态势。其他数据也证明了这一点。在澳大利亚，各种方式下的车辆行驶里程数（VKT）都在稳步增长，这也同时反映了全球的趋势。1971—1972年，车辆行驶里程数为787.8亿千米；2008—2009年，车辆行驶里程数为2 240.6亿千米，增长了近2倍（基础设施、运输和区域经济局，2011，表4.2）。

　　推动整体出行需求的重要因素就是经济和人口增长。而最近这两个指标都放慢了；这种状况会持续多久尚不清楚。同样重要的是相对模式的选择，以下是对它的分析。

8.4.1 地面交通：公路

实际上任何方式的公路地面出行都可以分为两类：城际和内城，以及客运和货运。在大多数情况下，汽车和卡车在澳大利亚是主要交通运输工具，就如同世界上的其他地方一样。1970—1971 年和 2003—2004 年期间，城际乘用车的总客运量年均增长了 2.0%。这超过了其他重要的城际地面模式的增长率，后者的年均增长率仅为 1.1%（基础设施、运输和区域经济局，2006）。

但事实上，长途客运旅行的统计数据是低于这个时期的平均水平的。在1970—1971 年和 1988—1989 年间，长途客车旅行以每年 7.4% 的速度强劲增长，这一时期见证了长途客车行业的放松管制阶段。然而一旦空运放松管制，这种趋势几乎完全逆转，在此之后，长途客车旅行的出行率年均下降 6.3%（基础设施、运输和区域经济局，2006）。

在城市内部，情况也大同小异。在过去的 60 年里，8 个首府城市的机动车运载量几乎增长了 10 倍。私家车占了小汽车总量的绝大多数，现在有 90% 的城市出行由私家车完成（基础设施、运输和区域经济局，2009）。

相比之下，同一时期内的公路货运量增长率甚至更高。1970—1971 年间，澳大利亚共实现了 271 亿吨·千米的货物运输量。2007—2008 年间，这个数字增长了 6 倍，达到 1 908 亿吨·千米（基础设施、运输和区域经济局，2011，表 2.2a）。

这种沿高速公路运输的趋势也反映在注册机动车的数量上。1971 年，澳大利亚拥有约 390 万辆乘用车和 40 万辆卡车，而 2004 年则有 1 060 万辆乘用车和近 50 万辆卡车（基础设施、运输和区域经济局，2011）。乘用车数量的增长速度已经超过了这一时期的人口增长率，这表明平均每个家庭拥有更多的小汽车。

8.4.2 地面交通：铁路

在城际客运市场上，一直存在一个明确的并始终如一的输家：铁路。虽然铁路运输所占的份额以每年 0.9% 的速度在下降，但在失去重要的市场份额的同时，绝对货运量却增加了 3 倍多，从 1971—1972 年的 397 亿吨·千米增加到2009—2010 年的 1 970 多亿吨·千米（基础设施、运输和区域经济局，2011，表 2.1e）。

8.4.3　空运

如果以运输方式的份额和增长来衡量成功，那么在过去的 30 年里，城际航空运输一直是澳大利亚的大赢家。从 1970—1971 年到 2003—2004 年间，航空客运每年增长 5.9%，比客运总里程的总体增长还要快。在一些关键线路上，它在总里程中所占的份额确实大到惊人。1970—1971 年间，在悉尼和墨尔本之间的所有旅客出行中有 41% 是乘飞机；到 2003—2004 年间，这一比例增加到了 78%。同一时期内，墨尔本和布里斯班之间的空运份额比重从 39% 增加到了 88%，从悉尼到阿德莱德的空运份额比重则从 37% 增加到了 82%。只有在悉尼到堪培拉这样相对较近的市场中，空运才没能从与汽车、铁路和长途客车的竞争中获取到更大的份额，这是由于地面模式得益于旅行时间短和 20 世纪 80 年代初休谟高速公路的修缮（基础设施、运输和区域经济局，2006）。

8.4.4　水路

由于没有全国性的可通航河流，澳大利亚没有真正的内部水上贸易。澳大利亚的可通航河流在 19 世纪中后期是非常重要的，河船（由于河流狭窄，是舷明轮船而非明轮）是通过南澳大利亚州和昆士兰州之间的"穆雷/达令"系统运输羊毛的。然而，铁路最终取代了内河船只，内部水上贸易如今也大多成为一种回忆。

早些日子，由于澳大利亚所有的主要城市都在沿海地区，沿海航运成为城市间客运和货运的主要途径。然而，铁路、高速公路以及保护主义的沿海贸易政策最终摧毁了沿海航运，其在城际客运中的作用也日渐式微。

只有在国际货运中，澳大利亚海运仍然很重要。2004—2005 年，通过海运将 6.96 亿吨的货物运入澳大利亚港口，比 1995—1996 年的 4.2 亿吨增长了约 50%（基础设施、运输和区域经济局，2007b）。这些数字表明了澳大利亚的地理位置在国际运输模式选择中的重要性。

8.4.5　模式选择趋势

表 8-2 总结了 2005—2006 年澳大利亚国内货运和客运模式的划分情况。在此，公路在国内货运载体中的主导地位是显而易见的，因为它在这段时期内承载了近 3/4 的运输吨量。在选择货物运输方式时，则铁路占主导地位了，但

公路运输仍紧随其后。对长途运输而言，铁路可能是一种经济有效的模式，而对于中短途运输，卡车则是一种经济高效的模式，但也可能因情况而异。虽然没有收集到主要通过汽车进行公路通行的实际乘客人数，但是车辆的登记号码显示，它一定是澳大利亚目前的主要出行方式。关于城市模式划分的其他数据，下文将进一步讨论，并证实这一点。

表 8-2　　　　　　　　　　　　国内货运和客运模式概况

	公路	铁路	空运[a]	海运[b]	总计[c]
载运吨数（千吨）	1 844 000	641 220	NA	55 249	2 540 469
吨·千米（百万吨）	168 320	189 040	NA	122 040	479 400
平均距离（千米）	91	295	NA	2 209	NA
乘客（千人）	NA	643 360	41 824	21 553	NA

注：NA，数据不可得。

a. 国内航空货运数据不可得，仅限于计划活动的乘客总数（国内和地区）。

b. 包括城市公共交通渡轮服务。

c. 总计不包括空运费。

Source：Bureau of Infrastructure, Transport and Regional Economics, Australian transport statistics, 2008, Table 7, Canberra, Australian Capital Territory, Australia.

8.5　澳大利亚交通政策的结构与机制

8.5.1　宪法背景

正如引言中所提到的，城市发展问题是一个多因素的复合体，政府政策就是其中一个因素，它对澳大利亚城市交通也会产生重大影响。

澳大利亚是由独立的殖民区政府组成的联盟。澳大利亚有六个独立的殖民区政府，这些政府在 1901 年根据正式的成文宪法联合起来。现在，它们构成了澳大利亚的六个州和两个地区。由于州的权力自上而下，州由地方政府来构建，而这些地方政府行使的权力往往是相当大的。

《宪法》中的若干条款在运输政策方面具有重要意义。第 90、92 和 117 条确立了一个共同市场，消除了跨越州界的货物和人员的流动障碍。第 106、107 和 108 条保护了州的完整性和独立性。第 51 条界定了澳大利亚政府的权力，并将剩余权力（不由澳大利亚政府履行的）赋予各州。第 109 条规定了，如果存在冲突和矛盾，则以澳大利亚政府的法律为准。从城市交通的角度来看，这些规定（特别是共同市场条款）的意义在于，它们表明城市间贸易流动的主要障碍是自然和经济，而不是政治。同时，各州和澳大利亚政府的双重主权允许单个城市的流动性有相当多种的不同安排。

8.5.2　国家政策

传统上，各州政府在交通运输政策中占据主导地位。澳大利亚政府在这一方面发挥的作用较小，但在过去 20 年里，澳大利亚政府通过提供拨款和商品及服务税收入来帮助运输项目，扩大了其作用，这两项计划仍在持续地进行。从形式上讲，《宪法》赋予了澳大利亚政府"海军和军事防御""货币、铸币和法定货币""迁入与迁出""外部事务"以及在那个时代相当前沿的"残疾津贴和养老金"等权力。留给州的剩余权力则涵盖了大多数日常公共服务，包括但不限于各种形式的运输服务。

从资金的角度来看，州仍然提供大部分的运输资金。然而，澳大利亚政府采用许多财政和监管手段以及规划机制，设法确保国家网络和国家需要的相应领域都得到适当的服务。

特别是联邦拨款资金，它是一项鼓励实现国家运输目标的重要机制。澳大利亚政府的恢复之路（R2R）计划极大地激发了这一政策机制，该计划由同名的立法法案推动实施。共计 12 亿澳元的拨款直接支付给地方政府当局（LGAs），专门用于道路建设和维护。这笔拨款的上限是 12 亿澳元，它必须在 2005 年 6 月之前使用，否则就会过期。

政府以此方式鼓励及时使用这笔款项达成其预期目的。而这些拨款也包括了其他财政援助补助金。在 2005 年 7 月至 2009 年 6 月期间，政府又拨出一笔总额达 12 亿澳元的款项，当时该计划也被纳入了国家运输计划 AusLink 内。R2R 计划之前是通过特别拨款筹资。纳入国家运输计划之后，AusLink R2R 则通过年度拨款得到资金，其中包括了每年向理事会支付的30亿澳元（Chan等，2009）（注：由于2008年政府换届，"AusLink"的名称已不再使用，但其计划及流程基本上保持不变）。

最近，与交通有关的三个新的国家重大政策占据了舞台中央。一是与政府呼吁国家减少温室气体排放相关的环境政策。虽然不以运输为中心，但一项名为TravelSmart的计划已经启动，它主要鼓励澳大利亚居民自愿从使用汽车等能源密集型的出行模式转向步行、骑自行车和公共交通等较少使用能源的模式（TravelSmart Australia，2009）。

另一项政策则具有更多的金融和法律影响力，它主要是倡议启动澳大利亚基础设施（IA）项目。IA随着2008年新一届工党政府的上台而产生，其使命是"为国家未来的基础设施需求制定战略蓝图，并与各州、地区、地方政府和私营部门合作，促进战略实施"和"向澳大利亚政府提供关于基础设施缺口和阻碍经济发展的瓶颈方面的建议"（澳大利亚基础设施，2009）。随着全球金融危机的爆发，IA还承担了一个额外的隐性角色，即帮助重振经济。粗略估计，计划将有200亿澳元用于该项目，这些项目中有许多是与交通有关的。

最后，澳大利亚政府最近宣布，将制定国家规划标准，供各州和地方考虑，并可能在为城市基础设施建设提供联邦资金的情况下强制推行。这一最新政策方案的动力是来自对澳大利亚到2049年人口可能攀升60%并达到3 500万人的预测，以及人们担心气候变化可能导致以往一直作为发展重点的沿海地区的永久性水灾。联邦政府接管了其他各级政府的现行规划权力，而各级政府并没有向其寻求该权力。相反，澳大利亚政府正尝试向地方政府提供激励措施，鼓励这些政府在当前发展领域建设数量更多、密度更大的公共交通项目，而非放任其无序扩张（Franklin，2009）。

澳大利亚政府在交通运输领域还具有其他影响力。它通过澳大利亚交通委员会和国家运输委员会等机构，领导制定和采用标准运输政策、立法和法规。澳大利亚政府对国际贸易的控制使其对任何涉及进口或出口的流动都产生影响，而在过去，这一影响力曾被用来推行两项航空政策。

8.5.3 州政策

在澳大利亚，大部分交通政策和开支传统上是由州负责的。州政府在大多数运输领域里仍然是主要参与者。这意味着国家政策不一定是全国协调一致的。但由于大多数的澳大利亚人聚集在城市地区，这些地区都是州政府的行政区域，也是各种工具实施的区域，所以这并不总是一件坏事。地方上的情况和需求有时候更需要地方政府来解决。

另外，州政府的财政拮据和狭隘的利益观可能会导致不理想的结果。比如，州政府倾向将长途运输支出集中在州内系统里，州际陆路运输则是次要考虑的。州际交通运输基础设施的改善很大程度上是由澳大利亚政府资助和推动的。上一节提到的澳大利亚政府的城市规划倡议，也同样旨在提供更多的措施以能同时应对气候变化和人口增长的压力。各级政府之间存在着紧张关系，下面将就财政和政府间关系展开讨论。

专栏8.1以悉尼（新南威尔士州）和墨尔本（维多利亚州）促进发展的交通规划为例，描述了在各级政府间，尤其是在州政府和市政府之间发生的紧张关系及产生的问题。需要注意的是，在这两种情形下，各州政府最近都有了显著变化，因此未来的政策可能会发生重大改变。

8.5.4 地方政策

地方政府当局能对运输政策产生重要的影响。因为地方管辖权是州授予的，它们的实际权力也会因州而异，尽管在理论上它们都会受到各自州政府的控制。在昆士兰州，覆盖大部分都市区域的布里斯班市议会拥有广泛的交通权力，包括公共汽车服务和主要基础设施工程。在新南威尔士州，悉尼市由多个地方政府组成，每个地方政府管辖几个郊区。因此悉尼主要的交通基础设施规划由新南威尔士州政府主导。但如专栏8.1所示，这一主导地位并不总是能转化为综合政策的。

专栏8.1 悉尼和墨尔本的城市发展和交通设施规划

为了缓解城市发展和交通基础设施之间的矛盾关系，澳大利亚的两个大城市悉尼和墨尔本，一直在进行长期规划和政策倡议。这两个城市隶属于不同的州，而各州的规划并不总是与当地计划协调一致。

新南威尔士州的"州规划"明确概述了两个主要的交通目标："高质量的

交通系统"，即"在安全可靠的公共交通系统上增加高峰时段的出行比例"和"更安全的道路"。两个额外的交通目标——"离家更近的工作岗位"和"提高道路网络效率"——是包含在"改善的城市环境"中的。

悉尼市的规划"悉尼2030可持续"，更加突出了两个独立类别下的交通目标："连接城市的综合交通"（包括"支持和加强从悉尼地区到悉尼市的公共交通的通道规划""发展悉尼内圈的综合性公共交通网络""减少交通对城市中心和活动中心的公共空间的影响""管理区域道路，以支持增加公共交通的使用，减少城市街道的汽车流量"）及"步行和骑自行车的城市"（包括"开发一个与整个悉尼和悉尼内圈的绿地相结合的连接人行道与自行车道的安全网络""给予自行车和行人活动及便利设施更高的优先地位""推广城市主要工作场所和场馆的绿色出行"）。分散在其他类别中的与交通发展相关的目标是："管理和加强城市中心现有的优良谷物区""增加街道和小巷上的零售和小微企业的小规模空间供应""创建一个活动中心网络，作为聚会、购物、创造、学习和为当地社区工作的场所""发展和支持地方经济和就业""界定和改善城市街道、广场、公园和休憩空间，增强它们在行人和公共生活中的作用""确保将新开发与城市周边地区的多样性和'优良谷物品质'相结合"。

新南威尔士州规划将更广泛的重点放在基础设施投资和减少拥堵及出行时间方面。悉尼市规划则更聚焦于再开发和人口密集问题。从许多方面来看，鉴于州和地方当局的不同，这种差异并不令人惊讶。只有州可以对基础设施进行规划、设计和开支，而悉尼市和地方议会则有更大的空间来制定当地的土地使用规划（尽管州在这方面也有很大的权力）。（注：因为这本书出版后，将会选出新的政府，故州规划也将肯定会发生变化。）

即使考虑到司法管辖能力和权力方面的这些差异，这两个规划之间的整合也是不平衡的。"悉尼2030可持续"规划就交通运输及其相关目标，提供了州规划与城市规划之间的交叉索引。该索引发现，在关键的交通运输政策领域，两者之间没有或者仅有一些联系或支持，有联系的大多数是围绕减少工作出行时间和增加公共交通的使用方面。在发展目标方面，这两者之间几乎没有什么交集。此外，在悉尼的大型基础设施投资方面，州政府周而复始地通过了许多方案，一个接着一个，取代速度很快，几乎不能预料到最终的方案将是什么。

　　相比之下，墨尔本市似乎就只有一个主要规划，即"墨尔本 2030"，该规划似乎与州规划"维多利亚未来 2008"同步发展。该规划将城市、郊区与边缘地区的发展、土地利用与交通投资紧密结合在一起。在规划中，交通导向的发展（TOD）非常明确，而在新南威尔士州和悉尼市的方案中基本上没有明确。总体而言，尽管两州政府都管理着各自所属城市的交通运输网络，但维多利亚州政府在墨尔本市交通系统方面的管理比新南威尔士州政府对悉尼市的管理要更加积极和紧密。在一定程度上，这可能与维多利亚州的地理面积小得多有关，维多利亚州的很大一部分是由墨尔本的城市群组成的。然而，政府最近一次换届也将肯定会改变规划中的某些细节，而且很可能会改变优先事项。

　　Source：Sustainable Sydney 2030：Appendix 1—Sustainable Sydney 2030 and the State Plan；Melbourne 2030：A planning update—Melbourne@5 million（December 2008）.

　　在陆路交通规划中，最重要的一个问题就是土地的供给和开发利用。州和地方政府的利益往往不一致，并且对局部利益的单一追求往往是以牺牲更大的社会利益为代价的（参见第 2 章和第 9 章）。例如，州和地方政策有时会忽视或者在对发展有影响的定价方面和适当获取公共投资所能创造的价值增值方面进行交叉目的的工作。这些错误的激励措施可能是双向的。在某些情况下，例如在价值获取条款不充分时，它们是在鼓励发展不充分。在其他情况下，因为低估了发展过程中出现的负外部效应，则会产生过度发展的后果。当国家基础设施方案与地方发展倡议之间没有协调好时，就运输而言，情况会更糟糕。

8.5.5　交通运输的公共财政

　　就交通运输财政而言，《宪法》第 51 条第（ii）款规定澳大利亚政府和议会有权征收任何形式的税收。第 90 条禁止各州实施"关税和消费税"（以确保内部自由贸易）。这可以被解释为，两级政府除关税和消费税外几乎拥有同等的征税的权力。然而，《宪法》第 96 条允许议会"按照议会认为合适的条款和条件向任何州提供财政援助"。澳大利亚政府通过运用法律权力，拒绝向征收所得税的州拨款，因此各州政府就不再征收所得税了。其结果是，各州在发展它们自己的销售税方面一直受到限制。各州大约一半的收入是依赖澳大利亚政府的拨款。州政府的其他税都是杂税，其中主要是博彩税（赌博行为在整个澳大利亚都是合法的）。

澳大利亚于2000年推出了商品和服务税（GST）。这是一项澳大利亚政府税，但根据《联邦-州公共财政关系的政府间协议》，所有商品和服务税收入减去行政费用后，都归各州所有。因此，虽然各州确实可以获得这笔收入，但税收和税基本身仍然在澳大利亚政府控制之下。

澳大利亚政府和议会可以给各州提供受条件约束或不受条件约束的拨款。特殊目的（即有条件）的拨款既可以给州政府，又可以给地方政府。地方政府经常绕过州政府来使用这笔拨款（例如使用在地方的公路、学校旗杆上）。通用目的拨款则通常归州政府所有，但由于其控制不及特殊目的拨款严格，澳大利亚政府通常不偏好这种拨款方式。

此外，澳大利亚政府和各州政府共同分享税收收入，并通过联邦拨款委员会以通用目的的拨款的形式，将其分配给其他更"有需要"的州（如塔斯马尼亚州）。委员会通过对所有州的公民可获得的服务水平和每个州的收入基数进行比较后，再对其中的部分税收收入进行重新分配。表8-3表明，当涉及实际交通支出时，大部分支出是由各州和地方政府承担的。

表8-3　　2004—2008年交通运输相关支出的政府基金（百万澳元）

来源	2004-05	2005-06	2006-07	2007-08	2008-09
国家	2 514.8	4 832.9	2 994.7	2 754.2	4 934.3
州/领地	5 102.78	2883.98	5 876.87	7 532.56	6 636.61
地方	3 760.9	3 340.5	3 583.4	4 077.2	4 215.7
总计	11 378.5	11 057.3	12 455.0	14 363.9	15 786.6

注：数据包括道路建设、维护和相关的部分行政规划费用。地方政府的数据包括来自非公共部门的捐款。

Source：Bureau of Infrastructure，Transport and Regional Economics，Infrastructure statistics yearbook，2011，Tables 1.2a，1.2b，1.2c，1.2d，Canberra，Australian Capital Territory，Australia.

另外，应该注意的是，现实中可能存在成本转移问题，即州政府可能会试图安排自身事务，以便将成本转移到澳大利亚政府账户上去，而澳大利亚政府则试图建立监管程序，以便使交通运输基金的任何增加都不会被州政府开支的等量减少所抵销。而这些因素未必会被显示在统计数据中。

8.5.6　政府间

中央政府拥有强大的财政权力，且法院也赋予政府越来越强的行政和政策权力。而各州虽然实际上仍在提供公共服务或至少可以说对许多（即使不是大多数）公共服务负责，但其独立征税权力相对较小。因此人们可以看到，澳大利亚政府的中心与边缘区域之间存在紧张关系。

在澳大利亚的联邦政府安排中有一些长期合作的要素，它们有助于缓解这些冲突，并协调规划和执行。例如，《宪法》第101条设立了州际委员会机制。虽然过去有若干个委员会，但目前还没有交通运输方面的州际委员会。与之类同的现代组织是一个名为澳大利亚政府理事会（COAG）的自愿性组织，它于20世纪90年代初在国家竞争政策框架内创立，在该竞争政策下，国家政府向实施竞争改革的州支付款项。

其中，一项关键的竞争改革就是用单一、统一的国家商品和服务税替换州销售税（针对不同商品的各种不同税率）。这样做的权力是由所有州都通过的平行立法和国家政府赋予的。但汽油的差价税、不动产税，以及其他一些小的例外仍然存在（这就是澳大利亚政府不会根据竞争改革对某些州全额支付款项的原因）。

2004年，当时的澳大利亚政府发布了一份白皮书，详细阐述了一项名为"AusLink"的国家运输政策。虽然与州政府正式建立合作关系，并在许多方面延续了以往的政策，但这份实施"AusLink"的报告仍然确立了一些国家级的政策目标（之前没有这样做过）。AusLink白皮书与以前的政策安排在以下几方面有所不同：

- 它提出了一个具有20年规划期的滚动式5年计划；
- 它确定了国家网络，包括与港口和机场的连接，并且它是多式联运的，包括走廊内的公路和铁路线；

• 它为全国网络发展制定了战略方向，其中，把走廊作为未来注资优先事项的基础；

• 它提议在与州政府商谈的双边协议基础上，与各州分享国家网络资金；

• 它提出了私营部门可能发挥的作用；

• 它确定了政府的优先投资事项；

• 它提出了一个包括成本–收益分析在内的项目评估方法，以便在未来的计划中对项目进行物有所值的比较。

虽然"AusLink"这个名字被继任政府取消了，但是上面概述的基本原则和框架仍然存在。这涉及由各州和澳大利亚政府合作进行的走廊规划。州政府有相关的详细信息，所以它应该密切参与走廊规划。在此之后，会有一个相当可靠稳健的成本–收益分析过程来确定最有价值的项目。尽管不可避免地会有技术方面的讨论，诸如对项目未来网络影响的估计，但对方法已达成了一致。有些项目和方案并不总是受到成本–收益分析的影响。

这一国家规划体系不仅包括公路和铁路，还包括通往港口和机场的陆路通道。其理念就是为了实施能使国家利益最大化的项目，而不使不同模式之间发生扭曲。国家规划仅限于确定的国家走廊，用于其他公路或铁路建设的无论是资金还是方法，都不被视为在"国家"的框架之下。

8.6 澳大利亚的城市交通的相关细节

澳大利亚是一个城市化国家。但是，每个城市的交通需求并不相同。由于西澳大利亚州的资源富集，珀斯正在快速发展着。布里斯班也是如此，因资源富集和昆士兰州的生活方式拉动而得到发展。悉尼人口增长缓慢，墨尔本也是如此。但由于这两个城市的人口基数较大，其人口的绝对增长率仍高于珀斯和布里斯班。阿德莱德位于以农业为主的南澳大利亚州，与国内大多数"乡村"地区一样经济停滞不前。此外，由于城市经营主要由各州及其地方政府负责，没有明确的国家城市战略，因而城市交通政策的差异很大。

表8-4提供了城市内乘客流动的概况，这些和其他相关数据将是下面讨论的基础。

表8-4　　　　　　　　　　　澳大利亚首府城市的乘客出行模式概况

澳大利亚首府城市公共交通（UPT）和机动车辆出行（2006）							
城市	UPT通勤份额（%）	UPT全天份额（%）	重型轨道交通	轻型轨道交通	公共汽车	轮渡	小汽车
悉尼	22.70	13.30	5.28	0.02	2.3	0.121	46.3
墨尔本	14.80	8.60	2.78	0.62	0.99	0	44.77
布里斯班	14.70	9.00	1.08	0	0.91	0.02	18.48
阿德莱德	10.60	5.70	0.19	0.02	0.62	0	12.73
珀斯	11.00	6.50	0.40	0	0.84	0.0006	16.20
霍巴特	7.10	4.30	0	0	0.1	0	2.06
堪培拉	8.60	5.70	0	0	0.29	0	4.42
达尔文	5.10	7.20	0	0	0.08	0	0.89
总计	16.10	9.50	9.73	0.66	6.13	0.1416	145.9

注：UPT通勤份额代表其占全部机动车辆出行量的比例；UPT全天份额代表其占乘客出行千米数的比例。其他的所有数值均代表其乘客出行千米数总量。

Source：Compiled by author from Australian Government，Bureau of Infrastructure，Transport and Regional Economics，Urban passenger transport：How people move about in Australian cities，Information Sheet 31，2009，Canberra，Australian Capital Territory，Australia.

8.6.1　城市轨道交通

澳大利亚城市中最重要的问题也许是大都市辖区内的人口流动问题。1945—1995年，城市地区的出行总量增长了9倍，这一增长情况一直持续到了现在。（交通运输经济局，1999；基础设施、运输和区域经济局，2011）

以乘客出行千米数（PKT）衡量，大约有90%的出行是平均全天使用汽车的。换句话说，城市公共交通（UPT）的出行量只占10%。但如果只考虑到高峰时段的通勤出行比例，那么这个比例看起来会更高些，即2006年8个首府城市的城市公共交通出行比例为16.1%。在2003—2004年和2007—2008年间，UPT出行的总体增长率是汽车出行增长率的16倍，但UPT相对于汽车的份额如此之小，以至于在此期间即使16倍的总体增长率也没能改变相对的模式份额（基础设施、运输和区域经济局，2009）。

尽管有一种倾向认为UPT是一种统一的技术，但事实并非如此。公共交通客运可以利用铁轨模式，例如通勤列车和地铁等重型轨道交通（HRT），或容量较小且车厢比较轻的轻型轨道交通（LRT）；或者也可以在公路上运行公共汽车。如果有大型的城市内部水路，也可以像悉尼一样使用轮渡。表8-4显示了悉尼在使用所有四种公共交通客运技术方面的独特之处。除布里斯班和帕斯之外，所有其他城市都没有轮渡交通，而霍巴特、达尔文和堪培拉等几个城市还缺乏轨道交通服务。悉尼和墨尔本还通过铁路完成大量的过境运输。公共汽车则是其他城市的主要运输模式。

城市交通这样的组合是非常重要的。一般来说，轨道交通的运行速度和用户体验是最好的，因为它们有专用的固定路径，并且它们通常不与一般的汽车交通相混合，所以几乎不受道路拥堵的影响（尽管墨尔本的有轨电车是LRT型的，但它确实与汽车交通相混合并受其影响）。然而，轨道交通的建造成本非常昂贵（虽然LRT通常会比HRT便宜），并且比公共汽车的运行成本更高。此外，由于铁路网络的路径是固定的，因此铁路网络在应对经济和人口集中模式的变化方面面临着巨大的滞后性，而公交网络更容易适应这种变化。

因此，对于寻求普遍增加公共交通使用量的城市管理者来说，公共交通技术组合提供了一系列重要选择和相应的挑战。用户更喜欢铁路，更有可能选择铁路而不是汽车。但公共汽车的运营成本要低得多，而且交通当局实施起来也要快得多。铁路网络需要确保通行权，这是代价高昂的，有时在已经很稠密的城市中是不可能的。尽管公共汽车没有这个问题，但它们对道路的依赖往往使其更容易受到交通堵塞的影响。此外，按单位计，公共汽车往往比铁路产生更多的污染，虽然"清洁"巴士可能会改善这个问题。

此外，还存在着建设公交系统来满足现实需求，并预测或引导未来需求的问题。密度是公交技术选择的关键——单位人口密度越大，铁路技术的成本-收益就越高。因此，如果要进行大量投资来服务未来人口密度未知的人群，就有建造乘客较少而成本高昂的网络的风险。

对城市政策制定者来说，这是很难做出正确的选择的。虽然，技术因素确实使其中的某些选择不太明显，例如，有固定停靠站的公交专用车道、精心布置的车站和交通信号优先——通常被称为公交快速通道（BRT）——具有铁路运输的许多优点，但资本成本较低（虽然比普通公交车的资本成本要高一些）。智能技术可以使现有的公交基础设施的运营和利用更加高效，以少量额外的资本成本来提高公交运输能力。尽管有这样的智能技术，但事实上，在没有大量新投资和用户转向它的愿望时，轨道交通不能成为且还没有成为汽车旅行的普遍替代选择（见专栏8.2）。

专栏8.2　珀斯的城市轨道交通投资

珀斯的交通扩张经验表明，在城市公共交通方面进行的大规模新投资会带来挑战和机遇。位于西澳大利亚州的珀斯有许多被认为对UPT不利的特征：相对人口密度低，土地利用与开发的历史模式，以及与其他区域中心的隔离（珀斯被认为是地球上最孤立的大城市）。

这些特征造就了一个明显以汽车为导向的城市。事实上，当1995年西澳大利亚州政府推出支持公共交通的综合交通计划时，统计数据似乎表明，与典型的汽车城市洛杉矶相比，珀斯的人口密度更低且对汽车更友好。珀斯的城市人口密度不到洛杉矶的一半，仅为其城市就业人口密度的1/3，但人均道路长度超过其两倍，人均汽车数量多约20%（Renne，2008）。

由于认识到这种模式对环境和流动性的影响是不可持续的，西澳大利亚州政府于1995年发布了"珀斯大都会交通战略1995—2029"规划。该规划概述了三个相互联系的要素：（1）更好地协调运输系统的各个组成部分；（2）加强运输系统与土地用途之间的整合；（3）提高交通运输基础设施和服务的使用效率（西澳大利亚州运输部，1995）。在过去铁路扩张计划的基础上，珀斯的城市轨道网络也将继续进行大规模投资。

西澳大利亚州政府以一种强有力的方式实施了这些战略要素。它最近一次的铁路网扩张项目是2007年完工的通往曼哲拉的80千米铁路（耗资15亿澳元），使其快速电气化轨道线路的全系统总里程达到了200千米左右。这与1990年的情况形成了鲜明的对比，当时这个城市根本没有电气化轨道线路（Newman，2005）。这项投资的结果是，城市内部的通勤铁路运力急剧扩张。2007年117节车厢在高峰时刻到达了珀斯中央商务区，2008年达到了174节，如果铁路扩张继续按计划进行，那么到2021年，这个数字将是416节。到2010年，珀斯高峰时段的中央商务区轨道运力的潜在增长率为25%，到2021年则将达到162%（Glazebrook，2008）。

政府在以交通为导向的发展（TOD）方面的举措同样很激进。"网络城市行动计划"旨在通过在现有城市地区提供60%的所需额外住房和在新的增长地区提供40%的所需额外住房来限制城市扩张并鼓励在旧房间隙处建新房（Renne，2008）。

这些政策对增加UPT的载客量起到了一定的作用。年铁路客运量从1991年的700万人次左右增加到了1997年的近3 000万人次（Newman，2000）。最近，在通往曼哲拉的新线路开通后，铁路载客量在2008年3月增长了41%（Glazebrook，2008）。2008—2009年总人次达到了7 355万（公共交通管理局，2009）。然而，正如先前的数据所显示的，UPT相对于汽车的使用率仍然很低。珀斯面临的挑战仍然是重大的模式转变问题，而这显然是一个经年累月的演化过程。

8.6.2 拥堵

由于出行需求的增加以及城市边界的相对封闭，交通基础设施满足这种需求的能力越来越有限。这种对于运输网络供应的过度需求的结果就是拥堵。

从历史上看，随着大规模使用汽车时代的到来，为了应对城市地区的交通堵塞，人们向外迁移、修建新的道路、在较小范围内修建客运铁路线，为新的定居点提供服务。这种方法奏效了一段时间，但伴随着城市的发展，无论是较新的地区，还是早已拥堵不堪的旧街区，交通堵塞程度都有所增加。在特定地区，最终可供使用的出行容量只有那么多，而澳大利亚连续经历了一定水平的出行增长，从而使空间变得越来越拥挤。这便是客观现实。

表 8-5 显示了交通堵塞对交通用户产生的成本的一些估计。用户花费在出行上的时间是有价值的，这个价值就是最低可能的出行时间可以最小化的机会成本。拥堵显然会增加出行时间（同时也降低了出行的可靠性，也就是说，在大多数情况下，确定的出行所花费的时间量也是确定的）。人们可以从商业用途的表格中看出，出行时间的单位价值为 20～30 澳元。花在商务以外目的上的私人时间被认为不是那么有价值的，但它仍高于 9 澳元（国际经济研究中心，2006）。

表 8-5　　　　城市出行时间价值、货物和乘客流动的估计

车辆类型	占用率	单位占用价值	单位车时的货物价值	车辆运营成本
	人／辆	澳元	澳元	澳分／千米
汽车				
私人	1.6	9.23	NA	NA
商务	1.4	29.52	NA	NA
整体式车架载重卡车				
轻卡（两轴四胎）	1.3	19.32	1.00	4.5
中卡（两轴六胎）	1.3	19.69	2.72	9.8
重卡（三轴）	1	20.22	9.31	10.5
铰接式卡车				
四轴	1.0	20.94	20.05	14.3
五轴	1.0	20.94	25.57	16.6
六轴	1.0	20.94	27.57	17.1

Source：Centre for International Economics，2006，Table 4.1（based on Austroads data），Canberra，Australian Capital Territory，Australia.

这些成本会积累到非常高的水平。基础设施、运输和区域经济局估计，2005年澳大利亚首都可避免的拥堵成本（即在拥堵条件下的某些出行给道路使用者带来的收益小于给其他道路使用者和更广泛的社区带来的成本）合计约为94亿澳元。这一总成本包括私人时间成本35亿澳元、商务时间成本36亿澳元、车辆运营额外成本12亿澳元和空气污染额外成本11亿澳元（基础设施、运输和区域经济局，2007a）。

这个问题没有单一的解决方案。减少出行需求是一个显而易见的答案。然而，随着收入和经济产出的扩大（这些通常被认为是值得期待的），出行需求将趋于增加。弹性时间表（将人们安排在交错时间的运输能力上，从而限制高峰时段的聚集）是管理这种出行需求的一种方式。另一种需求管理的替代方法是定价，例如收费，可以促使人们对现有运输能力的使用进行限量。此外，还有可能利用信息通信技术（ICT），让人们在家中或者其他分散地点工作。如果得到广泛实施，这些方案显然可以减少出行需求，并大大减少现有交通网络的压力。但是，这些方案还没有大规模地实现，因此需要人们生活和工作方式的重大改变。

增加容量显然是解决方案的一部分，尤其是UPT，它在单位容量上能承载的人比汽车多得多。而融资和鼓励使用UPT的问题在上文已经提到过了。

8.6.3 私有化

澳大利亚大部分的公共交通运输活动都有私人参与，特别是在墨尔本和珀斯。许多道路都被私有化，所有主要机场都由私人公司经营。澳大利亚可能是世界上拥有私有化程度极高的交通运输系统的国家之一，尽管其政府对所有运输服务都保持着兴趣。

私有化既有国家层面又有州层面。在国家层面，铁路网被分拆划入ARTC，该公司作为私人运营商对网络进行维护和运营。同样，澳大利亚政府对机场进行了公司化，然后私有化，主要是以向私人公司出售超长期租约的形式进行（更多细节请参见第2章）。然而，由于是州管理着城市，因此负责将大多数城市交通枢纽私有化的是各州，而不是澳大利亚政府。

　　这就造成了由州驱动并集中在市政层面的大杂烩局面。一些系统运行良好（珀斯和西澳大利亚州），另一些系统却遇到很多问题（例如，悉尼穿城隧道的 PPP 项目，见专栏 8.4），而且很多系统价格昂贵（例如，墨尔本的 CityLink，参见第 4 章的详细讨论）。如果仅仅为了确保安排的统一有效性，那么某种形式下的全国协调也许是可取的。因此，澳大利亚基础设施（IA）项目一直致力于确定一套指导公私合作（PPP）的原则，尽管这些原则目前仍是概念性的。

　　当然，澳大利亚的经验已经表明，交通运输私有化是相当可行的，虽然并不保证总是有好的运营成果。PPP 的优势在于依靠私人资本市场为公共部门可能负担不起的大规模投资提供资金。然而，根据定义，私人投资者希望获得盈利机会，许多基于社会理由可能合理的所需投资对私营部门可能不具吸引力。在签订 PPP 协议之前，还必须考虑到重大的政策风险，特别是在任何私人建造经营的设施的运行中对公众利益的维护。

　　有一种经济学的说法，即在商品和服务存在价格——并且这些价格（P）反映了生产这些商品和服务所花费的边际成本（MC）——的情况下，在消费和生产方面就达到社会最优状态。满足最优的条件可以总结为公式 $P = MC$。交通运输 PPP 面临许多挑战，这些挑战来源于这一规则和现实世界中违背它的行为。这些问题主要涉及定价、市场结构和网络外部性，下面将具体讨论关于公路的问题，尽管它们同样适用于具有类似特征的其他设施，如铁路和公共客运交通。

　　公路（以及其他类似的网络设施）并非纯粹的"私人"商品，因为它们可以被共同消费。例如，一个苹果一次只能被一个人食用，而这个人的消费将使其他任何人都无法获得苹果。因此，苹果是一种私人物品。但是一条公路可以被多个人同时使用，并且对它有一定程度的"公共性"。当在某一时点后拥堵开始出现时，每个人的道路消耗都会降低，他们不能像没有拥堵时那样快速或可靠地出行。

　　此时，定价变得重要。很显然，在其他条件相同的情况下，"免费"（即不收费）公路将变得比收费公路更加拥堵。因此，我们设想如果有两条平行的公路，一条收费，另一条不收费，那么收费公路将不会像免费公路那样拥堵，其原因显而易见。假设只有一条公路，那么理所当然的是，如果收费，这条公路的使用效率会更高。这是因为人们将不得不为由收费的公路的消费付费，他们使用它的效率将比免费提供给他们的更高。

这种推理就其本身而言是很好的，但需要考虑真实世界的细节因素。第一，为了有效率，P 必须等于 MC。如果价格太低或太高，将无法达到社会最优状态。第二，公路本身必须能够承载满足社会最优的交通量。如果一条公路的通行能力太小，不能承载其所需的交通量，那么以足够高的价格水平征收费用肯定会在某个时候减少交通量，但不会满足所服务经济区的出行需求。第三，还有交通模式选择的问题，这真的是更大范围内的第二点：无论是整个系统还是系统的特定部分，现有的运输系统能否应对所有的交通需求？如果系统中存在一些结构性缺陷，定价不一定会产生有效的交通运输结果（Peters and Gordon，2009）。

市场结构是这个问题的基础。市场结构是指任何给定市场的竞争程度。P = MC 公式下的最优状态建立在完全竞争的假设上。但公路显然不属于这一类，公路是单一的设施，它必须由单一的运营商提供。因此，公路和许多其他公用事业一样，在供应方面容易形成垄断，或者在两条或两条以上的公路服务于类似地区的情况下，可能会出现寡头垄断。如果没有某种事先的和/或持续的约束，如监管当局或政府与私人运营商之间的约束性协议，那么几乎肯定会有高于 MC 的价格，这将使运营商利润最大化，但不会达到社会最优。

还有一个额外的行政费用的问题。定价理论的讨论假设无成本的管理，但是收费确实有一个无谓损失部分，它是以征收和其他行政负担的形式出现。公路运行征收的收费成本通常在 10% ~ 45% 的范围内（Peters and Kramer，2003；Short et al.，2007）。这些成本包括行政成本（管理、收费系统的人员和资本）、违规成本以及消费者时间成本和污染成本。换句话说，需要对交通运输设施进行定价，以确保最优使用，但实际的定价行为会导致重大的无谓损失。

这是一种派生的理论探讨，是一种局部均衡分析。公路提供获得交通服务的手段，这是基于所有市场一般均衡的派生需求，包括对土地和住房的需求。从这个意义上说，把单个公路看作单个市场，所对应的 P = MC 条件可能会从一般均衡的角度仍得到一个次优的结果。因此，系统范围的经济最优需要关注所有相关的政策。

最后，公路和其他类似的运输资产形成网络，整个网络的价值大于单独考虑的各个部分的价值之和。这个结果被称为网络外部性，它可能是负面的（如拥堵或定价过高），也可能是正面的（如在现有网络中添加新的关键链路）。澳大利亚和其他发达国家的私有化通常是在个别设施的基础上进行的，如特定的公路、隧道或火车线路。尽管 PPP 过程可能需要这样一种方法，但不能忽视其网络外部性。

澳大利亚的城市已经广泛实行了交通运输私有化，并遇到了所有这些挑战中的大部分。因为对新设施进行融资和维护现有设施的需求都将持续增长，以及对私人资本市场的利用将成为政府一般收入资金的必要补充，所以城市管理者将继续推行私有化。因此，澳大利亚的城市在运用城市交通 PPP 方面拥有广泛的独一无二的经验。而关键可能是要充分利用从积累的经验中吸取的教训，并避免不必要的错误。此外，应该指出的是，虽然私有化显然能满足运输能力的需求，但它并不是万能的。为了满足未来的所有需求，大规模的公共收入肯定是必要的。

专栏 8.3 是有关墨尔本多式联运的私有化计划，它描述了墨尔本是如何应对上述一些挑战的。专栏 8.4 是有关悉尼穿城隧道 PPP 项目，它描述了一些关于绿色项目的警示故事。

专栏 8.3　私营部门参与维多利亚州交通运输基础设施的情况

在过去的 15 年里，维多利亚州的大部分运输系统都实行了私有化，这向我们提供了一些有趣的政策教训。20 世纪 90 年代，在自由党政府的领导下，维多利亚州开始实行私有化。自由党总理肯尼特（Kennett）成功地将电力生产从州政府转移到私营企业，随后将注意力转向了交通运输业。墨尔本的有轨电车和火车最初是自由化的，然后在肯尼特的第二个任期里，它们实现了彻底私有化。新的墨尔本主干道 CityLink 的建设也在肯尼特的推动下由私营部门投标，这条道路使用了电子收费的方式，这在当时是独一无二的。肯尼特政府还将货运铁路进行了私有化。

维多利亚州因私有化的规模与范围而成为一个有趣的案例。除了最近对相对微不足道的国家货运铁路系统进行了重新国有化之外，该州所有的主要出行方式和手段都是由私人经营的，有时它们甚至是私人所有的（租赁和特许经营是公有向私有转移的主要手段）。它的经验虽然不一定支持或反对大规模私有化，但它提醒人们，交通运输并不仅仅是一种模式，特别是在城市地区，即使可能只选择一种模式进行私有化。

然而，应该指出的是，在墨尔本和维多利亚州交通运输业的私有化进程中，有许多不同的安排和经营者。CityLink 主干道是一项绿地（greenfield）投资项目，私营部门拿出自己的资金来换取长期租赁（大约35年）。有轨电车和火车是通过特许经营协议进行的现有系统的褐地（brownfield）周转项目。这条货运线路是直接卖给私人经营商的褐地。机场则是经由澳大利亚政府批准的长期褐地租赁项目。

为什么会有这些不同的安排？简单的答案是，尽管有一个可以通过交通运输设施和服务提供流动性的系统，但该系统有不同的经济、历史和制度要素。对于城市交通动脉而言，显然需要绿地投资，但其融资能力有限。对于公共客运交通而言，当务之急是改善运营并降低对现有系统的公共补贴。客运铁路与货运铁路有着不同的经济效益，机场与高速公路也不相同。

维多利亚州的私有化进程已经持续了几十年，不同的党派政府都有不同的短期优先事项和长期指导思想。事实上，由于交通运输是一项长期投资，故这将是大多数交通运输 PPP 项目会遇到的情形。尽管总是存在政治上的考量，但我们不应忽视交通运输供应的基本原则。交通运输，虽然是通过个别设施提供的，但实际上是关于流动能力的预期结果。这是政府领导人在抵制或促进私有化时要牢记的一件重要的事情，当然这在他们设计和实施其方案时也很重要。

Source：Clarke and Hawkins（2006）and Allsop（2007）。

专栏8.4　乘客数量预测和悉尼穿城隧道的PPP项目

21世纪初，新南威尔士州政府为一个道路项目进行招标，希望能缓解从中央商务区东部到中央商务区西部通行过程中的市中心拥堵问题。最终利用私人资本建造的项目就是悉尼穿城隧道（Sydney Cross City Tunnel），这是一条2.1千米长的地下隧道，在达令港（Darling Harbour）和拉什克特湾（Rushcutters Bay）之间东西向运行。该PPP项目由新南威尔士州政府和穿城高速公路财团（CCMC）共同承担，建设完成后有30年的特许权期。

这个项目的经济效益似乎是有利的。据预测，单个司机的出行时间可以节省20分钟，最初预计隧道的初始使用量为每天3.5万辆，运营1年后将增加到9万辆。这些特征对私人投标者很有吸引力，因为它们似乎意味着足够高的利益，让司机愿意付费而且支付的数量足够大，足以代表建造运营商可观的年度现金流。

然而，开通1个月内的最初实际使用量仅为每天2万辆。即使在为期3周随后又延长2.5周的免费期内，每天的使用量也只增加到5.3万辆，这一数值也远低于原本预计的1年高峰值；当收费恢复时，其使用量下降了近一半。

导致这一问题的部分原因似乎是隧道的收费价格。通行收费价格定为3.56澳元，长度12.5米以上、高度2.8米以上的车辆的费用加倍，这一通行费在该市范围内是最贵的。若购买1～7日通行证，则还需增加至少1.60澳元的额外行政管理费用。这个价格与客户价格指数（customer price index）的增幅挂钩，按季度上涨。虽然这样的价格使得该项目的现金流预测看起来有吸引力又有前瞻性，但它显然超过了节省司机出行时间的感知价值，从而减少了实际交通流量和收入流量，使其大大低于预期。

此外，即使在较低的价格下，对项目前期的流量预测似乎也太乐观了。中央商务区东西向的交通流不是该市中最高的，而且还有可供选择的几个替代线路。为了鼓励司机使用隧道，更不用说强迫，新南威尔士州政府按照先前与财团签订的协议，关闭了一些替代线路。委婉地说，市民的反应是不愉快的，随后政府很快就撤销了这些关闭措施。

最终的结果是，流量和收入都不足以使该项目可行。该财团进入破产管理程序，此后以极大的折扣出售给一个新的私人运营商。这条道路在2030年将回归公共所有。从穿城隧道项目得到的教训就是，正确估计使用量是很困难的，并不是所有的项目都适合私有化，而且PPP项目不能消除风险，即使对私人运营商也是如此。

Source：Phibbs（2008）and Zou et al.（2008）.

8.6.4 技术

许多拟议中的运输政策严重依赖于技术，尤其是道路定价严重依赖于转发器（或某些情况下的摄像头）的使用，来获取车辆使用道路的相关信息。采集信息后，运用信息技术对其进行数字化处理，从而向用户开账单，收取费用，并识别和评估不遵守规则的处罚。在城市交通中，"智能卡"和"智能标识"等统一的自动收费系统是司空见惯的，它们可以告诉乘客列车和公共汽车在系统中的位置以及预计到达的时间。国际上有进行过一些"VKT"的收费试验，在这类试验中，向司机收取费用不仅要根据道路使用的时间和地点，而且还要根据出行里程的长度。

这种技术在优化城市交通方面的好处是显而易见的。但是，按照标准说法，"智能交通系统"（ITS）可能是相当昂贵的。这类系统还需要仔细的规划、设计和实施。理论上的好主意在实践中可能是一个沉重的负担。

转发器、IT系统、合规性系统等机器系统的成本每年可能达到数亿甚至数十亿澳元，特别是在考虑到管理和处理这些系统产生的海量信息的成本时。伦敦拥堵收费计划为交通投资创造了额外的1.23亿英镑的收入，然而，征收成本约占收入的40%（Peters and Gordon，2008）。

当然，伦敦的交通拥堵定价体系特别复杂，因为它有一个警戒线价格，需要对定价区内整个道路网络进行广泛监控。对单一道路的交通拥堵定价所需要的技术要少得多，因而降低了技术成本，这表明精心的预先设计是必不可少的。然而，即使是在这些简单的部署中，管理成本也不容忽视。

澳大利亚各城市在实施ITS方面并不是特别积极。悉尼在实施交通智能卡以实现跨交通模式的无缝转移方面远远落后于计划。它以"MyZone"卡（我的地带卡）的形式出现，但一直受到可用性问题的困扰（最初许多报刊代理商因为缺乏激励而拒绝携带，并且该卡在城市的许多地方难以获得或不可能获得），而且它还不是真正的智能卡（澳大利亚广播公司，2010）。与此同时，墨尔本的"myki"卡（我的卡）也同样远远落后于计划并且超出预算，即使在最初的和有限时期的推广中也一直存在问题，颇受困扰。虽然这些问题现在已经得到解决，但是它们带来的教训是很明显的。

技术显然是澳大利亚更好地管理城市交通不可或缺的环节，国内外都有改进和强化的成功案例。但是对技术改进持简单态度是危险的，需要清楚地理解采用技术的好处，并将之与成本进行权衡。

8.6.5　土地利用规划

各州政府拥有大量未开发的土地，它们对土地开发政策也有很大的统一影响力。UPT通常被建议作为运输能力问题的解决方案，事实上，它肯定是解决方案的一部分。划区和其他土地利用政策则是解决方案的另一必要部分，以确保以交通枢纽和停靠站点为中心的开发（即以公交为导向的开发（TOD））。

交通运输和土地利用之间接口的一般问题在第5章和第9章有更详细的讨论（在珀斯案例研究中也有提及）。这里要指出的一点是，政府责任的分散可能会给有效的TOD和运输提供者与土地使用者之间的协调带来一些障碍。即使是像停车规则这样的基本规则，通常也是由地方议会制定的，它们可能在多重目的下运作。例如，在悉尼，议会通常希望在高峰时段放松停车规则，以鼓励当地购物，尽管这可能会干扰到州交通管理局运营的优先公交车道。虽然不同利益主体之间总会有一些冲突，但最好在规划过程中让它们显露出来，而不是在实施后才想着解决。

8.6.6　乡村准入

农村和村镇一体化和准入在澳大利亚仍然会产生共鸣，它们是交通运输投资政策的重要组成部分。从表面上看，这似乎与城市交通政策无关，然而，有两个考虑因素决定了情况并非如此。首先，城乡平衡对于整体经济和社会健康都是至关重要的，规划者们有权关注边远地区和更远地区的活力。事实上，当前的一些城市交通病，比如拥堵，是由澳大利亚城市化进程中城区主导地位造成的。从交通运输的角度来看，假设能够有效利用稀缺的环境资源，特别是水，那么定居点的多样化可能就是一种有用的缓解措施。

其次，如果管理不当，乡村准入投资可能导致以"以邻为壑"的方式为城市需求提供资金（反之亦然，正如许多农村利益团体在抱怨的那样）。从本质上讲，资源配置必然是具有政治性的，但是人们应该避免把城市和农村的交通需求视为对立。事实上，城市依赖于腹地，反之亦然。城市交通规划应该整合这些需求，而不是与之背道而驰。

8.6.7 生态足迹

对任何运输点而言，一个关键要素就是其在经济和环境方面的可持续性。从这个角度来看，澳大利亚广泛分布的城市群体系可能尤其受到挑战。它必须耗费大量的能源来覆盖国内及国际长途旅行，并且由于与城市交通有关的困难，单次出行的城市内流动也往往特别昂贵。通常而言，交通运输业是温室气体的主要排放源（2004年，该部门占全球与能源相关的温室气体排放量的23%），澳大利亚交通运输业的能源和距离密集型模式在这方面也尤其具有挑战性（Kahn et al.，2007，p.235）。表8-6显示了澳大利亚交通运输业直接温室气体和其他排放量的具体估计数。

表8-6　不同运输方式下的澳大利亚交通运输业直接温室气体排放量——CO_2当量（10亿克）

财政年度	机动车	铁路（不包括电力）	海上	航空	总计
1974—1975	33 033	1 910	3 437	2 791	41 200
1979—1980	40 687	2 023	3 750	2 765	49 258
1984—1985	46 871	2 040	2 880	3 017	54 844
1989—1990	54 735	1 753	2 383	2 833	61 764
1994—1995	59 929	1 755	2 319	5 003	69 074
1999—2000	65 779	1 884	2 101	5 352	75 194
2004—2005	72 281	2 267	2 579	5 678	82 897
2009—2010	73 724	2 629	2 829	7 792	87 075

注：根据澳大利亚温室气体办事处的"2005年国家温室气体清单"，交通运输业占2005年澳大利亚全国温室气体排放量的14.4%。

Source：Bureau of Infrastructure，Transport and Regional Economics，Infrastructure statistic yearbook，2011，Table 9.4，Canberra，Australian Capital Territory，Australia.

当然，交通对环境的影响并不是严格意义上的城市问题，但由于有如此多的澳大利亚人居住在城市里并在城市周围穿行，故在澳大利亚，即使还没考虑到气候变化这一更广泛的问题以及它将如何影响澳大利亚的长期宜居性，这一问题也尤为重要。

到目前为止，讨论的许多问题不可避免地涉及了环境问题。使用资源密集型和污染型的出行模式将会加重对生态的影响。为了推动满足当前的城市交通需求，可能会产生一种倾向，即为了权宜之计而忽略这些影响。澳大利亚的大多数城市都通过制定"绿色"城市规划来应对这一问题，以指导城市发展和交通运输投资，而关键是要坚持这些规划。

8.6.8　安全

与环境一样，安全并不仅仅是一个城市问题。在某些方面，许多典型的交通安全问题，如高速行驶，或长途疲劳驾驶，更有可能发生在城市以外的长途运输过程中。

但是，在为很低的交通流量设计的路径上发生的拥堵很可能会导致真正严重的事故，因为如果一辆汽车发生事故，其他很多车辆都会受到影响。即使是新路径，当挤满了汽车时，也可能出现这个问题，正如2008年在墨尔本隧道上发生的火灾所显示的那样。

幸运的是，澳大利亚强有力的公共信息和政策执行，以及重建和重新设计危险路段沿线的"事故多发区"，使其交通事故死亡率之前一直都低于经济合作与发展组织（简称经合组织）传统上的平均水平。不过现在，其死亡率略高于平均水平（如表8-7所示），这是由于近年来经合组织的死亡率总体下降水平超过了澳大利亚的死亡率持续下降水平。虽然澳大利亚和美国都是幅员辽阔的国家，但与美国相比，澳大利亚仍然比较有优势。

8.6.9　社会排斥

最后一个但很重要的问题是社会排斥。它指的是城市交通网络中的差距，使得贫穷和弱势居民不能适当、轻松、低成本地获得必要的社会功能，如工作和休闲。

表 8-7   2009年每10万人口的交通事故死亡人数

国家	死亡人数	国家	死亡人数	国家	死亡人数
英国	3.78	爱尔兰	5.42	匈牙利	8.19
瑞典	3.87	丹麦	5.50	斯洛文尼亚	8.42
荷兰	3.91	西班牙	5.92	捷克	8.61
以色列	4.16	加拿大	6.36	新西兰	8.90
挪威	4.42	经合组织的平均水平	6.36	卢森堡	9.51
日本	4.53	意大利	6.74	美国	11.01
瑞士	4.53	澳大利亚	6.80	波兰	11.98
德国	5.06	法国	6.84	希腊	12.93
芬兰	5.24	奥地利	7.58		
冰岛	5.33	葡萄牙	7.90		

Source：Bureau of Infrastructure，Transport and Regional Economics，（2010），International road safety comparisons，2009, p. 1, Canberra, Australian Capital Territory, Australia.

这已经成为一个特别严重的问题，因为城市在无序扩张，却没有相应地增加交通网络。西悉尼就是这个问题的一个很好的例子，墨尔本也证明了这一点。城市交通扩张计划的趋势是注重商业联系，即把人们从边远地区引入到中央商务区。但这种关注往往忽视了边远地区各地点之间的联系，而其中许多地点的联系都是非常需要的。人们已经认识到了这些问题的存在，但迄今为止，还没有采取太多措施来解决这个问题。而我们还需要更多的努力来衡量这一问题的严重程度。这样的数据收集目前是不均衡的，而且通常是没有收集过的（Peters and Gordon，2008）。

8.7 结论

总的来说，澳大利亚的城市面临着一些重要的交通运输挑战，仅仅是因为该国的高度城市化。拥挤、污染、贫困，这些都是目前在澳大利亚的城市地区正在上演的事情。其解决方案则是选择更可持续的模式、更好地协调各级政府、TOD 等等，它们都需要资源以及公共部门和私人企业的承诺。

　　融资至关重要。澳大利亚城市可能需要更多的资源，而不是更少的资源，以满足澳大利亚城市为确保居民的流动性和准入所需的全部需求和要求。因为公共预算很可能仍然会受到限制，在最优情形下，浪费和分配不当从来都是不可取的，尤其需要避免。这证明了通过交通运输投资和融资手段（不论是公共的、私人的，还是两者结合的融资方式）来提供城市流动性的方法中，存在非正统的做法。此外，运输政策需要与其他相互关联的政策相结合，例如有关土地利用、经济发展和环境的政策。

参考文献

Allsop, R., April 2007. Victoria's public transport: Assessing the results of privatisation. *IPA Backgrounder*, 19(1), 1-24, Melbourne, Victoria, Australia: Institute of Public Affairs.

Australian Broadcasting Corporation, 2010. MyZone ticket changes get mixed reviews. ABC online, http://www.abc.net.au/news/stories/2010/04/19/2876221.html, April 18, 2010.

Australian Bureau of Statistics, 2006. Census of population. Canberra, Australian Capital Territory, Australia: Australian Bureau of Statistics.

Australian Rail Track Corporation, 2009. Annual report 2008. Available http://www.artc.com.au/library/annual_report_2008.pdf, accessed August 6, 2009.

Bureau of Infrastructure, Transport and Regional Economics, 2006. Passenger movements between Australia cities, 1970-1971 to 2030-2031. Information sheet 26, Canberra, Australian Capital Territory, Australia: Bureau of Transport and Regional Economics.

Bureau of Infrastructure, Transport and Regional Economics, 2007a. Estimating urban traffic and congestion cost trends for Australian cities. Working paper 71. http://www.bitre.gov.au/publications/49/Files/wp71.pdf, accessed July 31, 2009. Canberra, Australian Capital Territory, Australia: Bureau of Transport and Regional Economics.

Bureau of Infrastructure, Transport and Regional Economics (BITRE), 2007b. Australian transport statistics yearbook 2007. Canberra, Australian Capital Territory, Australia: Bureau of Infrastructure, Transport and Regional Economics.

Bureau of Infrastructure, Transport and Regional Economics, 2008. Australian transport statistics: June 2008. Canberra, Australian Capital Territory, Australia: Bureau of Infrastructure, Transport and Regional Economics.

Bureau of Infrastructure, Transport and Regional Economics (BITRE), 2009. Urban passenger transport: How people move about in Australian cities. Information sheet 31, Canberra, Australian Capital Territory, Australia: Bureau of Infrastructure, Transport and Regional Economics.

Bureau of Infrastructure, Transport and Regional Economics, 2010. International road safety comparisons 2009. Canberra, Australian Capital Territory, Australia: Bureau of Infrastructure, Transport and Regional Economics.

Bureau of Infrastructure, Transport and Regional Economics, 2011. Infrastructure statistics yearbook 2011. Canberra, Australian Capital Territory, Australia: Bureau of Infrastructure, Transport and Regional Economics.

Bureau of Transport Economics, 1999. Urban transport: Looking ahead. Information sheet 14, Canberra, Australian Capital Territory, Australia: Bureau of Transport Economics.

Centre for International Economics, 2006. Business costs of traffic congestion. Canberra, Australian Capital Territory, Australia: CIE.

Chan, C., Forwood, D., Roper, H., and Sayers, C., 2009. Public infrastructure financing—An international perspective, productivity commission staff working paper. Canberra, Australian Capital Territory, Australia: Australian Productivity Commission.

Clarke, H. and Hawkins, A., 2006. Economic framework for Melbourne traffic planning.

Agenda,13(1),63-80.

Franklin, M., 2009. Funding for states has hook attached. *The Australian*, pp. 1 and 6, October 28,2009.

Glazebrook, G., 2008. The scope for enhancing public transport in Australian capital cities. AdaptNet Policy Forum 08-08-P-Ad. http://www.globalcollab.org/gci/adaptnet/policy/2008/australian-public-transport/, September 9,2008.

Hill, R.C. and Fujita, K., 2003. The nested city: Introduction. *Urban Studies*, 40(2), 207-217.

Infrastructure Australia, 2009. Infrastructure Australia, 2009b. Available: http://www.infrastructureaustralia.gove.au/about, accessed August 4,2009.

Kahn Ribiero, S., Kobayashi, S., Beuthe, M., Gasca, J., Greene, D., Lee, D.S. et al., 2007. Transport and its infrastructure. *In Climate Change 2007: Mitigation, Contribution of Working Group III to the Fourth Assessment Report of the Intergovernmental Panel of Climate Change* (B. Metz, O.R. Davidson, P.R. Bosch, R. Dave, and L.A. Meyer, eds.). Cambridge, NY: Cambridge University Press, 2007.

Krugman, P., 1996. Confronting the mystery of urban hierarchy. *Journal of the Japanese and International Economies*, 10, 399-418.

Mulligan, G.F., 1984. Agglomeration and central place theory: A review of the literature. *International Regional Science Review*, 9(1), 1-42.

Newman, P., 2000. Model cities: Australia—Perth and Fremantle, a hesitant start in Australia. Case studies. http://www.istp.murdoch.edu.au/ISTP/casestudies/Case_Studies_Asia/perth/perth.html, Murdoch, WA, Australia: Murdoch University, Institute for Sustainability and Technology Policy. Accessed October 9,2010.

Newman, P., 2005. Transit oriented development: An Australian overview. PaTREC working paper. http://patrec.org/old_patrec/conferences/TODJuly2005/papers/Newman%20paper%20REV.pdf

Newman, P. and Thornley, A., 2005. *Planning World Cities: Globalization and Urban Politics.* New York: Palgrave Macmillan.

Peters, J. and Gordon, C., 2008. Measuring equity burden in public service provision: The case of the New Jersey toll roads. *Economic Papers*, 27(4), 381-392.

Peters, J. and Gordon, C., April 2009. Results not guaranteed: A tale of road pricing in New York and London. *Journal of Urban Technology*, 19, 113-131.

Peters, J.R. and Kramer, J.K., 2003. The inefficiency of toll collection as a means of taxation: Evidence from the Garden State Parkway. *Transportation Quarterly*, 57(3), 17-31.

Phibbs, P., September 2008. Driving alone: Sydney's cross city tunnel. *Built Environment*, 34(2), 364-374.

Public Transit Authority (Western Australia), 2009. Audited key performance indicators, PTA annual report 2009. http://www.pta.wa.gov.au/Portals/0/annualreports/2009/audited-key-performance-indicators/index.html, Western Australia: Public Transit Authority.

Renne, J.L., 2008. Smart growth and transit-oriented development at the state level. *Journal of Public Transportation*, 11(3), 77-108.

Short, J., Shackelford, S., and Murray, D.C., 2007. Defining the legacy for users: Understanding the strategies and implications for highway funding. Alexandria, VA: American Transportation Research Institute.

The Age, 2010. 'Botched' myki inquiry call, May 3, 2010, Clay Lucas, http://www.theage.com.au/victoria/botched-myki-inquiry-call-20100502-u1i7.html

TravelSmart Australia, 2009. About TravelSmart. Available: http://www.travelsmart.gov.au/about.html, accessed August 5, 2009.

Western Australia Department of Transport, 1995. Perth metropolitan transport strategy 1995-2029. Perth, Western Australia, Australia: Western Australia Department of Transport.

Zou, P.X.W., Wang, S., and Fang, D., 2008. A life-cycle risk management framework for PPP infrastructure projects. *Journal of Financial Management of Property and Construction*, 13(2), 123-142.

第9章　跨投资组合的基础设施投资协调原则与体系

Marcus Spiller、Praveen Thakur 和 Kath Wellman

引言

从上述各章中可以明显看出，各部门在提高城市基础设施的融资和管理效率方面存在着强劲的势头，许多都来自基础广泛的微观经济改革，但技术创新和环境需求也具有影响力。

大多数时候，这些改革都是以部门为重点的，也就是说它们的目的是通过特定部门提高资金的价值。然而，城市的性质和规模经济及范围经济的潜力不仅需要部门效率，更需要跨部门的协调，以确保有序、高效地推出服务。这不仅是为了确保人口的规模和密度足以支持高效提供服务，而且也是为了确保有可能提供额外的社会效益的各个部门的一体化。如第2章所述，城市基础设施有影响其他部门的倾向，如能源对供水、水资源对供能、交通对卫生和教育设施等。这些影响既可以是积极的，也可以是消极的。管理这些外部性有可能对社区和环境有改善，并提高各个部门的效率。

大都市地区基础设施投资和管理的这种协调需要了解基础设施部门的特征及其相互影响，以及政府间和政府内部的协调。这些构成了本章的主要内容。

本章分为两部分。第一节介绍了一个概念框架，根据基础设施对城市的空间影响来对基础设施进行分类。在这里，基础设施的特征要么是影响城市空间特征的城市塑造基础设施，要么是为人们生活、工作或者其他原因而形成的定居地提供服务的"追随者"基础设施。本节最后通过澳大利亚的一个案例研究说明了如何应用这一点。

第二节研究了大都市地区的治理，以及不同的目标和由此产生的跨司法管辖权的紧张关系。在一个自由民主国家，使这些目标一致仍然是国家、州（或省）和地方政府面临的一项艰巨挑战。

9.1 城市塑造与"追随者"基础设施

某些类型的基础设施投资引发了一系列更广泛的定居模式的调整，这些调整反过来可以支持或反对其他部门交付的有效服务。这些基础设施投资可以增加或帮助遏制对纳税人出资的基础设施和服务的潜在需求。它们可能在带来基于社会、环境和经济原因而更受青睐的定居模式方面起着至关重要的作用。它们有潜力释放出超出部门分析范围的社会价值。

任何基础设施机构都不能直接控制的其他政策因素也深刻影响着提供服务的成本。例如，关于城市发展用地释放时间的规划，将通过确定何时何地实现对各种服务的临界需求，来影响基础设施供应的效率（见第5章）。

在这种背景下，跨部门协调系统需要解决两个核心问题。第一个核心问题就是跨部门协调可以产生重大社会价值——将资源战略性地部署到基础设施中，这些基础设施在地形和资源禀赋的限制下有塑造城市发展的能力。虽然建立就业中心或医院等一系列区域基础设施举措可能属于这一类别，但关键标准是影响整个区域相对可达性的能力。在这里，可达性定义为出行时间的机会成本，无论这些出行时间是否与就业、客户、供应商、教育、医疗保健、购物或娱乐有关。在任何给定时间点，都可以通过重新分配工作或社会服务（如整个地区的医院或大学）和/或通过改变交通环境来改善出行时间的机会成本。由于凝聚惯性，前者往往比后者困难得多。因此，一个关键的城市管理问题是如何最好地利用高层交通基础设施（例如城市高速公路和主要客运铁路）的投资，重新引导企业和家庭的选址决定，以实现理想的城市形式和经济结构。

基础设施协调的第二个关键问题是在向增长地区或正在进行大规模再开发的地区推出基础设施时，实现库存和投资的节约。这涉及在经济和社会基础设施（如主干道、大学分校区、医院、主要高中、公共汽车路线以及次区域文化、娱乐和体育设施）可用的资源池始终受到限制的情况下，有效利用能力和维持服务标准的问题。

这些特定的基础设施项目很可能符合"区域意义"的测试，因为它们通常会服务于多个市议会区域；它们的使用寿命很长，而且常常带有高昂的价格标签。然而，在大多数情况下，它们是遵循需求，而不是创造需求。从某种意义上讲，它们与当地基础设施有许多共同之处，如当地联网供水服务（供水、排污和排水）、支持区级流通的道路、地区公园、妇幼保健中心等。

这种"追随者"基础设施的一个重要公共政策目标是，一旦达到需求阈值就及时高效地交付，这一目标通常在城市绿地扩展中最难实现，在城市重建中也难以完全实现。有效的跨投资组合协调将减轻城市发展碎片化对区域基础设施效率的侵蚀，这种碎片化的基础设施供给导致在给定时间框架内，触发需求阈值的地点数量虚高，并且由于供给商是独立规划的，失去了托管或共同提供服务的机会。

从长远来看，城市塑造基础设施的战略部署可能比在成长型地区优化城市服务具有更大的政策重要性。随着特定增长区域走向成熟，发展空间格局的差距被弥合，协调提供"追随者"基础设施方面的失败最终将被"治愈"。换言之，将区域层面的社会和经济基础设施分散提供或提供给分散的增长区域所涉及的低效是显著的，本质上是过渡性的。相比之下，基础设施不能积极地直接引导城市塑造动力，可能会留下一个永久性的问题，即城市形式不可持续，对基础设施的需求持续增加以及区域经济在竞争中处于劣势。

9.2 "预测和提供"与"创造未来"

区分那些将重塑整个城市区域发展模式的基础设施决策与那些只会服务于某种发展模式的基础设施决策是至关重要的。

如果仅仅从已证明能满足用户需求的能力看待区域基础设施，而不关注对企业和家庭的区位决定和城市形式的溢出效应，那么所讨论的大都市将面临被区域规划的"预测和提供"模式持续支配的风险。也就是说，主要的基础设施决策的增量影响，特别是在交通方面，可能只是复制了过去的城市发展模式，而在澳大利亚，这种模式的特征是汽车依赖和稀释的集聚经济。这些可能会对未来社区的经济和社会基础设施提出更高的要求。

因为酝酿期和随后的对以前规划工作的加强（见专栏9.1），主要基础设施决策有一种被"锁定"的倾向。因此，打破"预测和提供"的循环可能是对基础设施协调系统设计的一个主要挑战。

专栏9.1 墨尔本主要交通项目的建设运营期

	墨尔本城市连线	墨尔本西部环线	墨尔本东部连线
建造总成本	20亿澳元（2000年物价指数）[①]	6.31亿澳元（1999年物价指数）	25亿澳元（2008年物价指数）
该项目首次在官方政策讨论中提出的年份	1957[②]	1954[③]	20世纪60年代[④]
该项目在政策上正式通过的年份	1995[⑤]	1987/1988[⑥]	2002[⑦]
政府承诺建设项目并分配必要资金的年份	1995[⑧]	1987/1988[⑨]	2003—2004[⑩]
建设开始的年份	1996[⑪]	1989	2005[⑫]
建设完成的年份	2000[⑬]	1992—1999[⑭]	2008[⑮]
建设运营期（年）	43	45	大约43

①http://www vicroads.vic gov.ou/Home/RoadsAndProjects/RoadProjects/innerCity/CityLink/project Overview.htm

②继1954年MMBW规划方案之后,1957年公路规划提出了一条围绕CBD的内环路,一系列通往东、东南和西北的高速公路以及一些绕道。http://www.abp.unimelb.edu.au/gamut/pdf/citylink-background-report.pdf

1992年，基尔纳政府对建造、拥有和经营墨尔本西部和南部绕道进行公开招标.http://www.vmicroads.vic.gov.au/NR/rdonlyres/D15F5451-D005-45EF-BC1B-6646AD711381/0/projms.pdf

③1954年墨尔本大都市规划计划首次提出了墨尔本西郊环路的具体建议。预留了两条环路,称为R3和R5。西部环路后来被提议作为1969年墨尔本交通计划的一部分。http://www.redreaming.info/DisplayStory.osp? id=107

④作为墨尔本远郊轨道公路网发展的一部分,为拟议中的Scoresby Freeway保留了土地。http://www.connecteast.com.au/page.aspx? cid=521

⑤墨尔本城市链接法案1995,第14节批准了CityLink项目。http://www.cust lil.edu.ou/legis/vic/consol_act/mCla1995212/s14.html

⑥西部环路是墨尔本道路系统开发和管理战略的一部分。维多利亚政府随后委托进行了一项研究,将该倡议与国家经济目标相结合。http://www.redreaming.info/DisplayStory.asp? ID-107

⑦2002年9月,维多利亚州政府将Coresby Freeway和East Freeway隧道项目合并为Mitcham-Frankston高速公路项目(后来称为EastLink)。http://www.connecteast.com.au/page.aspx? cid=521

⑧Pursuant to the Melbourne CityLink Act 1995,TransUrban需要设计、建造和融资建设;运营和收取通行费,并将CityLink运营维护34年至2034年;TOJV根据与Transcity的合同需要设计建造城市连线项目(CityLink)。http://www.vicroads.vic.gov.au/Home/RoadsAndProjects/RoadProjects/innerCity/CityLink Project0verview.htm

⑨联邦政府接受西环路作为国家动脉路的资金来源。http://www.redreaming.info DisplaysStory.asp? ID-107

⑩2003年4月维多利亚州政府宣布,米查姆-弗兰克斯顿高速公路将由一家私营运营商建成收费公路。2004年5月,"米查姆-弗兰克斯顿项目法案"(Mitcham-Frankston Project Bill)被引入维多利亚州议会。2004年10月,维多利亚州总理宣布ConnectEast成为米查姆-弗兰克斯顿项目(Mitcham-Frankston Project)的中标者,授予其建造和运营收费公路39年的特许权契约。http://www.connecteast.com.au/page.aspx?cid=521

⑪1996年5月,http://www.vicroads.vic.gov.au/Home/RoadsAndProjects/RoadProjects/InnerCity/CityLink/

⑫http://en.wikipedia.org/wiki/Western_Ring_Road

⑬http://www.connecteast.com.au/page.aspx?cid-521

⑭http://www.vicroads.vic.gov.au/NR/rdonlyres/D15F5451-D005-45EF-BC1B-6646AD711381/0/projms.pdf

⑮http://www.connecteast.com.au/page.aspx? cid-521

区域规划的另一种模式将定义一个首选的未来，其可能会导致需求的数量和性质以有利的方式转变。这种替代方法需要对主要基础设施决策进行额外的审查，以便这些决策中的任何城市塑造潜力都有机会为提供首选的城市形式和空间经济结构提供助力，同时重大基础设施投资至少是塑造增长的有效工具，这是通常被授权用于此目的的其他工具（例如法定土地使用计划）（见第5章）所不可比拟的。

珀斯的铁路投资提供了一个很好的例子，可以利用主要的基础设施决策来建立一个首选的未来，而不是复制过去发展的低效模式，这在关于运输的第8章中，从特定部门的角度进行了阐述。

迄今为止，珀斯一直被称为典型的低密度、汽车依赖的澳大利亚城市。现代重轨的通勤基础设施投资正被用来改造这种城市结构。尽管新的郊区铁路系统的运营条件并不总是理想的（例如，一些火车服务沿着高速公路的中心线运行），但网络上的通勤流量仍在不断地增加（见第8章，专栏8.1）。重型轨道交通支持珀斯北部增长地区更紧凑的卫星开发形式。最近，一个到Mandurah的新南线投资已经带动了一系列的公交导向的发展项目（TODS）。西澳大利亚州政府正积极地推行这些贯彻都市战略设想的项目①。

未能利用有城市塑造能力的重大基础设施决策的代价可能是高昂的。例如，SGS Economics & Planning Pty Ltd（2005）编制的估计数表明，与反映20世纪90年代末明显增长趋势的基本情况相比（见表9-1），实现墨尔本（当时）大都市战略——"墨尔本2030"——中提出的首选定居模式，2030年将在车辆使用及其相关外部性（包括温室气体排放）方面实现重大节约。此外，2030年定居模式下的维多利亚州生产总值预计将在2030年永久高于基本情况下的3%左右。将这3%的增长应用到目前的GSP数字上，墨尔本2030年的愿景是将有总计20亿至30亿美元税收收入的"意外之财"，其中2/3将归于英联邦。有关2030年墨尔本的更多信息，请参阅第2章。

表9-1　　　　　　对2030年墨尔本车辆出行影响的估计（2030年）

方案	车辆出行次数（次）	车辆出行里程数（千米）	车辆出行时间（小时）
基本情况	2 523 192 966	40 531 147 167	1 132 100 557
2030年计划	2 217 934 260	34 967 908 008	875 260 857

---

① 西澳大利亚州的规划和交通研究中心（PATREC）正在进行为期4年的研究项目，以记录公交导向发展对新铁路走廊的影响。http://www.patrec.org/

利用战略基础设施塑造城市的一个优势是，它是一种基于需求的方法，不会完全依赖于供应，涉及多个地方政府之间的土地释放（其自身利益可以并经常凌驾于整个城市的利益之上）。如果不利用战略性基础设施投资来重塑家庭和企业的区位偏好，那么像"墨尔本2030"这样的大都市规划愿景就不太可能实现。

9.3 识别具有"城市塑造"力量的基础设施项目

设计适当的跨政府协调战略的一个关键任务就是确定那些有潜力重塑整个区域发展模式和经济活动的项目。这可能会提炼出相对较少的项目，因为很少有基础设施投资有能力显著改变横跨大都市区域的可达性轮廓。话虽如此，城市越小，越有可能有更大范围的交通项目符合可达性的转移标准，因为现有的可达性轮廓将较少受到惯性的影响。

这些战略项目需要在协调系统内得到特殊对待，无论是在评估其对可持续发展目标的贡献时，还是在投资决策的持续管理中。如下所述，其他具有区域意义但不具有战略意义的基础设施项目（即"追随者"项目）可以通过适当的土地开发排序方案进行管理，这些项目不需要每个项目的详细信息或对其分析。

一般而言，确定城市塑造项目需要部署一个合适的土地使用和交通模拟模型。在特定战略连接增加（或退出）和/或通过其他政策干预的大量就业机会重新分配时，该模型就可以衡量相关区域内相对可达性的变化。只有能够明显和显著地提高（或降低）个人或旅游区[①]群体的相对可达性的项目才值得战略指定。

在证明了某一特定项目实际上将对家庭和企业的选址决策产生重大影响之后，如大都市战略等规划政策文件中所述，需要有一个评估过程，以衡量这种影响是有助于还是阻碍区域定居模式目标的实现。

评估具有初步战略意义的项目的预期城市塑造效果的一种方法，是应用历

---

① "旅游区"是为交通建模而确定的一个小区域,通常能容纳大约500个家庭,或相当的就业机会。

史上观察到的区位弹性（即在旅游区一级测量的就业或人口增长对相对可达性变化的敏感度）。如果历史上观察到家庭和企业根据区域相对或绝对可达性的变化而调整其位置的趋势被假定为新项目，则有可能量化这些项目对一系列特定区域目标的影响，例如，城市发展模式中推动整合而不是向外扩散，以及强化（或不强化）集聚经济对关键区域产业集群和经济节点提供的帮助（或其他）。

在维多利亚州政府2008东西连线需求评估（EWLNA）的研究中，提供了一个利用这一方法的案例研究，该研究考察了引入替代方案——西门大桥，来连接墨尔本大都市的西段和东段的优点。"旅游区"是为交通建模目的确定的一个小区域，通常可容纳约500个家庭，或相当的就业机会。

EWLNA研究确定了3个方案：

1.方案A——东部高速公路和Westgate大桥之间的直接高速公路连接；

2.方案B——东部高速公路通过阳光公路和西部直接连接；

3.方案C——主要利用现有的基础设施进行一系列容量升级和道路管理的举措。

所有这些方案都将伴随着以下3个主要的公共交通投资：

1.CBD的铁路隧道；

2.到唐卡斯特的快速公交；

3.Tarneit的客运铁路线。

这些增强的公共交通统称为选项D。

对这些方案的城市塑造影响进行建模，首先需要对整个大都市相对可达性的变化进行追溯测量。1996—2001年，墨尔本北部和西部分区以及内东部地区的相对可达性有所提高，这是由于完成了两个战略项目——西环路和城市连线，将莫纳什高速公路和图拉马林高速公路连接了起来。

然后，通过回归分析，小区域一级按部门和家庭划分的就业增长（或下降）与每个地区相对可达性的变化有关，这为包括家庭在内的每个部门产生了一个区位弹性系数。

更高附加值的活动，其中比较重要的是集聚经济和知识丰富的技工，往往对相对可达性的变化表现出最大的敏感性（见表9-2）。这些发现与 Graham（2005）关于英国按部门划分的集聚经济对生产力影响的研究结果产生了共鸣。

表 9-2　　　　　　　　　按工业部门分列的对可达性改变的敏感性

自变量	因变量	
	系数	T-统计
农业、林业、渔业		
相对可达性	−133.877	−2.945
家庭	−0.001	−2.155
调整 R 平方	0.856	
采掘业		
相对可达性	657.408	22.629
家庭	−0.007	−27.636
调整 R 平方	0.788	
制造业		
相对可达性	**11 121.740**	167.675
家庭	0.103	45.432
调整 R 平方	0.971	
电力、煤气和供水		
相对可达性	987.991	30.414
家庭	−0.008	−29.914
调整 R 平方	0.884	
建筑业		
相对可达性	2 192.353	18.183
家庭	0.016	9.187
调整 R 平方	0.974	
零售业		
相对可达性	9 570.861	24.587

续表

自变量	因变量	
	系数	T-统计
家庭	0.055	82.751
调整 R 平方	0.959	
旅馆餐饮业		
相对可达性	14 116.840	8.221
家庭	0.097	109.587
调整 R 平方	0.900	
仓储运输业		
相对可达性	4 509.116	9.913
家庭	0.034	276.615
调整 R 平方	0.899	
电信业		
相对可达性	−4 610.176	−7.108
家庭	0.028	37.521
调整 R 平方	0.799	
金融保险业		
相对可达性	22 349.960	19.005
家庭	0.219	21.411
调整 R 平方	0.774	
物业和商业服务		
相对可达性	27 477.650	22.837
家庭	0.208	14.834
调整 R 平方	0.908	
政府行政和国防		
相对可达性	10 940.970	9.024
家庭	−0.105	−7.183
调整 R 平方	0.770	

续表

自变量	因变量	
	系数	T-统计
教育		
相对可达性	26 265.010	15.947
家庭	0.090	36.292
调整 R 平方	0.899	
健康和社区服务		
相对可达性	11 112.410	56.792
家庭	0.034	18.812
调整 R 平方	0.937	
文化和娱乐服务		
相对可达性	4 729.788	27.129
家庭	0.034	32.984
调整 R 平方	0.756	
个人和其他服务		
相对可达性	4 590.718	2.780
家庭	0.021	8.488
调整 R 平方	0.998	
家庭（总住房）		
相对可达性	217 772.200	14.797
家庭	0.230	29.516
调整 R 平方	0.900	

Source：SGS Economics & Planning Pty Ltd （2008）.

　　接下来的步骤是估计整个墨尔本相对可达性的变化，这是由不同的EWL-NA选项产生的。以下说明了各选项产生的相对可达性的估计变化。

　　对于选项A+D，可达性优势以蝴蝶形状分布，但最大的优势被赋予内西部和东部高速公路走廊，该走廊延伸到墨尔本更有特权的东部郊区。

选项 B+D 提供了类似的可达性改变，但在西部具有更广泛的可达性优势分布。

选项 C+D 会产生相对较小的影响，可能会对这些项目的战略性质存有疑问。然而，就相对可达性的转移而言，内西部将是这种方法的主要受益者。

将以前的可达性改变得到的区域弹性与未来的弹性转移联系起来，就有可能估计每个方案的人口再分配效应。评估结果显示，选项 C+D 对城市整合的贡献最大，选项 B+D 在这方面具有中性效应，而选项 A+D 产生的可达性改变最有可能刺激城市向外扩张（见表 9-3）。

表 9-3　　　　　　　　　相对可达性的变化导致的家庭净变化
（选项 A+D、B+D 和 C+D 与基本情况相比）

	家庭数量的变化，选项 A+D 与基本情况相比	家庭数量的变化，选项 B+D 与基本情况相比	家庭数量的变化，选项 C+D 与基本情况相比
既定 SLA 中的额外家庭增长	−487	25	2 960
边缘 SLA 中的额外家庭增长	487	−25	−2 960

Source：SGS Economics & Planning Pty Ltd（2008）.

同样，使用区位弹性来估计选项对未来工作重新分配的影响。选项 A+D 和 B+D 为郊区化工作提供了最大的推动力。在政策方面，选项 B+D 可以说是与"墨尔本 2030"计划最一致的。这个方案对城市向外扩张的影响是中立的，但为城市边缘的可通勤郊区提供了更多宝贵的就业机会（见表 9-4）。

表9-4　　　　　　　相对可达性变化导致的总就业净变化

（选项A+D、B+D和C+D与基本情况相比）

	选项A+D-BC带来的总就业的变化	选项B+D-BC带来的总就业的变化	选项C+D-BC带来的总就业的变化
刺激增加填充式开发	−5 353	−4 093	1 170
刺激城市扩张	5 353	4 093	−1170

Source：SGS Economics & Planning Pty Ltd（2008）.

9.4　设计协调系统

综上所述，有效的跨部门协调系统必须解决：

• 确保相关城市区域获得最有利的、可负担得起的战略性基础设施一揽子计划所需的制度安排；也就是说，它们应该利用城市关键项目的塑造力量，而不是满足于过度反映项目规划和资金流的惯性结果。

• 协调"追随者"基础设施以控制库存成本所需的制度安排，实际上促进了及时公正的投资方式。

9.5　协调城市塑造基础设施项目

我们已经将区域基础设施项目分类为"战略"和"追随者"类别，对前者要进行经济、社会和环境可持续性标准的详细评估，目的是确定基础设施资源与规划政策文件（像"墨尔本2030"）中规定的区域发展目标是否为最佳匹配。正如所指出的，该过程不会受制于以前的基础设施规划工作，也不会受制于目前关于国家、区域和地方资金池用于基础设施投资的公约。优先部署可用资源取决于各种基础设施一揽子计划的优点，也就是它们对区域目标的贡献，即通过成本效益分析、经济影响分析以及作为这些分析的重要组成部分——对城市结构的影响，来衡量它们对区域目标的贡献。很有可能的是区域首选的战略项目一揽子计划，以及由此产生的后续项目的剩余专款，将不同于历史规划过程所抛出的方案。

显然，在解决相关区域的基础设施计划（通过上述过程确定）与组织的规划中已经到位的计划之间的任何分歧方面，存在重大的政策挑战。需要强大的区域治理来协调基础设施机构的权力和需求，其中许多将侧重于本章开头提到的沿海地区微观经济改革的结果。

一旦区域治理解决了战略项目计划第一次迭代中不可避免的紧张局势，就需要有一个类似的过程来测试后续基础设施项目的优点，从表面上看，这些项目在本书定义的意义上具有战略意义。从广义上讲，这些正在进行的评估的逻辑与战略基础设施计划的初始版本保持一致。协调战略基础设施所涉及的原则和过程如图9-1所示。支持协调进程的两个关键分析工具是区位弹性模型和区域宏观经济模型，用于模拟不同城市形式的生产力效应。首先，将对重大交通投资提案进行区域意义或城市塑造能力的测试。虽然从理论上讲，通过大学、医院和类似投资创造就业节点可以影响区位弹性，但正如我们之前所说，主要交通项目更有可能对相对可达性产生最大影响，在大城市更是如此。这仅仅是因为大城市已有的就业机会基数大，任何新的就业节点相对来说都是小的。那些被发现具有战略意义的项目将被纳入协调模式内进行进一步的评估，而非战略性或"追随者"基础设施将通过发展排序框架来进行管理（见下文）。

对战略基础设施项目进行的额外经济审查可能涉及创建一系列投资方案或一揽子计划。理想情况下，这些方案的制订将基于这样的假设：资本金可以从其他可能由于历史原因或组织规划过程而正在酝酿中的项目转移过来。

将使用第3章讨论的成本效益技术对每一套战略项目进行评估，这将包括对城市形式的影响，如墨尔本东西连接线的案例研究所示，同时牢记城市形式将推动若干实质性的经济利益，包括但不限于区域经济的物流效率和创新潜力。

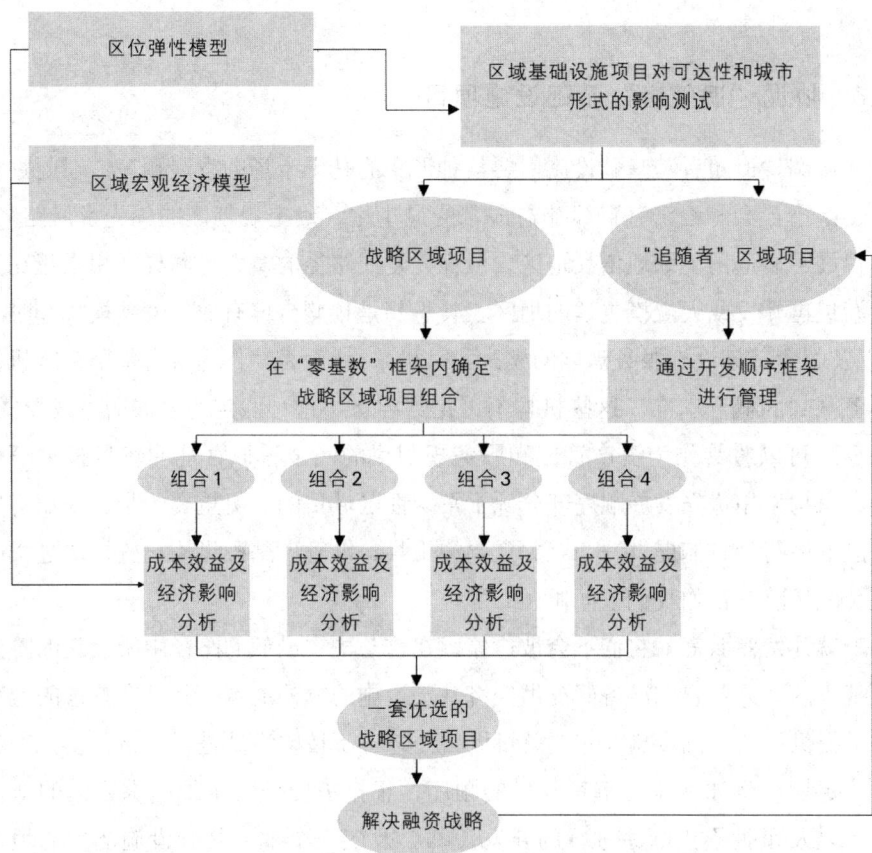

图9-1 协调战略基础设施的模式

成本效益过程最终将产生一套优选的战略基础设施项目，这些项目最能支持相关大都市的区域规划框架。

图9-1中概述的过程可以通过中央协调机构实施，也可以在基础设施规划分布式责任范围内实施。在任何情况下，如下所述，在大都市层面上关于期望的城市形式的清晰性和权威性是必不可少的，并且可能需要强有力的区域规划管理。在分布式投资规划的情况下，将鼓励潜在战略项目的所有支持者使用概述的逻辑对其计划进行自我评估，然后将在适当的区域治理框架内对这种自我评估进行评估和辩论。

9.6 协调"追随者"基础设施项目

协调"追随者"基础设施需要某种形式的基于市场的发展顺序，在此过程中，基于社会和经济基础设施总成本的最小化，确定规划区的优先发展路径。虽然最明显适用于绿地增长地区，但优先发展路径的概念也同样适用于正在进行渐进再开发或大规模重建的地区。其思想是预测合理有效的发展模式和时机（以及隐含基础设施服务需求的模式和时机），然后将其作为所有基础设施机构服务规划的概念基准。这些机构不一定需要认可这种假定的发展顺序或模式；相反，可以将其作为资产管理和服务规划目的一个看似合理的场景提供给机构，机构采用优先发展顺序部分源于常识性区域目的。更重要的是，采用优先发展顺序将为它们提供一个至关重要的工具，以管理基础设施投资推出过程中的金融风险，正如我们下面概述的那样。

就开发商而言，它们不会被迫停留在这条成本最低的路径中所设定的阶段性范围内。只要它们准备好提供经济基础设施的额外成本，并且在首选的地点提前提供社会基础设施，它们就可以自由地、不按顺序地进行项目开发。

定期（例如每年）审查开发的顺序，根据需要获得土地需求方面的新信息，以及审批不按顺序进行的开发，都会改变一个地区基础设施能力的地理位置。

除了支付供水、排污、排水、教育、卫生、交通和其他基础设施的加速成本（有效的过桥融资成本），开发商将被要求按照发展贡献计划中规定的使用份额分担当地基础设施成本（关于开发贡献的更多讨论见第5章）。

要求无序开发的开发商以自己的成本加速提供基础设施的概念肯定不是新的。在澳大利亚各地有几个例子，要求无序开发的开发商为加速提供基础设施支付全部的资金，所涉及的议会或政府机构要么按计划在主体位置创建时回购该设施，要么从干预开发中收集贡献并将这些贡献传递回原来无序开发的开发商，但没有利息。在有效的跨投资组合协调系统的背景下的创新，是在大都市地理和所有基础设施提供者的基础上将这些做法编成代码并在前后一致的基础上运行。

　　地方、区域和国家一级的基础设施提供者按照编码化的顺序采用优先发展模式将有既得利益，因为它们在试图谈判补偿性付款或倡导无序开发行动时，会面临额外的财务风险。

　　图9-2示意性地说明了在有效的协调系统中"战略"基础设施的阶段性与"追随者"基础设施之间的关系。"战略"基础设施被用来帮助实现一种在经济、社会和环境方面更受青睐的区域定居模式。"追随者"基础设施通过空间排序过程进行管理，这确保了基础设施提供者可以具体化一些与碎片式或跨越式发展相关的风险。

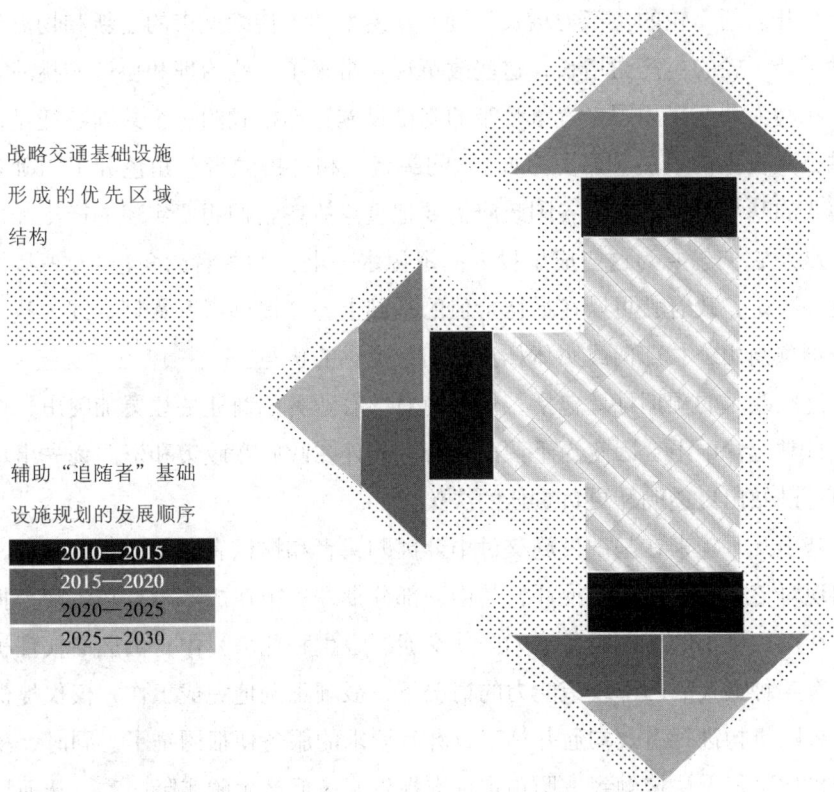

图9-2　协调"战略"和"追随者"基础设施

9.7 挑战

在大都市一级实施跨投资组合政策整合的理想模式面临两大挑战：以商业为中心的基础设施机构和城市内广泛的政策整合机构的缺乏。我们在接下来的几页中研究了这些挑战，并认为如果要在澳大利亚的城市战略基础设施协调方面取得重大进展，就需要一个强有力的国家驱动机构。

9.7.1 以商业为中心的基础设施专门机构的出现

具有讽刺意味的是，以商业为中心的基础设施专门机构的出现，推动了过去20年来沿海地区的经济增长，并支撑了强劲的生产力增长。如今，随着社区着手开启新一轮的生产力增长浪潮，紧凑型和可持续城市的创新和物流效率推动了新一轮的生产力增长，这些改革现在带来了一些治理和协调的挑战。

在澳大利亚采用国家竞争政策的基础设施管理模式的一个共同特征是，在提供公共资助的设施和服务方面，"购买者"和"提供者"角色分工明确。这一模式的基本原则首先是各国政府需要把重点放在它们想要实现的产出和成果上，以及它们想要为这些成果投入的资源水平上（购买者的角色）。一旦做出了这些决定，政府就可以在最佳价值的基础上与"提供者"签订合同，签订前最好不预判由公共部门或实体私营部门来提供的优点。

这些改革的预期好处包括，供应商对核心业务的商业关注更加突出，供应商在日常运营中不会因政治干预而分心。此外，政府在政策和资源优先事项方面也可以做出更透明和更负责任的决策。

基于几十年来在基础设施交付中分离购买者和提供者角色的经验教训，现在出现对该模式的实质性批评，其中一部分批评集中在成本重复和生产力损失上。在提供复杂的城市服务（如公共交通、卫生和住房）中，供应商代理机构在没有某种形式的内部政策能力的情况下，很难正确地完成工作，仅仅提供与中央采购机构进行有效沟通并精确解释其要求的服务便很困难了。同时，采购代理机构可能无法接触到按照预定标准提供服务而产生的实际困难，从而导致关于试错的争论和昂贵的学习成本。

另一部分批评集中于商业化或公司化的供应商代理机构失去了利用其资源实现政府目标以及自身职能的能力或动机（Flanagan，2008）。

虽然基础设施机构的商业化和公司化带来了运营效率和对政府提供的财政资源的更谨慎管理，但对商业目标的关注有可能会使基础设施机构忽视其投资决策的外部影响，以及它们可能向其他政府机构提供的机会，追求有关城市整合的整体空间政策或改善边缘群体使用的机会。在购买者提供的框架内，不能想当然地认为拥有城市战略基础设施决策影响力的机构可以在适当考虑更广泛影响的情况后行使这一权力。

在基础设施中分离购买者和提供者角色的理论中，可以找到解决部门内和跨部门效率目标之间紧张关系的方案，即对承担非核心职能进行补偿支付。虽然概念很清晰，但似乎没有几个澳大利亚司法管辖区采用社区服务义务支付方式。在一定程度上，这可能是因为没有政府机构肩负追求跨部门协调效率的任务，而且没有为政府所有企业提供激励来确定社区服务义务的机会。

逆转微观经济改革是不合理的，如果要让主要基础设施方面的城市塑造力量产生积极作用，就需要新的治理结构。澳大利亚前财政部长肯·亨利（2010，p.1）已经注意到了这一点。

周到而有效的竞争政策对提供优质基础设施至关重要。然而，最近的经验也表明了长期规划的重要性，特别是围绕基础设施规划和融资的治理结构。这一经验表明，包括澳大利亚在内的许多国家很可能需要进行持续和重大的体制改革，以改善规划和治理安排。

机构改革可能包括成立新的机构，其具体任务是追求跨部门协调效率，如第2章所述的新设的维多利亚地区管理局。另一种方法可能是基础设施专门机构对国家资本进行投标，通过协调机构进行管理。这些基础设施专门机构所需的业务案例，将指导它们严格探索和衡量跨部门的影响以及部门内的绩效。

无论采取何种方法，都需要强有力的机构来制定大都市规划政策，并发展跨部门和政府的联盟，以实施大都市战略基础设施决策。大都市规划和大都市治理机构是本章第二节主要讨论的内容。

9.8 都市圈的规划与治理

大都市规划制定了一个战略性的长期框架，以协调主要大城市地区的基础设施发展和城市的土地利用。这些计划试图将土地开发和再开发与社会和经济基础设施以及更广泛的社会和环境协调起来。随着时间的推移，大都市规划背后的功能和价值已经发生了变化，从主要的"公共健康"角度（在第5章中概述），从对可获得性和社会公平、场所建设、城市整合、城市的生产力和竞争力的关注，转变到了最近对城市的经济、环境和社会可持续性的关系的关注。（Hamnett and Frestone［2000］，了解澳大利亚的大都市规划史）

一般来说，大都市规划可以分为三个部分：使命及其目标；与这些目标相关的社会、经济和环境政策及政策工具；制定这些政策的治理结构。

9.9 使命

大都市使命是对实现规划目标的陈述。要成功实现这一使命，需要在社区内得到广泛的认可，并得到国家、州和地方政府以及私营部门等关键利益相关方的广泛认可。使命陈述通常基于稳定的、共享的社区价值，其中许多都包含了一般性价值，如适居性、包容性、生命力和可持续性。与使命相关的是一些目标，对城市基础设施有直接影响，以下3个目标是大多数大都市规划的基础：

1.确保充足和负担得起的土地供应，以满足私人和商业目的；

2.最大限度地方便区域人口获得工作和服务，最大限度地减少总出行（和旅行时间）及社会排斥；

3.使城市适应气候变化，减轻城市对生物物理环境的有害影响。

9.9.1 政策和政策工具

这些广泛的目标依赖于若干领域的政策。这些通常涉及几个政府机构，需要政府内部和政府与私营部门之间的协调。这些领域包括：

- 与住房、卫生和教育有关的社会政策；
- 与土地释放方案和棕地开发有关的城市整合政策；
- 与可达性和能源相关的交通政策（包括TOD）；
- 经济发展政策；
- 环境政策，包括关于水管理、开放空间系统和城市生物多样性的政策；
- 能源政策；
- 地方发展规划。

对大都市的功能和效率而言，重要的是对这些政策进行审查，以协调它们实现最大效率和净社会效益。如前所述，应分析相关区域对土地和对相关城市服务区位需求的运输政策部分，不仅应考虑其部门内的有效性，而且还应分析它们对提供其他经济和社会基础设施效率的影响。政策利用一系列的执行手段，包括市场、立法和法规、财政措施、金融措施、机构安排、宣传和知识管理（见第2章）。除了协调政策外，协调的执行办法也很重要，特别是在如何使用政策工具方面。政策的这种协调和执行中使用的政策工具是大都市治理面临的关键挑战。

9.10　城市都市圈治理

几乎在所有情况下，大都市区的治理都需要两个或两个以上级别的政府之间的合作：国家、地方（如在英国等单一国家）或国家、州或省和地方（如德国、美国、加拿大和澳大利亚等的情况）。只有在新加坡这样的城市国家，一个单一的政府，即国家政府，才有责任管理大都市。

澳大利亚国家、州和地方政府的三级治理结构意味着城市的责任已经分散，主要是州和地方政府之间的责任，澳大利亚政府的责任主要是通过交通网络、港口和电信来整合大城市。大都市规划需要政府职能的纵向和横向整合，以协调地方政府边界内和跨地方政府边界的土地开发（新土地释放和土地再开发）。这需要政策、财政和管理的复杂整合，因而提出了实质性的治理挑战。地方政府忠于当地选民，它们可能强烈反对国家的责任，例如社会住房、区域垃圾设施或位于社区内的交通枢纽。此外，这些地方政府可能会与邻近的地方政府在经济发展方面存在竞争。国家城市责任影响到一些部门和机构，包括政府贸易企业和参与提供社会和经济基础设施服务的PPP。国家经济基础设施机构有义务在竞争日益激烈的环境中提供高质量、一如既往的产出，这将使它们的注意力集中在内部，而不是跨部门，除非有实质性的激励让它们不这样做。

由于资本成本高以及经济和社会基础设施投资的长期性，大都市规划通常是20年或更长时间的长期规划。然而，也许由于政治上的权宜之计和选举周期的短时间框架，澳大利亚的长期规划存在明显的弱点。最近针对澳大利亚基础设施的一项调查发现，缺乏长期系统的基础设施规划，主要项目提案甚至需要进行重大开发才能进行评估（henry，2010）。

大都市规划的长期性和所需的大量资本投资要求规划治理必须明确定义其应该实现什么（其使命），以及用于实现这一使命愿景的政策和政策工具（见第2章），同时存在确保透明度和问责制的治理安排。这需要强有力的制度安排、强有力的政治领导和财政能力。鉴于长期基础设施规划缺乏系统性且推动长期规划的政治意愿反复失误，澳大利亚大多数（最近的）大都市规划都以可能失败而闻名，这就不令人惊讶了。下面我们描述一些澳大利亚用来协调大都市地区发展的治理结构，大多数都取得了好坏参半的结果。

直到20世纪80年代中期，澳大利亚的一些法律保留了英国式的区域规划机构，这些机构编制详细的发展控制计划和政策，作为其组成的地方政府土地使用监管的基础。地方政府要么在区域当局的授权下运作，要么在法律上有义务按照总体区域规划中规定的战略方向和规定来编制地方规划。区域规划机构通常是州政府的法定机构，但在某些情况下，它们也有区域民主授权。例如，墨尔本的区域规划当局——墨尔本和大都市工程委员会（MMBW）——对当时组成大都市区的大约50个地方议会派出的代表论坛负责。这种方法实现了垂直一体化，但由于各种原因失败了。其中一个重要原因是，州政府开始将大都市当局视为城市卓越政策制定角色的挑战者。

　　在区域部门主管后，垂直一体化要么是通过国家政府颁布的指导性政策实现，要么是通过协作的区域规划模式来实现。前一种模式，即通过国家机构基本上不透明的技术官僚程序开发区域战略，并作为地方政府的总体政策框架传承下来，这种模式往往会遇到来自议会的强烈抵制——被动和主动的抵制。

　　经验表明，地方政府不参与这样的进程，使得区域政策框架内在不稳定。由于没有这些规划的主人翁意识，或者没有接受州政府在这一领域可能声称的附属任务，议会就没有特别的动机来提高这些规划的有效性，并在日常决策中适当考虑和执行。作为回应，各州政府可能采取各种武断的执行措施，其中一些措施以一定程度的胁迫为特征（例如，设定人口目标，威胁如果达不到这些目标，将受到资金制裁）。如果说有什么不同的话，那就是这样的回应往往会激起对这些强加的地区政策立场的进一步抵制。

　　一些司法管辖区已经通过促进区域规划的合作方式来对这些情况做出了反应，其中地方议会将与国家机构合作，在某些情况下与私营部门和社区合作，以制定适当的高层政策，这些政策将反映在地方规划中。这种做法避免了通过单独的国家权力机构进行粗暴的干预。在这些合作进程中，区域规划的执行在很大程度上会出现地方政府之间的同行监督的问题。

　　这是昆士兰州政府在 20 世纪 90 年代初至 2000 年中期恢复该州区域规划时最初青睐的方法。"昆士兰州东南部（SEQ）2001 年项目，创造未来——走向增长管理框架"和紧随其后的"昆士兰州东南部 2021——可持续未来"（昆士兰州政府，2002），囊括了这一区域规划模式。然而，这种以协商一致和协作为基础的方法并没有将各个合作伙伴捆绑在一起，结果是很少以协调的方式执行规划。昆士兰州政府在协调地方当局和经济基础设施部门的活动方面多年来并未取得令人满意的进展，最终采取了一种更直接的方法，包括建立一个最初隶属于国家财政部的城市管理办公室。从目前来看，这种规划权力的集中本身就遇到了来自地方议会的阻力，这些地方议会正在重申其推动空间政策的要求，特别是自 2008 年将地方政府重组为规模更大的准区域机构以来。

　　昆士兰州政府的经验以及其他州政府的经验，难以增加中央确定的大都市规划战略的吸引力，导致人们重新对形成一个以大都市权威的形式与各种形式的民主授权相联系的中间规划治理领域的兴趣。大温哥华地区和大伦敦当局的成功，使这种兴趣变得更加浓厚。建立第四级治理和按照附属原则将发展控制责任分配给区域当局，可以创造机会约束地方发展，有利于区域利益，也不会使州政府卷入日常的规划政治。尽管创建了另一套对城市发展感兴趣的机构（Spiller，2004），但这很可能会使土地使用监管有更高的效率。然而，也存在着复杂性，需要界定大都市治理区域，但随着时间的推移，城市边界的设置是有问题的。城市与其区域的一体化仍将是国家的责任，任何大都市当局都需要理顺城市经济基础设施部门的权力。国家不太可能将政府贸易企业移交给大都市当局，因此需要进一步的协同机制。

就目前情况而言，澳大利亚的大都市规划和这些规划的治理责任，现在主要是州政府通过其规划和基础设施部门交付。这些部门发布大都市战略，将长期规划与城市基础设施投资结合起来。这些大都市规划面临的主要挑战是在执行过程中州政府机构和地方政府能够遵守，并得到社区的认可。这确实需要管理对土地和发展的需求，以及通过土地释放计划处理供应问题。若要取得成功，需要积极规划和发展战略基础设施，并鼓励行业机构遵守大都市规划。

9.11　澳大利亚政府的作用

澳大利亚政府对澳大利亚城市一体化和高效城市的国家生产力效益负有责任。尽管承担了这一责任，但与长期参与城市政策的英国和美国的国家政府相比，澳大利亚政府对大都市规划的参与却是零星的。

20世纪70年代，高夫·惠特拉姆（Gough Whitlam）总理表达了对大都市的强烈兴趣：

一个将自己从国家城市的责任中割断的国家政府正在切断自己与国家现实生活的联系。一个国家的政府对城市没有发言权，对国家或国家的未来也没有

发言权。（1972年11月ALP选举政策说明）

　　在惠特拉姆政府的领导下，城市和区域发展部负责执行澳大利亚政府关于城市问题的政策，其中包括为处理区位劣势政策交付的区域化，引入区域改善规划，提供额外资金以减少积压的排污工程，推广新城市和权力下放的举措，土地委员会进行稳定郊区地价和协调澳大利亚政府有关城市政策的活动（Huxley，2000）。这项政策与当时英国和美国的城市政策一样是具有强大社会影响的行动计划（DiGaetano and Klemanski，1999）。1975年惠特拉姆被解职后，该部门被废除，澳大利亚政府对城市的兴趣并没有恢复，直到后来霍克-基廷工党政府与州政府和地方政府合作于1995年、1996年实施了"更好的城市计划"（Better Cities Program）。这是一项全国性的倡议，旨在协调澳大利亚、州和地方政府的支出，以改善次大都市区的城市发展管理。它特别关注的是市区重建。第2章描述了"更好的城市计划"的目标和绩效。

　　"更好的城市计划"在1996年被约翰·霍华德总理领导的政府拆散，当时政府限制了人们对城市的兴趣。然而，在此期间，众议院环境和遗产常设委员会开展了一项关于可持续城市的调查（HIRSCEH，2005）。"可持续城市调查"的部分内容是研究蔓延型城市发展对环境的影响，城市发展模式的主要决定因素，以及澳大利亚城市发展的理想模式。调查报告建议了一个辅助性的模式，用于在不同的治理领域划分城市政策责任，据此，澳大利亚政府将与各州分享来自更高效和可持续城市的税收红利，以激励这些司法管辖区进行艰难的规划和体制改革，以建设更好的城市。然而，调查报告的建议被霍华德政府忽视了。

　　在霍华德政府时期，澳大利亚政府的一项干预措施确实对城市结构产生了重大影响，那就是大都市机场的私有化，并将这些机场的规划责任移交给联邦运输和区域发展部。其中一些机场已经成为办公和零售空间的主要投资地点，同时对相关城市的交通和经济活动的位置产生了影响。这些影响通常与有关的州和区域政府的大都市战略不一致。

　　2008年，（当时）总理陆克文（Kevin Rudd）领导的澳大利亚政府和澳大利亚政府委员会（COAG）重新对城市和城市基础设施的有效协调产生了兴趣，目的是实现长期的经济、社会和环境效益（Rudd，2009）。澳大利亚政府在澳大利亚基础设施部门下设立了一个主要城市单位，制定了新的英联邦–国家安排，以联合评估国家制定的大都市战略规划是否符合国家通过的绩效标准，以促进城市发展的效率和可持续性。澳大利亚政府已经宣布，它将把未来的基础设施资金与这种合规性联系起来，遵循与上文提到的众议院环境和遗产常设委员会"可持续城市调查"所推广的相类似的模式。预计这将向机构发出强有力的信号来协调跨投资组合的基础设施投资，并在大都市规划的发展中有积极的发言权。总理办公室通过澳大利亚政府委员会（COAG）的参与，加快国家一级的跨政府基础设施的协调。面临的挑战将是向机构提供强有力的激励，以提高跨部门的效率，并在机构为获得更大的社会净收益而产生成本的情况下，为社区服务义务提供适当的资金。正如早期的"墨尔本2030"案例研究（SGS Economics，2005）所显示的那样，城市协调发展带来的生产力收益是巨大的，澳大利亚政府的总税收收入可能会增加数十亿美元。因此，目前对澳大利亚政府委员会（COAG）以前的激励驱动提案的成功运作，使政府有很大的财务空间，以便将基础设施部门和各级政府之间的联盟联系在一起，以协调基础设施的供给。

9.12　结论

本章认为，通过微观经济改革，特别是国家竞争政策，促进部门内基础设施效率的提高是不足以优化主要城市的生产潜力和可持续性的。

一些基础设施决策，特别是那些改变整个大都市可达性的地理位置的决策，除了相关基础设施机构持有的商业特许权外，都会产生重大影响。这些决策有效地决定了城市的形状、结构和密度，从而影响了城市内部资源的使用、获取和连接以及区域经济的创新潜力。

塑造城市地理的战略性基础设施决策需要有一定的政策背景作为后盾。而事实证明这难以实现，因为在竞争日益激烈的环境中，有义务提供高质量、相同产出的基础设施机构将把注意力更多集中在内部，而不是跨部门。地方政府将继续把地方发展目标置于大都市规划目标之上，以前受托在城市部门之间和政府间联系的机构也会被削弱或废除。如果没有关键决策者的强有力的政治结盟以及执行基础设施投资决策的财政能力和政治意愿，就不太可能进行大都市规划的战略性基础设施投资。实现能够支持及时、负责任、高效、有效的投资和能够管理大都市战略性基础设施规划的城市治理结构和流程，仍然是一项重要的政治和专业挑战，特别是在权力共享的自由民主国家。

参考文献

DiGaetano, A. and Klemanski, J.S., 1999. *Power and Governance: Comparative Perspectives on Urban Development.* University of Minnesota Press, Minneapolis, MN.

Eddington, R., 2008. Investing in transport—East west links needs assessment. Final Report. Victorian Government. Melbourne.

Gleeson, B. and Low, N., 2000. *Australian Urban Planning: New Challenges, New Agendas.* Allen and Unwin, St. Leonards, New South Wales, Australia.

Graham, D.J., 2005. *Wider Economic Benefits of Transport Improvements: Link between City Size and Productivity.* DFT, London, U.K.

Hamnett, S. and Freestone, R., 2000. *The Australia Metropolis: A Planning History.* Allen and Unwin, St. Leonards, New South Wales, Australia.

Henry, K., 2010. To build or not to build: Infrastructure challenges in the years ahead and the role of governments. *Address to the Conference on the Economics of Infrastructure in a Globalised World: Issues, Lessons and Future Challenges*, March 18, 2010. http://www.treasury.gov.au/documents/1763/HTML/docshell.asp? URL=Infrastructure Conference.htm Accessed April 14, 2010.

House of Representatives Standing Committee on Environment and Heritage, (HRSCEH), 2005. Sustainable Cities, Parliament of Australia, 2005. http://aph.gov.au/house/committee/cities/report Accessed November 28, 2009.

Huxley, M., 2000. Administrative co-ordination, urban management and strategic planning in the 1970s, in *The Australia Metropolis: A Planning History.* S. Hamnett and R. Freestone eds. Allen and Unwin, St Leonards, New South Wales, Australia.

Queensland Government, 2002. SEQ 2021: A sustainable future. http://projects. dcilgp.qld. gov.au/seq2001/aboutseq2021/2021_contents.asp Accessed September 24, 2002.

Rudd, K., 2009. Building a big Australia: Future planning needs of our major cities. *Address to the Business Council of Australia*, October 27, 2009. http://www. pm.gov.au/node/6282 Accessed November 28, 2009.

SGS Economics & Planning Pty. Ltd., 2005. Costs of urban form. A report prepared for the Department of Sustainability and Environment (Victoria).

SGS Economics & Planning Pty. Ltd., 2008. East west link needs study, social, demographic and land use analysis, phase 3: Final options assessment. Final Report, prepared for Department of Infrastructure Victoria.

Spiller, M., 2009. Public land @ 5 million—Governance and fiscal reform. Paper presented to the *Public Land @ 5 Million Conference*, Melbourne, Victoria, Australia, April 2009.

State of Victoria, 2008. *Melbourne 2030 Audit Expert Group Report*, March 2008.

词汇表

Agglomeration economies 集聚经济 企业相互靠近时所获得的利益，经常与网络、规模与范围经济相关联。

Anthropogenic 人为因素 指改变环境的人类活动。

Aquifer 含水层 一层地下沉积物，用来蓄水或让水流过。

Asset specificity 专业资产 指特定用途和/或位置的固定资产。

Australian Energy Regulator 澳大利亚能源监管机构 能源网络的国家经济监管机构。

Balance sheet loan 资产负债表上的贷款科目 保留在其账面上而不是出售给其他金融机构或个人投资者的贷款。

Baseload generators 基本负荷的发电机 为满足基本需求发电的发电机。这些发电机通常具有较高的沉没成本和较低的可变成本。

Baseload power 基本负荷功率 用于发电的隔夜电力负荷，持续一天中的一段时间。

Betterment 改善土地价值 因未能对所提供的服务征收使用费和开发审批所附的稀缺溢价而导致的土地增值。

Betterment levy 改善征费支付　为社区提供更高效、更好的基础设施的费用。

Bilateral monopoly 双边垄断　市场由一个卖方和一个买方组成。当事人通常进入一个排他性的后合同义务，即他们之间存在持续的义务。

Bilateral monopoly exploitation 双边垄断剥削　双边垄断中每一方在履行正在进行的合同义务时，利用其合同项下的服务排他性剥削另一方的风险。

Biomass 生物质　可以转化为燃料的有机物，因此是一种潜在能源来源。

Bonding mechanism 绑定机制　在运营商违约或投机的情况下面临风险的财务考虑。

Bounded rationality 有限理性　个人的理性受到他们拥有的信息、认知的局限，以及做决策的时间限制的影响，因此，人们并不总是什么都知道，也不能总是做正确的事情。

Bundling 捆绑　将功能集成到价值链中。

Catchment 集水区　降雨产生的径流排入一个排水系统（如小溪或河流）的土地区域。

Central Borrowing Agencies 中央借款机构　为代表州或地区政府和公共实体（如政府贸易企业、地方当局、教育机构以及它们所代表的卫生和社区服务提供者）借款（通常通过发行债券）而设立的法定机构。

City shaping infrastructure 城市塑造基础设施　有能力影响区域内相对可达性的基础设施。

Climate change 气候变化　归因于地球大气层变化的长期和大规模的地球气候变化。

Community Service Obligation 社区服务义务　政府贸易企业承担的义务，以实施、规范或维护超出企业商业目标的社会或其他利益的职能或结果。

Competitive neutrality 竞争中性　政府贸易企业受到私营企业面临的相同激励、惩罚和监管的影响。

Contestable markets 竞争性市场　以进入和退出壁垒较低或没有障碍为特征的市场。当没有障碍阻止新公司进入市场时，现有的行为者将表现出竞争性。

Corporations Act 公司法　2001 年公司法（CTH）。在澳大利亚与公司打交道的规则和条例的联邦法案。

Decommissioning risk 退出风险　与退出现役服务、关闭和拆除基础设施相关的风险。

Development assessment process 发展评估程序　评估发展建议的立法和行政程序。

Development contribution 发展贡献　开发商向用户收费，影响缓解税，减少征税和包容性分区的规定所需要的支出。

Development risk 发展风险　与基础设施开发的有形建设和保修阶段相关的风险。

Dividend 股利　由公司董事会宣布并从公司现有收益或留存收益中向股东支付的应税款项。

Ecological footprint 生态足迹　以生产资源或吸收废物所需的土地为基础的地球稀缺资源的人均使用。

Economic infrastructure 经济基础设施　可用于进行商业活动的实物资产，包括能源、运输、水和其他分布的网络。

Economies of scale 规模经济　因大规模生产而降低的单位成本。

Economies of scope 范围经济　因采取补充活动而降低的单位生产成本。

Effective 有效　达到预期结果的质量。

Efficient 效率　相对于投入实现高水平有益产出的质量。

Efficient transaction 有效交易　在节约与交易过程相关的成本的同时，实现所需的基本目标的交易。

Electricity interconnectors 电力互连　互连州和地区的电力网络。

Embedded electricity generation 嵌入式发电　在城市配电网内连接的发电，而不是位于城市以外的大型发电厂。它通常涉及微型至低容量的机组、各种技术以及不同的运行特性和连接要求。

Energy security 能源安全　以稳定可靠的价格提供可靠的能源供应。

Equity 权益 财产或业务的货币价值超过抵押或其他债权中所欠的任何金额。

External governance 外部治理 部长和政府机构用于控制和监督公共组织的权力和制度。

Financial measures 财务措施 政府在收入、资产和负债方面的优先事项和政策。

Financing risk 融资风险 与项目融资成本变化相关的风险。

Fiscal measures 财政措施 政府的收入增加活动，例如税收和消费税结构，以及商品和服务的定价。

Follower infrastructure 追随者基础设施 遵循需求而不是塑造需求的基础设施。

Franchise 特许经营 公共部门授予私营部门实体在一段时间内使用、占用、运营和维护公共基础设施以提供服务的权力。

Fundamental Transformation 根本转变 在交易后发生的转型，使竞争的纪律和利益不再存在。

Greenfield development 绿地开发 城市发展发生在以前的非城市土地上，通常位于城市的外围。

Greenhouse gas 温室气体 二氧化碳、甲烷、一氧化二氮、氯氟碳化合物和对流层臭氧。

Gross Pool Market 总池市场 用于描述一种商品的市场，其中该商品的所有交易都发生在该市场内。

G-20 二十国集团 二十国集团财政部部长和中央银行行长于 1999 年成立，旨在将重要的工业化和发展中经济体聚集在一起，讨论全球经济中的关键问题。

Headwork charges 渠首费 由基础设施提供商向开发商征收的基础设施提供费用。

Horizontal fiscal equalization 横向财政平衡 联邦政府按照计算每个州相对于其纳税能力的需求公式，以收入补助款的形式分配联邦税收。该系统由联邦拨款委员会（Federal Grants Commission）监督。

Impact mitigation levies 影响缓解税　支付意料之外的发展不良影响，以使情况好转。

Incentive conflicts 激励冲突　产生于代理关系中不同当事人的目标冲突。

Inclining block tariffs 倾斜批量关税　一种收费结构，其中消费者购买的商品的每一个后续模块的费用都会增加。购买大量商品（如水）的消费者将支付比购买最低数量商品的人更高的单位成本。

Information Asymmetry 信息不对称　各方之间的信息分布不均匀或不公平的情况，这意味着一方比另一方拥有更多或更好的信息。

Inputs 投入　项目或项目中使用的资源。

Intermediate Power 中间功率　在基本负荷功率和峰值功率之间的肩峰期间的发电负荷。

Internal governance 内部治理　组织内部的指导和控制系统，由组织的理事机构（通常是董事会）和高级管理层负责。

Legislation and regulation 立法和法规　立法是由政府立法机构制定的法律。法规是根据相关立法制定的规则和条例。

Locational elasticities 区位弹性　衡量人口或就业等变量对相对可达性变化的敏感度。

Material adverse effect 重大不利影响　对参与基础设施融资的实体的资产、负债、其他财务状况或运营产生重大或不利影响，或预计会对其产生重大不利影响的任何事件。

National Electricity Market 国家电力市场　合并澳大利亚东部5个州和ACT的互连地区总池市场（实物市场）。

Natural monopolies 自然垄断　由于特定市场的性质，效率仅通过该市场中的一个有效供应商实现。

Net residual land value 净剩余土地价值　开发项目的可变现价值减去开发商在将项目推向市场时必须满足的开发成本（减去土地成本）。它提供了开发商应该竞标一块土地的最高价格。

Non recourse debt 无追索权债务 项目承担已确定债权的债务，包括收入、资产或合同权利，及非合同权利或对项目发起人（或股东）的非法定债权。

Off-budget financing 预算外融资 由政府提供的公共基础设施融资活动，不被视为一般预算拨款的一部分。

Operational policy 运营政策 明确的政府意图陈述，指导详细的运营决策。

Operational risk 操作风险 与设施正在进行的运营相关的风险。

Opportunism 机会主义 尽管有合同精神，但如果技术上可能的话，预计交易对手会抓住机会从漏洞中获益。

Outcome 结果 计划或活动旨在实现的结果。

Outputs 输出 项目或项目通过应用输入而产生的商品和服务。

Peak power 峰值功率 发电的最大负荷。

Peaking generators 调峰发电机 为高峰负荷发电的发电机。这些发电机通常具有较低的工厂成本和较高的可变成本（例如天然气、水力发电）。

Performance-based planning 基于绩效的计划 指定所需结果，允许开发人员指定实现目标的方法的计划。

Prescriptive planning 指令性计划 指定实现什么和如何实现发展结果的计划。

Private benefit infrastructure 私人利益基础设施 用户应该支付供应成本的基础设施。

Public-private partnership（PPP）公私合营（PPP） 公共和私营部门之间为公共基础设施的提供、管理或维护提供资金的合同。

Realizable value 可回收价值 项目产生的贴现收入流。

Regional planning strategies 区域规划战略 指包含广阔的增长可能、发展限制和人口/就业分配目标的区域计划。

Regulatory risk 监管风险 与政府立法、法规和协议的潜在风险相关的风险，从而影响特定项目，由此改变特定项目。

Renewable Energy Target 可再生能源目标 目标是到2020年澳大利亚至少20%的电力供应来自可再生能源。

Residual returns 剩余收益 从经营资产净值中扣除运营和再投资费用后赚取回报的权利。

Residual rights 剩余权利 财产所有权中的权益。

Residual value expropriation 剩余价值征用 公司对资产剩余价值产生不利影响但未被发现的决定。

Revenue bond 收益债券 由政府发行并由公共基础设施项目产生的收入作为担保的债券。

Ring fence 隔离栏 当受监管的公用事业企业在财务上与从事非管制业务的母公司分离时。

Scarcity-based water pricing 基于稀缺性的水价 在缺水期间反映水的价值及替代用途的定价。

Sewage 污水 一个社区的水上废物，包括人类废物。

Sewerage 下水道 支持污水管理的物理基础设施。

Social infrastructure 社会基础设施 有社会效益的设施和服务，由一般纳税人支付，而不是直接用户支付。

Social rate of return 社会回报率 从整个社会的角度来看，考虑经济、社会和环境效益的投资回报率。

State planning policies 州规划政策 由州政府制定的政策，规范和约束对国家具有重要意义的发展成果。

Storm water 暴雨水 城市地区的降雨径流。

Strategic planning 战略规划 确定方向或目标的过程，并在分配资源以追求这些目标的过程中进行决策。

Sunk cost 沉没成本 已经发生且无法收回的过往费用。

Third-party access 第三方访问 外部第三方对垄断网络的访问。

Transaction completeness 交易完整性 PPP协议的综合结构，有助于管理、激励冲突以及各方之间的利益协调。

Transaction governance 交易治理 在很长一段时间内根据商定的规则管理资产的供应和PPP的持续方面。

Transport shed 交通运输棚 人员、商品和服务从一个点移动到另一个点的地理区域，目的是参与社会和经济活动。

Unbundle 分类定价 价值链的结构分离，既可以作为会计结构，也可以作为独立控制或所有权。

Underwriting standards 承销标准 为确保发放和维护安全可靠的贷款而制定的准则。

Urban governance 城市治理 制定和实施城市决策的机构、行政结构和过程的相互作用。

Urban growth boundary（Victoria） 城市增长边界（维多利亚州） 具有法定效力的边界，界定未来城市扩展的区域。

Urban management 城市管理 整合来自专业实践、管理和政治的不同领域的投入，以实现符合既定社会目标的城市发展。

Urban water cycle 城市水循环 流入、流出和流经城市地区的水。

User pays 用户付费 用户支付服务全部成本的定价。

Value chain 价值链 跟踪从始发地到目的地的产品或服务，沿着价值链跟踪价值的递增。

Variable cost 可变成本 随着公司活动的变化而成比例变化的成本。

Waste water 废水 在被社区捕获后，目前没有任何形式的有益循环利用的水。它包括污水、灰水和雨水。

Water grid managers 水网经理 可以购买水网资产的服务，并将水网资产生产的水或通过水网资产交付的水销售给水网客户的经理。

Water security 水安全 可以根据长期的降雨量和径流预测，需要通过价格大幅上涨或严格的非价格管制来限制用水的可能性。